KB073930

한국유교의 빛과 그늘

금 장 태

지식과교양

머리말

학문의 길에 처음부터 '큰 길'이 열려 있는 것은 아니다. 유교(儒敎: 儒學)도 그 많은 골목길 가운데 하나의 골목길이었을 뿐이다. 긴 골목길을 끝까지 가면 마침내 시야가 활짝 트인 '큰 길'(大道)이나 '넓은 들판'(廣野)이 열린다. 그 '큰 길', '넓은 들판'에 나가면 '눈이 시원하게 열리는 신천지가 펼쳐진다.

그런데 나는 '유교'(儒敎)라는 골목길에서 평생을 보냈다. 그동안 한국유교를 중심으로 골목을 헤매면서, 창틈으로 비쳐나오는 찬란한 빛에 환희를 느끼기도 했지만, 골목길 깊이 제각기 자기 동굴에 갇혀 세력을 만들어 서로 싸우면서 고약한 악취와 간악한 독기를 내뿜는 꼴을 보면서, 환멸을 느끼기도 했다. 그런데 지금 와서 생각해보니, 그것이 원래 '사람 사는 꼴'(C'est la vie)이라, 어찌할 것인가. 어느 신학자의 말처럼 인간은 밤바다를 항해 하면서 밤하늘의 별을 기준으로 방향을 찾아가지만, 영원히 별에 도달할 수는 없는 존재가 아니랴.

그래서 공자도 "사람이 도리를 넓힐 수 있는 것이지, 도리가 사람을 넓힐 수 있는 것은 아니다."(人能弘道, 非道弘人.〈『논어』15-29〉)라 하지 않았던가. 진리를 밝혀가는 것이 사람의 올바른 역할이지, 진리의 이름으로 인간과 세상을 심판하려 하지 말라고 진지하게 타이르는 말씀이라 하겠다. 그런데 현실은 진리를 탐구하는 겸허한 마음은 드물고, 진리를 외치는 갈라진 목소리와 충혈된 눈빛만 거리에 차고 넘치는 것이 사실이 아닌가.

유교라는 골목길에서 평생을 놀면서, 봄에는 매화향이 은은한 은사(隱士)의 초려(草廬)도 찾아 보았고, 가을이면 국화향이 짙은 지사(志士)의 깃발도 찾아 보았다. 그때 마다 보고 듣고 느낀 것을 몽당연필로 적어갔었다. 이렇게 적은 글들은 그동안 묶어서 책으로 내 놓았다. 벌써 연필을 내려 놓은지 여러 해가 지났는데, 그동안 유교의 골목에서 적었던 토막글들이 한쪽 구석에 버려져, 먼지 속에 삭아가고 있었다. 그래서 용기를 내어 먼지를 털어내고, 『한국유교의 빛과 그늘』이라는 제목으로 묶어보았다.

책의 제목인 '한국유교의 빛과 그늘'은 원래 이 책의 제2부 제9장(「한국유교의 어제와 오늘」)의 제2절 제목이다. 그런데 책 제목을 '한국유교의 빛과 그늘'이라 붙인 까닭은 이 책을 통한 나의 '한국유교'에 대한 이해가 언제나 그 '공적과 폐단', 곧 '빛과 그늘'의 양면을 함께 살펴보려 노력하였기 때문이다. 무슨 일에나 장점만 보려고 하면 고치거나 향상시켜가려는 관심을 잃어버리게 되기 때문이다. '그늘'을 확인하면 그 빛도 더욱 선명하게 드러낼 수 있다.

조선시대 유교에는 많은 폐단과 과오가 있었다. 사실 그것은 유교의 폐단이 아니라 유교를 공부했던 우리 선조들의 과오였다. 그래서 그 폐단을 드러냄으로써 다시 밝은 빛을 되찾는 길을 찾아가게 하고 싶었다.

　제1부 '개설'에 실린 6편은 유교의 개설적 문제에 대한 이해라 한다면, 제2부 '한국유교의 빛과 그늘'에 실린 9편은 조선시대의 도학과 실학의 문제와 오늘에서 한국유교에 대한 반성이 포함되어 있다. 제3부 '다산 사상의 이해'에 실린 8편은 다산 사상에 대한 자질구레한 문제들을 모아놓은 것이다. 제4부 '부록'에 실린 3편은 잡다한 토막글들을 모아놓은 것이다.

　오랜 세월동안 여기저기에 발표한 글들이 대부분이라, 산만한 면이 없지 않은데도, 다시 꼼꼼하게 다듬을 수 있는 여력이 없어서 아쉬울 뿐이다. 무엇보다 이 원고를 출판하도록 기꺼이 허락해 주신 지식과교양의 윤석산 사장님께 깊이 감사드린다.

2021년 12월 14일, 천산정(天山亭) 우거(愚擧)에서
저자 삼가적음

| 차례 |

제1부

개설

1. 유교에서 마음(心)과 성품(性)의 의미

1) 마음(心)의 의미

마음이 사람의 내부 어디에 있는 것인지 알기가 쉽지 않다. 마음에 충격을 받으면 심장이 두근거리니, 옛 사람들은 마음이 심장에 있다고 생각했던 것 같다. 그래서 '마음-심'(心)자는 원래 심장을 그린 상형문자였다. 그러나 옛 사람들이 심장과 마음을 긴밀하게 연결시켜 이해했던 것은 사실이지만, 그렇다고 마음과 심장을 일치시키는 것은 아니었다.

마음에는 몇 가지 구성 요소가 있는 것으로 이해되기도 했다. 곧 생각(意)은 마음의 작용이요, 감정(情)은 마음이 드러나는 양상이요, 의지(志)는 마음이 가는 방향이라 한다. 또한 마음에는 밖으로부터 들어와 있는 요소가 있는데, 그것은 하늘로부터 부여되어 마음에 간직하고 있는 성품(性)과 신체로부터 들어와 마음에서 작용하는 감정(情)의 두 요소가 있다.

고려말-조선초의 성리학자 권근(陽村 權近, 1352-1409)은 『입학도설』(入學圖說)에서 '심'(心)자가 갈고리처럼 생긴 부분 이외에 그 좌우와 중심의 위쪽 세 곳에 점이 하나씩 찍혀 있는 모양을 주목했다. 그는 이 '심'(心)자에 찍혀 있는 세 점 가운데, 왼쪽 점은 생각(意)이요, 오른쪽 점은 감정(情)이요, 중심의 윗쪽 점은 성품(性)이라 풀이하였다. 이렇게 마음이 여러 요소로 이루어져 있다면, 마음은 단순히 심장에 붙어있는 것이라기보다 머리 쪽과 더 긴밀하게 연결되어 있는 것으로 볼 수도 있다.

시인 김동명(金東鳴)은 「내 마음은」이라는 시에서 마음을 호수, 촛불, 나그네, 낙엽으로 비유하고 있는데, 그만큼 마음은 고정되어 있는 모습이 아니라, 출렁거리고 흔들리고 떠나려하는 것으로 보이는 것인가 보다. 마음이 이렇게 쉬지 않고 흔들리는 것이라면, 안정된 중심축이 필요할 것인데, 여기서 이 중심축의 역할을 해주는 것이 바로 성품(性)이라 할 수 있다.

성품은 마음속의 흔들리지 않는 중심으로 마음을 붙들어주고 있는 것이며, 마음속에 성품이 있음을 인식함으로써, 사람의 마음은 육신에 붙어있는 것을 넘어서 불변적이고 초월적인 성격을 지니게 된다. 그래서 사람의 마음은 자신의 한 몸을 통제하는 역할을 한다 하여, "마음은 한 몸을 주재하는 존재이다."(心者一身之主宰)라 하여, 마음이 육신에 붙어 있지만 육신을 지배하는 존재임을 보여준다.

그래서 정약용(茶山 丁若鏞, 1762-1836)은 '心'을 세 등급으로 나누어 가장 아래 등급은 오장(五臟)의 하나인 심장을 가리키고, 중간 등급은 감정(感動)과 생각(思慮)이 발동하는 단계를 가리키고, 가장 높은 등급은 영명한 지각(靈知)의 전체를 가리키는 것이라 한다. 우리가 '마음'이라는 것은 중간 등급과 가장 높은 등급을 가리키는 말이라 할 수 있다. 인간의 마음에는 가장 높은 등급인 영명한 지각(靈知)이 있기 때문에,

마음을 '신명(神明)의 집'(神明之舍: 神明之所宅)이라 일컫기도 한다.

우리의 마음에는 온갖 욕심에 사로잡히기도 하고, 위협을 받아 두려움에 빠지기도 하며, 유혹을 받아 흔들리기도 한다. 그러나 우리 마음에는 이러한 욕심의 유혹을 이겨냄으로써, 의로움을 지켜 우리 자신을 당당하게 일어서게도 한다. 또한 다른 사람을 너그럽게 포용하게 하기도 하며, 선을 행하여 진실한 기쁨을 누리게도 하는 힘이 있다.

이렇게 어질고 의롭고 선한 마음이 바로 우리 마음의 중심에 자리 잡고 있는 '성품'이요, '영명한 지혜'(靈智)이다. 『순자』 왕제(王制)편에는, "물·불(水火)은 기질(氣)이 있어도 생명이 없고, 초목은 생명이 있어도 지각이 없으며, 금수는 지각이 있어도 의리가 없다. 그런데 사람은 기질도 있고 생명도 있고 지각도 있고 또 의리(義)도 있다. 그러므로 사람을 천하에서 가장 귀하다고 한다."(水火有氣而無生, 草木有生而無知, 禽獸有知而無義, 人有氣有生有知亦且有義, 故最爲天下貴也.)고 하였다. 성호(星湖 李瀷)는 순자의 이 말에 대해 "전성(前聖)이 발명하지 못한 말을 발명한 것이니, 마음을 다스리는 학문에 큰 도움이 되겠다."(〈『星湖僿說, 권19, 經史門, 荀子〉)고 극찬하였던 일이 있다.

또한 아리스토텔레스의 『영혼론』(De Anima)에서는 초목에 생혼(生魂, anima vesetativa), 금수(禽獸)에 각혼(覺魂, anima sensitiva), 인간에 영혼(靈魂, anima rationalis)이 있다고 분별하였다. 인간의 영혼은 생혼·각혼을 기초로 포함하고 있다는 설명이니, 순자의 '의리'가 아리스토텔레스의 '영혼'과 아주 정교하게 상응하고 있음을 보여준다. 그렇다면, 마음의 본체인 '성품'은 바로 '의리'요 '영혼'을 가리키는 것이라 할 수 있겠다.

『서경』 대우모(大禹謨)편에서는 "인심은 오직 위태롭고, 도심은 오직 희미하니, 오직 정밀하게 하고 오직 한결같이 하여, 그 중심을 잡을 수 있어야 한다."(人心惟危, 道心惟微, 惟精惟一, 允執厥中.)고 하였다. 곧 사람의 마음을 욕심에 따르는 '인심'(人心)과 도리에 따르는 '도심'(道心)의 두 요소가 함께 작용하는 것으로 제시하고 있다. 그렇다고 '인심'을 제거하고 '도심'만 남겨놓을 수는 없다. 두 요소가 사람의 마음에 필연적인 구성요소라면, '인심'을 적절히 견제하고, '도심'을 잘 배양하여 '도심'이 '인심'을 주도할 수 있게 만드는 것이 가장 바람직한 마음의 관리방법이라 하겠다.

이처럼 마음은 다양한 요소들이 작용하고, 때로는 마음의 작용들 사이에 충돌이 일어나기도 한다. 우리 자신은 수시로 마음속에서 서로 다른 요구가 충돌하면서 갈등을 일으키는 사실을 자주 경험하게 된다. 때로는 망설이다가 어느 쪽으로 결정을 내리기도 하지만, 때로는 자신이 원하지 않는 방향으로 자신도 모르게 끌려가는 일도 있다. 그만큼 마음은 복잡하기 때문에 마음을 다스리는(治心) 일, 곧 '수양'(修養)이 요구되며, 끝없이 욕심에 끌려들 때에 이를 이겨내고 바른 방향으로 나아가도록 마음을 다잡아야 하는 '조심'(操心)이 필요하다.

2) 성품(性)의 의미

인간의 마음속에는 타고나면서 지니고 있는 요소와 살아가면서 형성되는 요소가 있는 것으로 보인다. 타고나면서 지니고 있는 요소를 '성품'이라 한다면, 살아가면서 형성된 요소는 '성질'이라 할 수 있다. '성품'이나 '성질'을 모두 '성'(性)이라 할 수 있지만, 그래서 주자학에서는 '성품'

이 본래부터 있었던 것이요 변함없는 것이라는 의미에서 '본연지성'(本然之性)이라 하고, '성질'이 기질의 작용에 따라 변하는 것이라는 의미에서 '기질지성'(氣質之性)이라 구별하기도 한다. 그러나 '성'(性)의 본질적이요 참된 모습은 '성품'으로 보고 밖으로 드러나는 임시적 모습은 '성질'이라 보기 때문에, '성'(性)은 '성품'을 위주로 가리키는 것으로 보인다.

공자의 말씀에, "'성품'(性)은 서로 가깝지만, '익힌 것'(習)은 서로 멀다."(性相近也, 習相遠也.〈『논어』17-2〉)라고 하였는데, 그 손자인 자사(子思)가 편찬한 『중용』의 첫머리에서는, "하늘이 내려주신 것을 '성품'이라 한다."(天命之謂性)고 말했다. 공자의 말씀에서 '성품'은 인간 마음의 바탕이 공통적이라는 경험적 측면을 가리키는 것으로 보이는데, 자사가 말한 '성품'은 '성품'의 근원이 하늘이요, 하늘이 명령한 절대적이고 불변적인 것임을 의미하는 본질적 측면을 가리키는 것으로 보인다. 공자는 인간의 내면을 경험적 시각에서 현실적 화법으로 말하고 있다면, 자사는 하늘을 인간존재의 궁극적 근원으로 확인하는 형이상학적 시각에서 관념적 화법으로 말한 것이라 하겠다.

'하늘이 내려주셨다'는 것은 인간의 '성품'('성질'까지 포함할 수도 있겠지만)이 저절로 이루어진 것이 아니라, 하늘이라는 지고(至高)의 존재가 인간이 태어날 때에 부여했다는 것이다. 여기서 하늘이 인격신적 주재자인지, 자연법칙적 원리인지는 보는 사람의 입장에 따라 달라질 수 있다. 어떻던 인간의 사유나 의지의 한계를 넘어서는 궁극적 세계를 인정할 수 있으면, 그 이름을 '신'이나 '하늘'로 부를 수도 있고, '자연'이나 '도'(道)로 부를 수도 있을 것이다.

이 세계의 근원적 존재로서 '하늘'이나 '신'이나 '도'가 나의 위에 초월적으로 있는지, 내 안에 내재적으로 있는지, 어디에나 보편적으로 있는지, 아무데도 없는지 단정할 수 없지만, 인간의 가슴속이나 머릿속에 거부할 수 없는 존재로 파고드는 것이 사실이다. 이처럼 '하늘'이란 인간의 의식 속에 거부할 수 없는 존재라면, 분명하게 인정하지 않을 수 없는 것은 이 현실 세계의 근거요, 결정자라는 사실이다. 이 점에서 '하늘'(天)이 내려주시거나 명령하신 것이 바로 인간의 '성품'임을 인정할 수 있을 것이다.

인간이 자신에게 부여된 '성품'을 따르면 거기에서 어떻게 살아가야 하는지 '도리'가 드러나게 된다. 따라서 자사는 "'성품'을 따르는 것을 '도리'라고 한다."(率性之謂道)고 하였다. 나아가 인간이 '도리'를 올바르게 살아가는 기본원리로 받아들인다면, 이 '도리'가 무엇인지, 어떻게 실행해야 하는 것인지를 현실에 맞게 가르치고 배워야 한다. 그래서 자사는 "'도리'를 닦는 것을 '가르침'이라 한다."(修道之謂教)고 하였다.

'하늘(天)→성품(性)→도리(道)→가르침(教)'의 순서는 근원에서 현실로 내려오는 실행의 순서이다. 이에 비해 인간의 일상적 삶은 가르치고 배우는 일에서 시작하니, '가르침(教)→도리(道)→성품(性)→하늘(天)'로 올라가는 순서는 근원을 찾아 올라가는 탐구의 순서이다. '가르침'의 기준이요 원리가 '도리'임을 인식하기는 쉽다. 그러나 '도리'의 기준이요 근거를 '성품'이라 확인하는 것은 좀 더 복잡한 문제를 안고 있다.

사람이 살아가야 하는 '도리'는 현실주의자야 '경험'에서 찾을 수 있을 것이요, 자연주의자는 자연의 '법칙'에서 찾을 것은 당연하다. 사실 '경험'에서 얻는 지혜나 자연에서 발견하는 '법칙'을 거부하고서는 사람이 살아가는 '도리'를 올바르게 찾을 수가 없다. 그러나 사람이 살아가는 기준으로서의 '도리'는 그 근거를 인간다운 가치로 확인하는 것이 중요하다. 이러한 '도리'를 '인도'(人道)라 한다.

　생활 속의 '경험'에 따라 이로운 길과 해로운 길을 분별해낼 수 있겠지만, 인간다운 가치를 보장해주는 것은 아니다. 자연의 '법칙'을 벗어나면 삶에 치명적인 위험이 따를 수 있지만, 자연의 '법칙' 속에서 인간다운 가치를 확보하기는 쉬운일이 아니다. 과학기술이 발달하면서 인간의 삶은 풍요로워졌지만, 비인간화(非人間化)의 심각한 문제가 발생하고 있는 것이 사실이다.

　'성품'은 인간다움의 근거이므로, '성품'을 떠나서는 삶의 가치를 확보할 수 없으니, 천박하고 난폭한 삶의 모습을 드러낼 수밖에 없다. 사실 '성품'이 타고나면서 주어진 것인지, 살아가면서 형성된 것인지는 관점에 따라 다른 주장이 가능하다. 그러나 어떤 주장의 경우라도 인간다운 삶의 가치를 '성품'이라 일컫는 것이니, '성품'을 내버려두는 삶이란 인간다움을 저버리는 일이 될 것이다. 그래서 '성품'을 돌보지 않은 인간의 삶을 "금수(禽獸)만도 못하다."거나 "실성(失性)했다."고 꾸짖기도 한다.

　자사가 "하늘이 내려주신 것을 '성품'이라 한다."고 말했을 때, '하늘'이 어떤 존재인지 한마디로 단정하기는 참으로 어려운 일이다. 인간의 마음속에 '성품'을 부여했다는 것은 인간의 의지와 노력으로 얻어진 것이 아니라 태어나면서 부여된 선천성(先天性)임을 보여주는 것은 분명하다. 그러나 인간을 초월한 신적(神的) 존재인 '하늘'이 부여한 것인지, 인간의 선택을 벗어난 '자연'이 부여한 것인지는 해석하는 사람에 따라 입장이 달라질 수 밖에 없다.

　그리스도교에서는 유일신(唯一神)인 하느님이 인간에게 영혼을 불어넣어주었다는 인식은 분명하게 보여준다. 그러나 유교에서는 '하늘'

이 궁극적 존재이지만, 그것이 '인격신'(人格神)인지 '자연 질서'인지 단정하지 않거나 여러 가지 측면으로 서술해 왔던 것이 사실이다. '하늘'을 지극히 높은 인격신으로 알고 받들거나, 자연 질서로 알고 순응하거나, 혹은 성리학자들처럼 '하늘'을 '이치'(理)라 하거나, 인간의 '성품'을 온전하게 알고자 하면, 그 근원인 '하늘'을 제대로 알아야만 한다.

　'하늘'을 주자는 '이치'(理)라 했고〈『주자어류』〉, 원나라 왕욱(王旭)은 '형기'(氣)라 했고〈『蘭軒集』〉, 왕양명은 마음(心)이라 했고〈『傳習錄』〉, 정약용은 '신령스럽고 밝게 아는 주재자'(靈明主宰)라 했으니〈『中庸自箴』〉, 입장에 따라 엄청난 차이를 드러내고 있다. 어느 하나가 옳다고 보기 보다는 시각의 다양함을 보여주는 것이라 하겠다. 한마디로 '하늘'은 인간에게 '성품'을 부여한 인간존재의 근원으로 받아들여지고 있다는 사실이다. '하늘'에 근원함으로써 '성품'은 인간의 삶에 정당성의 기준으로 확인되고 있음을 주목할 필요가 있다.

2. 유교의 올바른 도리

1) 도리가 병행하는 길

세상에는 사람마다 자신이 살아가는 길이 있다. 그 길은 자신이 추구하는 목적을 향하여 뻗어있고, 생각하는 가치에 따라 방향이 달라질 수 있다. 그러니 길은 여러 갈래가 될 수밖에 없다. 자신이 가는 길에 다른 사람도 자기 길을 가면, 같은 길을 가는 길벗이 된다. 같은 길을 많은 사람이 같이 가면 그 길은 넓어지고 평탄해진다. 그러나 가는 길이 다르다 보면 때로는 서로 부딪치는 경우가 생기는 것은 어찌보면 당연한 일이다. 여러 가지 길을 자유롭게 가면서도 서로 충돌하지 않고 화목하게 갈 수는 없을까.

신봉하는 종교가 서로 다르거나, 지지하는 정치노선이 서로 다르거나, 심지어 살고 있는 지방이 서로 다르다고, 서로 미워하고 모욕하며 공격하는 사실을 흔히 볼 수 있다. 과연 이런 짓이 정당화될 수 있는가. 서로 이해하고 존중하며 함께 어울려 살아갈 수 있는 길은 없는 것인가.

『중용』(30:3)에서는 "(서로 다른) 도리가 함께 운행되지만, 서로 어긋나지 않는다."(道竝行而不相悖.)라는 말이 있다. 이 말에 상응하는 구절은 "(서로 다른) 만물이 함께 자라면서도 서로 해치지 않는다."(萬物竝育而不相害)는 말이다. 만물이 제각기 생명을 유지하면서 상대방을 파괴하지 않는다는 것은 자연에서 볼 수 있는 질서이다.

자연에서도 살기 위해서는 다른 생명을 잡아먹어야 하는 경우가 많으니, 약육강식(弱肉强食)이 일어나고 있는 것은 사실이다. 그렇더라도 배가 부르기만 하면 다른 생명을 죽이지는 않는다. 이것이 공존하여 살아가는 방법으로 전체적 균형이 이루어지고 있다. 나와 다르다고 다 죽이려 들지는 않는다.

먹고 살기 위해서가 아니라 즐기기 위해 살상을 하거나, 상대방을 전멸시키려드는 행위는 자연에서 찾을 수 없다. 오직 인간에서만 상대방을 철저히 파괴하고 전멸시키려드는 경우를 볼 수 있다. 히틀러가 유태인을 학살하거나 일본군이 남경대학살을 저질렀던 것만이 아니다. 동족끼리도 이념이 다르다고 대량학살을 자행하는 '인종청소'는 동남아시아 어느 나라에선가 일어났던 남의 일이기만 한 것이 아니다. 우리 역사를 보아도 6.25때 좌우가 갈라져 전쟁터에서만 아니라, 반동을 처단한다는 이름이거나 부역자를 처단한다는 이름으로 무수한 양민이 살육당했다. 그렇지만 우리 사회는 이를 덮어두고 외면하면서, 스스로 반성할줄 모르고, 일본의 만행만 나무라고 있지 않는가.

자기가 믿는 신앙을 받아들이지 않으면 모두 지옥 불구덩이에 떨어질 것이라 외치는 믿음도 인간만이 지닌 독선과 잔학성을 잘 보여주는 것이다. 중세의 가톨릭 교회가 마녀사냥이나 이단재판을 벌여 무수한 사람들을 살육했던 것도 잔학한 성질을 지닌 인간이 독선적 확신에 차서 저지른 광기(狂氣)였다.

잔학성과 독선이 저지르는 인간의 광기는 특히 종교나 정치집단에 의해 가장 참혹한 만행이 저질러져 왔다. 토마스 홉스(Thomas Hobbes)가 '사람은 사람에게 있어서 늑대이다(homo homni lupus)'라는 말처럼 서로 증오하고 살상하는 '상극'(相克)의 대립적 질서를 탈피하여, 서로 이해하고 존중하며 서로 돕는 '상생'(相生)의 조화로운 질서로 옮겨갈 수는 없는 것인가.

인간이 제시하는 어떤 이념, 어떤 지식, 어떤 판단도 완전무결할 수는 없다. 반드시 오류나 문제점의 한계를 지니고 있다. 자신의 주장을 내세우기에 급급하지 않고, 자신의 주장 속에 어떤 허점과 오류가 가능한지 성찰하는데 주의를 기울이는 사람은 남의 의견을 훨씬 더 잘듣는 귀를 가질 수 있다.

남의 주장과 남의 신념에 적극적인 관심과 이해를 가질 수 있으면, 그만큼 독선에 빠지지 않을 수 있는 폭넓은 아량이 생기고, 남의 장점으로 자신의 단점을 보완하여 자신을 다듬고 성숙시켜가는 넓게 열린 마음을 가질 수 있다. 이렇게 남의 말을 잘 알아듣는 귀와 남의 견해를 잘 받아들일 수 있는 열린 마음이 있다면, 대립의 길이 아니라 화합의 길로 들어설 수 있을 것이다.

"도리가 함께 운행되지만 서로 어긋나지 않는다."는 구절은 사실을 서술하는 말이 아니다. 오늘의 우리 주변을 둘러보아도 온갖 종류의 도리니 진리니 이념이니 양심들이 제각기 옳다고 자기주장을 하지만, 만나기만 하면 서로 부딪치고 대립하는데, 어찌 어긋나지 않는다 할 수 있겠는가? '민주주의'나 '국민의 뜻'이라는 말도 정치인이나 시민단체나 대학에서까지 제각기 목청을 돋우어 주장하지만 내용이 일치하는 경우를 본 일이 없는 것 같다. 차라리 도리니 진리니 이념 따위를 내세우지 않았더라면 그렇게 악착같거나 잔혹한 짓은 하지 않았을 것이다.

사실을 서술한다면 "도리가 함께 운행되기만 하면 서로 어긋난다."고 말해야 할 것 같다. 또한 사실을 말한다면 "인간의 성품은 악하다"라고 하는 것이 옳을지도 모르겠다. 그래도 인간은 선하게 살아야 마땅하고, 선하게 살아야 한다는 희망이 있으니, "인간의 성품은 선하다"라고, 격려할 필요가 있을 것이다.

현실에서는 사람마다 자기가 내세우는 도리를 옳다고 하지만, 진정한 의미에서 도리는 "내가 옳다."고 주장하는 것은 옳지 않은 것이라 해야 될 것 같다. 다만 모두의 도리가 서로 화합하여 서로 함께 운행하더라도 어긋나지 않아, "우리 모두가 함께 화합한다."라고 말할 수 있을 때에 비로소 그 도리는 옳은 도리, 선한 도리가 되는 것으로 볼 수 있을 것이다.

서로 이해 못하는 도리는 잘못된 도리요, 서로 조화를 이루지 못하는 진리는 잘못된 진리요, 서로 남을 인정할 수 없는 이념은 애초부터 잘못된 이념이라는 것을 확인하자는 것이다. 나만 진리요 나만 도리라는 주장은 진리에 역행하고 도리에 어긋나는 것임을 밝히려 하고 있다. 서로 이해하고 화합하고 조화를 이룰 수 있는 것이 도리요 진리요 이념의 가장 근본적인 전제조건임을 가르쳐주는 말씀이라 생각된다.

2) 시기(時)와 형세(勢)

사람은 누구나 자신이 이루고자 하는 소망을 지니고 이를 실현하기 위해 노력하며 살아간다. 큰 부자가 되려는 꿈을 꾸거나, 높은 벼슬에 오르려는 꿈을 꾸거나, 행복한 가정을 이루려는 꿈을 꾼다. 인생의 목표가 무엇이거나 이를 이루기 위해서는 안으로 자신의 지혜로운 판단이 있어야 하고, 끈질긴 노력이 필요하다. 이와 동시에 밖으로 유리한 기회를 만나야하고 적합한 환경이 주어져야 한다. 한낱 나무나 풀도 성장하려는 생명력이 있다 하더라도 적당한 토양과 물과 햇볕을 만나지 못하면 말라죽거나 제대로 클 수가 없기 마련이다.

　어떤 사람이 큰 꿈을 가졌다 하더라도 일제 말기에 징용에 끌려나가 심한 고초를 겪고 구사일생으로 살아났는데, 6.25때 다시 전쟁터에서 심한 부상을 입고 불구가 되어 아무 일도 할 수 없게 되었다면, 그는 시대를 잘못 타고났다고 탄식할 수 있다. 또 어떤 사람이 천재적 재능을 가졌더라도 부모는 무능하고 형제자매가 많으며 극심하게 빈곤한 집안에서 태어나 교육도 제대로 못 받고, 가족을 부양하느라 막노동을 하며 세월을 보내고 말았다면, 그는 환경이 열악했다고 탄식할 수 있을 것이다.

　'때를 만나면'(遇時) 자신의 재능을 발휘할 수 있는 지위를 얻을 것이요, '때를 만나지 못하면'(不遇時) 빈곤한 처지에 떨어져 고난 속에 살아갈 수밖에 없는 것이 현실이다. "옛 사람은 뜻을 얻으면 혜택이 백성에게 더해지고, 뜻을 얻지 못하면 자신의 덕을 닦아 세상에 드러내었다."(古之人, 得志, 澤加於民, 不得志, 修身見於世.〈『맹자』13-9:3〉)는 말도, 때를 만나 뜻을 얻느냐, 때를 만나지 못해 뜻을 얻지 못하느냐에 따라 어떻게 처신할 것인지 모범을 보여주고 있다. 그것은 처신의 모범을 제시함으로써, 때를 만나 출세를 하더라도 사사로운 욕심에 빠지지 말아야 하고, 때를 만나지 못해 곤궁하더라도 실의(失意)에 빠져 방탕해서는 안된다는 경계를 하고 있는 것이다.

　『주역』(周易)은 세상의 변화현상과 그 원리를 제시한 유교경전인데, 변화에는 바로 때(時)와 세(勢) 곧 시기(時機)와 형세(形勢)가 가장 중요한 조건임을 주목하고 있다. 곧 정이천(程伊川)은 "시기를 알고 형세를 알아차리는 것이 역(易)을 배우는 큰 도리다."(知時識勢, 學易之大方也.《『易傳』, 夬卦)라 하여, 변화의 현실을 인식하는데는 시기(時機)와 형세(形勢)를 아는 것이 핵심과제임을 밝히고 있다.

또한 정이천은 시기와 형세의 구체적 내용을 제시하여, "역(易)을 말하는 자는 형세가 무거운지 가벼운지와 시기가 변해가는지 바뀌고 있는지를 인식하는 것이 귀중하다."(言易者, 貴乎識勢之重輕,時之變易.《『易傳』大過卦》)라 했다. 곧 '시기'(時)는 사태가 변해가는 계기와 바뀌는 방향을 분명하게 알아야 하며, 형세(勢)는 무엇이 중대한지 무엇이 경미한지를 명확히 인식하고 선택해야 함을 강조하고 있다.

때는 마치 봄에 볍씨를 때에 맞게 뿌리고, 모내기를 때에 맞게 하고, 여름 내내 물 을 대거나 빼기를 때에 맞게 하고, 가을에 때에 맞게 거두어들이듯이, 무슨 일에나 때에 맞게 일을 처리해야만 뜻하는 바를 제대로 이룰 수 있는 것임을 말한다. 만약 때에 맞지 않는데도 무리하게 자신의 뜻을 펴려고 한다면, 그 일은 실패하기 마련일 것이다.

물이 흐르다가 굽이치며 돌듯이, 역사의 흐름에도 변화의 때가 있으니, 한 왕조의 역사도 창업(創業)의 시기, 수성(守成)의 시기, 경장(更張)의 시기를 구별해 보기도 한다. 여기서 창업의 시기에 새 왕조의 질서와 법도를 수립하지 않거나, 수성의 시기에 그 질서와 법도를 지켜서 안정시키지 못하거나, 경장의 시기에 누적된 모순을 개혁하지 않는다면, 그 왕조는 심한 혼란에 빠지거나 붕괴할 수밖에 없다. 무슨 일에나 '그 때에 마땅함'(時宜)이 있으니, 이를 정확하게 알고 대처할 수 있어야, 그 일이 성공을 거둘 수 있을 것이다.

안정된 이후에는 타성에 젖기 쉬워 '경장'해야 할 때를 놓치기 쉽다.

'경장'이란 거문고를 오래 타다보면 거문고 줄이 늘어져 음이 맞지 않게 되는데, 제때에 거문고 줄을 풀어서 다시 매고 팽팽하게 조여 주는 일이다. 이처럼 '때'의 변화는 매우 미묘한 것이니, 귀 밝은 사람이라야 음이 틀리는 때를 알 수 있고, 눈 밝은 사람이라야 빛깔이 변하는 미세한 차이를 알 수 있다. '때를 안다'(知時)는 것은 변화가 일어나는 때를 알고, 그 때의 변화에 알맞게 대응할 수 있는 능력이다.

시기(時)가 시간 속에서 일어나는 변화의 계기라고 한다면, 형세(勢)는 어떤 힘이 얼마나 강하게 작용하는지를 인식하는 일이다. 무슨 일에 부딪치거나 그 속에는 저항하는 힘과 밀고나가는 힘이 있기 마련이다. 강물에 뛰어들어 헤엄을 치는 사람에게는 물의 저항과 물살의 힘을 느끼게 된다. 형세에 대해 부딪쳐 싸우려하면 엄청난 저항을 받게 되지만, 그 형세를 알고 잘 이용하면 오히려 더 큰 힘을 얻을 수 있는 것도 사실이다. 시기의 변화를 잘 알아 적합하게 대응하고, 형세의 힘을 잘 알아 적절하게 이용할 수 있는 것이야 말로 자신의 뜻을 펴고 일을 성공시킬 수 있는 살아있는 지혜라 하겠다.

3) 정통(正統)의 실상과 허상

진리에 대한 신념이나 종교적 신앙은 그 믿음의 정당성을 끊임없이 확인을 함으로써, 자신의 주장에 동조하는 세력을 넓혀가고자 한다. 자연과학에서야 그 이론에 어긋나는 사실이 하나라도 발견되면, 아무리 높은 명성과 많은 동조자를 확보했다 하더라도 한 순간에 그 진실성이 무너지고 말겠지만, 사상이나 종교에서는 어떤 반대 이론이 제시된다

하더라도 맞서서 싸우며 자신의 신념이나 신앙을 굽히지 않는 일이 허다하다.

진리에 대한 인식은 시대에 따라 달라질 수도 있고, 같은 시대에서도 다른 관점이 가능한 것이 사실이다. 그러나 진리는 오직 내가 믿고 주장하는 이것 하나가 있을 뿐이고, 이와 다른 견해는 잘못된 것이라는 태도는 전통사상과 종교집단에서 흔히 드러나고 있는 사실을 쉽게 확인할 수 있다. 서로 다른 견해가 제각기 자기 견해는 완전하고 진실하지만, 나와 다른 모든 견해는 불완전하거나 거짓된 것이라는 주장이 서로 부딪치면서, 갈라져 대립하거나 분파를 이루어 딴 살림을 차리기도 한다.

"나는 길이요 진리요 생명이다. 나를 통하지 않고서는 아무도 아버지께 갈 수 없다."(「요한복음서」14:6)는 예수의 말씀을 받아들이는 그리스도교에서야 당연히 오직 그 하나뿐인 길이 무엇인지, 진리가 무엇인지, 생명의 의미가 무엇인지, 아버지는 어떤 존재인지를 해석하면서 온갖 분파가 일어나게 되는 것은 지극히 당연한 귀결이다. 그러나 공자는 자신의 입장을 밝히면서, "나는 타고나면서 아는 사람이 아니다. 옛 것을 좋아하여 민첩하게 얻고자 하는 사람이다."(我非生而知之者, 好古敏以求之者也.《『논어』7-20》)라고 말씀했던 일이 있다. 이러한 공자의 가르침을 따르는 유교는 흔히 현실적이고 합리적이라 일컬어지기도 한다. 그런데도 유교전통에서는 공자의 가르침을 해석하면서, 여러 분파가 발생하여 대립하면서, 융성하거나 쇠퇴하기를 거듭해 왔던 사실을 쉽게 알 수 있다.

조선시대 유학자들은 주자학을 기준으로 삼아, 자신의 학문입장을 진리로 확인하면서, 이를 '정통'(正統) 내지 '도통'(道統)으로 선언하고 수호하였다. 따라서 이에 어긋나는 입장은 단호하게 '이학'(異學)으로 거부하거나, '이단'(異端)으로 배척하여 왔던 것이 사실이다. 이러한 '정통'의 주장에 따른 진리의 확인과 수호가 얼마나 진실성에서 멀어졌던가를 쉽게 드러내준다.

그 첫째는 중국의 송대 주자학을 진리의 기준으로 받아들이면서, 우리 역사와 문화를 무시하거나 경멸하고 있다는 사실이다. 17세기초의 조찬한(趙纘韓)은 "기자(箕子) 이후에 신라와 백제를 지났는데도 능히 변화하지 못하여 도(道)와의 거리가 날로 더욱 멀어졌다."〈「高峯集跋」〉고 하여, 도학(주자학)이 융성하게 일어나는 조선시대 이전의 삼국시대와 고려시대의 우리나라의 문화를 암흑기에 해당하는 것으로 인식하고 있음을 보여준다.

그 둘째는 도학을 진리의 기준으로 삼으면서, 진리의 올바른 계승으로서 '정통' 내지 '도통'을 제각기 자기 학맥의 연원에 해당하는 인물을 받들어 올림으로써, 분파를 조장하고 있다는 사실이다. 곧 조선시대 후반에는 퇴계를 정통으로 하는 퇴계학파(영남학파)와 율곡을 정통으로 하는 율곡학파(기호학파)의 분열이 일어나고, 이러한 학파의 분열이 끝내는 당파의 분열로 대립하게 되었던 것이다.

성호(星湖 李瀷)에 의하면, "도통이란 말은 『논어』와 『맹자』의 끝편으로부터 시작되었다."〈『星湖僿說』권10, 道統〉고 하였다. 곧 『논어』요왈(堯曰)편에서 "아! 너 순(舜)이여! 하늘의 운수가 네 몸에 와 있구나."(咨爾舜 天之曆數 在爾躬)라는 요(堯)임금의 말씀이나, 『맹자』진심하(盡心下)편에서, 맹자는 요와 순에서 탕(湯)까지 500여년, 탕에서 문왕까지 500여년, 문왕에서 공자까지 500여년은 성인의 덕이 이어져 왔음을 지적하고, "공자로부터 지금에 이르기까지는 100여 년인데,…성인의 덕을 이을 사람이 없구나."(由孔子而來至於今, 百有餘歲, …無有乎爾)라 탄식하면서, 사실상 자신을 도통의 계승자로 암시하고 있음을 보여준다.

또한 원(元)의 오징(草廬 吳澄)은 "도(道)의 큰 근원이 하늘에서 나왔는데, 신성(神聖)이 그 도를 계승하였다. 요·순 이상은 도의 원(元)이고, 그 이후는 도의 형(亨)이며, 공자와 맹자(洙泗·鄒魯)는 도의 이(利)이고, 염·낙·관·민(濂洛關閩: 濂溪의 周敦頤, 洛陽의 程顥·程頤, 關中의 張載, 閩中의 朱熹)은 도의 정(貞)이다."〈「學統」〉라 하였다. 이처럼 '원-형-리-정'의 전개로 파악한다면, 이른바 송(宋)의 '도학'(주자학)을 도통의 마지막 단계로 제시한 것이라 하겠다.

조선후기에 와서 조찬한(趙纘韓)은 "다섯 현인(五賢: 金宏弼·鄭汝昌·趙光祖·李彦迪·李滉)이 서로 계승해 나왔는데, 퇴도(退陶: 退溪 李滉)에 이르러 비로소 완비되었다.…이에 사문(斯文: 儒學)이 성하게 일어나서 도통(道統)이 마침내 동방(東方)으로 오게 되었다."〈「高峯集跋」〉고 하여, 우리나라에서 도통의 연원을 퇴계(退溪 李滉)로 삼고 있다. 이에 비해 송시열(尤庵 宋時烈)은 "도의 체용(體用) 전체가 다 나타나지 못하고 이(理)의 정미(精微)의 온축(蘊蓄)이 다 밝지 못하였다가 우리 율곡 선생이 나신 뒤에야 체용(體用)의 전체와 정미(精微)와 온축이 모두 뚜렷해져서 사문(斯文)이 여기에 있게 되었다."〈『宋子大全』, 권171, 紫雲書院廟庭碑銘幷序〉고 하여, 율곡(栗谷 李珥)을 우리나라 '도통'의 연원으로 삼고 있음을 보여준다. 그렇다면 퇴계나 율곡에 와서 주자의 도통이 중국이 아니라 우리나라에서 계승되었다는 인식을 보여주고 있음을 알 수 있다.

'정통'의식의 폐단을 가장 신랄하게 비판한 인물은 18세기 중반의 실학자 홍대용(湛軒 洪大容)이었다. 그는 「의산문답」(毉山問答)에서 도학의 정통을 신봉하는 고루한 도학자들 비판하면서, "도술(道術)이 없어진지 오래다.…그 업적은 높이면서 그 진리는 잊어버렸고, 그 말씀을 익히면서 그 본의는 잃어버렸다. 정학(正學)을 붙든다는 것은 실상 자랑하려는 마음에서 말미암았고, 사설(邪說)을 물리친다는 것은 실상 남을 이기려는 마음에서 말미암았으며, 인(仁)으로 세상을 구제한다는 것은 실상 권력을 잡으려는 마음에서 말미암았고, 환하게 살펴 자신을 보전한다는 것은 실상 이익을 노리는 마음에서 말미암았다."(道術之亡久矣,…崇其業而忘其眞, 習其言而失其意, 正學之扶, 實由矜心, 邪說之斥, 實由勝心, 救世之仁, 實由權心, 保身之哲, 實由利心)고 언급하였다. 이른바 도학자들이 내세우는 명분이란 모두 탐욕을 숨기는 허위의식임을 예리하게 지적하였던 것이다.

사실 예수의 말씀이 아무리 절실하고, 공자의 말씀이 아무리 진실하다 하더라도, 그를 추종하는 신도들은 홍대용의 지적처럼 "그 업적은 높이면서 그 진리는 잊어버렸고, 그 말씀을 익히면서 그 본의는 잃어버린" 경우라 할 수 있다. 그렇다면 그 신앙이나 신념이 소멸되고 독선과 고집만 남지 않겠는가. '자랑하려는 마음', '남을 이기려는 마음', '권력을 잡으려는 마음', '이익을 노리는 마음'의 온갖 욕망이 자신의 '정통성'을 내세우고, 남을 '이단으로 배척'하고 있는 것이 우리가 살아가고 있는 현실이 아니겠는가. 진리를 빙자하여 '권력을 잡아보려는 마음'이나 '이익을 노리는 마음'이 결국 분열을 일으키고 분파를 조장하여 왔던 것이 역사적 사실이요, 현실의 실상이라 하지 않을 수 없다.

3. 유교에서 가정의 의미

1) 유교전통의 가족

⑴ 가정과 유교전통의 가족

중국문화권에서 가정은 한문글자 '家'의 어원적 의미에서 보여주듯이 '한 지붕 아래 모여 사는 가족공동체'를 의미한다. 유교사회에서는 개인이 가정을 통하여 자신을 형성하게 되고 가문을 통하여 사회에 출신할 수 있으며, 국가와 우주도 확장된 가족관계로 이해하는 가정중심의 세계관을 지니고 있다. 종교학자 죠셉 기타가와(J. Kitagawa)는 유교사회가 지닌 세계관의 두 촛점으로서, 그 하나는 가족이고 다른 하나는 국가라 언급하였다. 그만큼 가족은 유교적인 도덕규범.사상.문화.제도 등의 모든 영역에서 그 핵심을 이루고 있다.

⑵ 가정의 위치와 가족주의

유교전통에서 가정은 개인과 사회를 연결시켜주는 중요한 역할과 위치를 갖고 있으며, 동시에 세계구성의 근본적 요소를 이룬다. 그만큼 '가정'의 의미는 유교적 인간이해, 인간관계의 질서, 및 인간과 우주의 관계를 이해하는데 핵심적 요소가 되고 있다.

오늘날 유교전통에 대한 비판적 견해에 따르면, 유교가 가족주의적인 성격이 강하기 때문에 개인의 독자적 위치를 충분히 확보해 주지를 못하고, 개체가 가족질서 속에 매몰되어 있다고 지적하기도 한다. 지나치게 의존적이고 속박적인 가족주의적 생활관습은 농경사회적 전통에 적합하였으나 현대산업사회에는 부적합하다는 비판도 제기되고있다.

유교이념은 한편으로 개인적인 수신(修身)의 문제를 매우 중시하여, 자신의 문제가 모든 문제의 근본이라는 것을 강조하며, 다른 한편으로 국가-사회적 공(公)의 규범이 강조되고 있음을 보게 된다. 유교적 가정 개념은 개인을 가족으로 결합시키고 사회로 나아가게 하는 기초를 이루는 조직이라 본다.

2) 가족과 개체

(1) 가족과 개체

개체의 인격을 근본으로 하는 유교의 입장을 이해하여야만 유교의 가족제도 내지 가정에 대한 의식도 적절하게 인식할 수 있다. 전통의 유교 사회는 친족질서를 중요시하는 대가족적인 사회집단을 기초로 한다. 그러나 이 가족관계의 구조도 실제로는 그 권위가 제일 항렬이 높고 연로

한 어른에게 있다하더라도, 그 가족질서의 기준은 각자에게 있다. 곧 나를 중심으로 부모.조부모.증조부모.고조부모와, 아들.손자.증손.현손의 '4등친'(四等親)이라는 하나의 친족구성이 이루어진다. 따라서 유교의 가족질서를 평가하는 척도로써 '촌수'(寸數)를 헤아리는데, 이 촌수는 자기를 기준으로 모든 가족관계의 구성원리와 범위를 측량하고 있다. 그만큼 유교의 가장 중심적인 사고는 개체성에 그 기준을 두고 있는 것이다.

이이(李珥, 栗谷)는 『격몽요결』(擊蒙要訣)의 사친장(事親章)에서 부모를 섬기는 것, 곧 효도하는 것이 가장 중요하다고 강조한다. 유교적 가족관계의 기본구조의 특성은 부모와 자녀의 수직적 질서를 강조하는 것이고, 그 도덕규범은 부모에 대한 자녀의 효도로 지적된다. 그러나 이이는 자기 몸을 베어내고, 살을 깎아서라도 부모를 섬기는 것을 효도의 모범으로 강조하는 당시의 통속적 효도의식을 유교적인 효도의 기본태도가 아니라고 명확하게 지적한다. 그는 효도가 나오는 근원을 해명하면서, "천하에서 가장 귀중한 것은 나 자신이요, 나 자신이 가장 귀중하기 때문에 부모가 귀중하다."고 언급한다. 사람이 남한테 재물을 주면 재물이 많으냐, 적으냐, 중한 것이냐, 가벼운 것이냐에 따라서 그 사람에게 감사하는 정도가 달라지는 것처럼 진정으로 자기 자신이 소중하다는 것을 아는 사람이라야만 자기의 소중한 생명 곧 자기 몸을 남겨 준 부모를 사랑할 수 있다는 것이다.

이처럼 유교의 가족적 도덕규범으로서 '효도'는 그 출발점을 자기 자신에 대한 사랑에 근본을 두고 있다. 오늘날 유교를 가족주의에 속박되어 개인을 매몰시키고 있다고 비판하는 것은, 그 역사를 통한 사회적 폐단을 지적하는 것이지만, 유교의 근본적 인식에 적용시키기는 어렵다.

(2) 가정의 형성과정

유교의 가정개념을 이해하기 위해서는 가족관계의 질서가 형성되어 가는 과정을 인식할 필요가 있다. 가장 큰 비중은 부모자식[父子] 관계에 있지만, 발생적으로는 부부관계가 가장 앞서는 것이다. 『주역』 서괘전(序卦傳)에서는 "먼저 천지가 있는 다음에 만물이 있고, 만물이 있은 다음에 남녀가 있으며, 남녀가 있으니까 그 후에 부자가 있고, 부자가 있은 다음에 군신관계도 성립한다." 고 언급한다. 곧 '부자'관계에 앞서서 '부부'관계가 있다는 것이다. 부자관계만이 유교적 가족질서의 유일한 기준으로 생각하는 것은 유교의 본래 입장이 아니라고 생각된다.

관·혼·상·제(冠婚喪祭)의 사례(四禮)를 중심으로 하는 가정의례[家禮]에서는 혼례를 근본으로 삼는다. 곧 혼례를 '인륜의 대사'(大事)라하여, 혼례가 바로 잡히지 않고 부부의 윤리가 바로 잡히지 않으면, 부자의 윤리, 가족의 윤리, 사회의 윤리 모두가 다 붕괴된다는 인식이다. 따라서 유교적 가족의식의 가장 근본적인 구조 속에 부부관계에 대한 의식이 전제되어 있다는 사실을 유의할 필요가 있다.

3) 유교적 생명관과 가족의식

(1) 유교적 생명관

유교의 가족의식을 이해하고, 나아가 한국인이 오랜 역사적 전통을 통해서 생활해 왔던 유교적 가족질서를 이해하려면 먼저 유교적인 생명관에 대한 이해가 필요하다.

오늘날 한국사회에 서구 기독교적인 의식이 깊이 침투하게 되자, 잠재적으로는 유교의 전통적 생명관을 받아들이더라도, 의식적으로는 거부하면서 유교적 가족의식을 이해하는데 큰 곤란에 부딪치게 된다. 유교적 전통의 생명관과 서구 기독교적 생명관을 단순화시켜 비교해보면 다음과 같다.

기독교적 생명관은 일차적으로 모든 개체는 하느님과 직접적인 관계를 맺고 있는 것으로 본다. 말하자면 자기 자신의 육신은 부모로부터 받았지만 이 육신의 하나 하나에게 하느님이 직접 진정한 생명인 영혼을 부여해 주었다고 볼 수 있다. 이러한 개체의 영혼은 신(神) 앞에서 신에게 직접적으로 책임을 지고 있는 관계이다. 그러나 이에 비하여 유교적인 생명관은 상당한 차이를 보여준다.

유교의 생명관은 인간이 한 개체로서 천(天)과 관계를 맺는 성품이 부여되어 있을 뿐만 아니라, 동시에 생명은 혈통의 연속성 속에서 독립된 고리들이 하나의 긴 사슬을 이루며 연결된 모습을 지니고 있다. 곧 그 고리의 하나 하나에 개체가 자리를 잡고 있는 것이다. 그런 면에서 유교적 생명 의식 속에서는 인간이 죽은 다음에 이 세상을 떠나서 신의 세계로 돌아가 이 세계와는 단절되는 것이 아니다. 그것은 죽은 다음에도 이 세계에서 '혼백'(魂魄)이라는 새로운 형태로서 그 후손들과 더불어 살고 있는 사실을 볼 수 있다.

(2) 조상과 후손의 공동체로서 가정

우리가 이런 형식을 유교적인 전통관습에서 쉽게 볼 수 있는 가장 뚜렷한 사례가 있다. 곧 유교전통 사회에 가정마다 설치되어 있는 조상의 사당(祠堂) 곧 가묘(家廟)를 들 수 있다. 이처럼 살아 있는 후손과 죽은 조상이 함께 존재하면서 제사의례를 통하여 만나는 유교가정의 사당은 기독교적 의미에서 비유하자면 성전(聖殿)과 같은 성격을 갖는다.

한 가정의 사당에는 부모와 조부모 등 선조들의 신주(神主)를 모셔놓고 있다. 그런데 이 신주는 이미 하늘나라에 가 있는 분을 기념하기 위하여 모셔놓고 있는 것이 아니다. 조상의 신(神) 곧 혼백이 이 신주에 깃들어(依憑) 있는 것이다. 따라서 조상과 후손은 한 울타리 안에서 같이 생활하고 있는 하나의 공동체를 이루고 있다. 물론 한쪽은 살아있는 존재이고 다른 한쪽은 죽어서 혼백으로 존재할 뿐이지만, 신주가 결코 죽은 조상이 사라지거나 소멸된 후의 상징물은 아니다.

유교가정의 사당 안에는 돌아가신 조상이 계시고 안채나 사랑채에는 살아있는 후손들이 살고 있으니, 산 자와 죽은 자가 한 울타리 안에서 같이 살고 있는 것이다. 예를 들어 모든 후손들이 출입을 할 때마다, 마치 자녀들이 출입할때 부모나 어른에게 인사를 드리는 것처럼 사당에 인사를 드리고 드나든다. 또 어떤 좋은 음식이나 그해 첫물의 음식이 생겼을때, 어른에게 먼저 드리고 그 다음 자녀들이 나눠 먹는 것처럼, 새로운 것 귀한 것은 사당에 먼저 드리고 나서 후손들이 나눠 갖는다. 그것은 그 선조들이 결코 유리된 상태로 존재하는 것이 아니라 함께 생활하고 있다는 사실을 보여주는 것이다.

오늘날의 관점으로 보면 어떤 면에서는 비인도적이라고 지적될 수 있겠지만, 죽은 사람에게도 죄가 새로 밝혀지면 징벌을 한다. 그 예로 잘못된 재판의 경우이지만, 조선초기의 선비인 김종직(金宗直)의 경우를 들 수 있다. 무오사화(戊午士禍)의 참변 때 그는 이미 죽은 다음인데도 무덤을 파고 유골을 꺼내서 목을 베는 부관참시(剖棺斬屍)의 형벌이 내려졌다. 이것은 이 세상에서 죽었거나 살았거나 상관없이, 사후에도 이 세상에서 그 사람의 생명이 지속하는 것을 말해준다. 물론 사후에도 공로가 인정되어 관직이 높아지는 경우는 얼마든지 있다. 사후에 받는 벼슬로서 '증직'(贈職)은 본인에게 적용되는 것은 물론이요, 그 죽은 자의 조상에 까지도 적용되고 있는 사실을 볼 수 있다. 그것은 유교사회가 인간을 사후에도 지속적으로 존재하는 것으로 존중하는 생명관을 갖고 있다는 것을 의미한다.

4) 가족의 유대

(1) 혼인의 의미

혼인의 경우에도 조상제사의 의미를 무척 중요시한다. '무엇 때문에 혼인하는가?' 라고 물을 때, 혼인의 조건 속에서 당사자의 애정은 개인적이고 감정적인 문제로 가볍게 여겨져 제쳐두고 있다. 그대신 혼인의 가장 큰 목적은 '조상제사를 받들고 후손을 계승하기 위한 것'(奉祭祀 繼後嗣)이라 선언한다.

혼인에 의해 자손의 출산을 함으로써 맺어지는 혈연관계의 가족적 유대는 가정의 존립을 위한 근본이 된다. 따라서 맹자(孟子)는 "불효에 3가지가 있으나 대를 이을 자식을 두지 못하는 것이 가장 크다." 라 하였으며, 아들을 낳기 위해 비상한 관심을 지녔던 전통이 있다. 그 결과 아들을 낳을 수 없는 경우에는 친족사이에 입양(入養)제도가 일반화되었으나, 혈통의 지속성을 확보하기 위해 이성(異姓)의 양자를 허용하지 않는 전통이 이루어졌다. 부모와 자식사이에 혈기(血氣)가 이어지며, 형제자매 사이에 같은 혈기를 나누어 갖는다는 의미에서 동기(同氣)로 받아들여지고 있다.

이 문제는 어떤 면에서 혼인의 중요한 목적이 유교인의 신앙적인 목적과 연결된다고 생각할 수 있다. 그것은 그 개체의 생명의 문제가 아니라, 이 생명이 계속 이어진다는 사실에 의미가 있다. 나 자신의 생명은 내가 죽더라도 그것으로 끝나지 않고, 후손과 더불어 이어지고, 내가 한 행동이 나의 후손에게 직접적인 영향을 줄 수 있다는 것이다. 그래서 법의 처벌을 받을때 가족들이 공동처벌을 받게 되는 연좌법(連座法)도 유교적인 생명관, 가족관 속에서는 상당한 정당성이 인정될 수 있으니,단지 불합리한 비인도적인 형법이 아니라 할 수 있다.

(2) 가족의 유대와 연속성

유교 고전에 나오는 것은 아니지만 유교적 가족의식의 혈연적 연속성에 대한 신념을 잘 보여주는 이야기가 있다. 『열자』(列子)에 나오는 '어리석은 늙은 이가 산을 옮긴다'[愚公移山]는 우화를 요약하면 다음과 같다.

우공(愚公)이라는 어리석은 늙은이가 대가족의 제일 웃어른인데, 그는 큰 산 밑에 살다보니 장을 보러 갈 때는 한바퀴 둘러서 700리 길을 가야 하는 불편이 있으므로, 그 해결방법을 찾기위해 가족회의를 열었다. 그런데 어리석은 우공의 가족들은 '흙을 파내서 산을 없애면 될 것' 이라는 의견에 일치하였다. 이 말을 듣자 그 옆집의 지혜로운 늙은이는 "자네 같은 늙은이가 살면 얼마나 살것이며, 풀 한포기 뽑을 힘도 없는데 이 큰 산을 어떻게 없앤다는 것이냐?" 라고 조롱을 했다. 그러자 우공은 "나야 얼마 못살지만 내가 못하고 죽으면 내 아들이 할테고, 아들이 못하면 손자로, 손자의 손자로 무궁하게 이어갈 것이니, 어찌 무궁한 후손으로 유한한 산을 못없애겠는가." 라 대답했다.

이 우화 속에는 매우 본질적인 유교적 생명관과 가족관에 관한 인식이 내포되어 있다. 적어도 '나는 나이고 내 자식은 자식이다' 라는 식의 엄격한 개별적 단절이 아니라, '내 자식과 내 후손은 나 자신의 연속으로 믿는다' 라는 신념으로서, 부모와 자식, 조상과 후손 사이에 존재의 필연적인 연속성이 성립한다는 유교적 가족의식의 근본적 확신이 포함되어 있다.

이러한 생명관이 있기 때문에 『주역』곤괘(坤卦)에서는, "선을 쌓은 집안에는(내가 다 복을 받을 수 없지만) 반드시 후손에게 경사가 있고, 악을 쌓은 집안에서는 반드시 후손이 재앙을 받는다." 라 하여, 자신의 행위에 대한 상벌이 후손에로 계승되는 가족적 유대의 연속성에 대한 확신을 밝혔다. 조상의 묘를 명당에 써서 후손이 죽은 조상의 힘 곧 음덕(陰德)을 입을 수 있다는 풍수설(風水說)에 의한 장속(葬俗)이 유교전통사회에 성행하였던 것은 잘못된 속신(俗信)이지만 조상과 후손의 유대관계에 대한 유교적 의식의 일단을 엿볼 수 있다.

바로 이 점에서 유교인은 자신이 살아서는 조상에 대한 책임을 지고 죽은 뒤에도 후손에 대한 책임을 갖게 된다고 의식한다. 곧 이 세상에 대한 한 사람의 책임은 자기 자신만의 문제가 아닌 자손의 문제까지 연결되는 가족적 연대책임을 지는 것이다. 이런 면에서는 유교의 혈연중심적 가족의식 속에는 개인이 단절되고 고립되는 소외가 심각하게 발생하지 않는다. 개인이 가족적인, 혈족적인 연속성 속에서 유대의 범위가 확산되어가고, 고립과 소외를 벗어나는 생명에 대한 이해가 유교적인 가족의식의 기초를 이루는 것으로 볼 수 있다.

5) 가장과 유교적 가치

(1) 유교적 가치의 실현단계로서 가정

또한 유교에서 가정의 뿌리는 가족을 구성하는 개체이다. 곧 가정을 화목하게 이끌어가는 근본동력은 나 자신이며, 나아가 천하가 다스려지는 근본문제도 나 자신의 문제라는 것이다. 한 개인이 자기인격의 수양[修身]을 근본으로 하여 가정을 화목하게 하고[齊家], 나라를 다스려지게 하고[治國], 천하를 화평하게 하는 것[平天下]으로 그 실현을 확산시켜간다. 그렇다면 이 천하를 다스리는 출발점은, 개인의 인격수양이요, 다음 단계로는 공동체의 가장 작은 단위인 가정에 있다.

이런 의미에서 모든 사회적인 규범으로서의 윤리적인 체계가 가족적인 윤리 속에서 출발한다. 가정 곧 가족관계에 윤리가 세워졌을 때 바로 윤리 그 자체가 정립되며, 거기에서 모든 사회적인 질서에로 확장될 수 있다고 이해한다. 이러한 의식을 가장 단적으로 표현해 주는 경우로 "부모에 대한 효도와 형제간의 우애가 인간적인 도덕성을 실현하는 근본이다."(孝弟也者,爲仁之本也)라는 공자의 말씀을 들어볼 수 있다. 즉 사람의 인간다운 삶의 근본은 가족적인 도덕의 실천을 통해 이루어진다고 보는 것이다.

(2) 도덕의 기초로서 가족적 사랑

도덕의 근본은 우리 마음 속에 심어져 있지만, 인간이 이 세계와의 관계로 확장하는 과정은 가장 먼저 친족을 사랑하는 마음에서 시작한다. 친족을 사랑하는 마음이 있어야 이웃을 사랑할 수 있고, 이웃을 사랑할 수 있어야 모든 사물까지 사랑할 수 있는 것이다. 맹자가 격렬하게 비판했던 같은 시대 사상가로서 양주(楊朱)와 묵적(墨翟)이 있는데, 이 양주와 묵적에 대해 임금을 임금으로 여기지 않고[無君] 부모를 부모로서 여기지 않는다[無父]고 비판하였다. 왜냐하면 묵적은 이 세상에 대한 겸애(兼愛)주의자, 곧 박애주의자인데, 박애정신의 출발점을 가정에서 부모에 대한 사랑으로 시작하지 않으면 부모를 다른 사람과 평등하게 보게 되며, 부모로 여기지 않는 결과가 되기 때문이라는 것이다. 또한 양주는 위아(爲我)주의자, 곧 이기주의자로서 자신에 대한 사랑에만 집착하는데, 자신을 사랑하는데만 집착하면 사회적인 질서를 무시하여 파괴하는 데까지 이른다는 것이다.

따라서 유교의 윤리체계는 자기에서 출발하지만 가정을 통해서 사회로 점점 확산되어가는 확장적인 윤리체계라 할 수 있다. 실제로 유교전통에서는 반유교적 가치로 '아비를 아비로 여기지 않고 임금을 임금으로 여기지 않는다'는 조건, 곧 무부무군(無父無君)의 조건을 내세웠으며, 이단(異端)의 특징으로서도 이 조건을 적용시켜왔던 것이 사실이다.

(3) 효(孝)·제(弟)·자(慈)의 기본범주

도덕규범의 새로운 인식을 추구하였던 정약용은 인간이 추구할 가장 기본적인 덕목으로서의 '인'(仁)을 두 사람(二人), 즉 두 사람의 관계로 해석하여, "인간됨이란 두 사람의 관계이다."라고 언급하였다. '인'(仁) 속에서는 한 인간을 중심으로 윗 사람과의 관계, 이웃과의 관계, 아랫 사람과의 관계라는 상하 좌우로 나눠 볼 수 있는데, 그 윗 사람과의 관계가 '효'(孝)이고, 아랫 사람과의 관계는 '자'(慈)이며, 이웃 사이의 수평적인 관계는 '제'(弟, 悌)로 제시된다.

이러한 '인'(仁)의 형식은 부모에게 효도하고 자식에게 자애롭고 형제 간에 우애있는 효(孝)·제(弟)·자(慈)의 가족적 상호관계의 도덕규범 이 바로 덕의 기본형식이요, 일반적 규범체계의 기본범주를 이루는 것 으로 이해된다. 곧 모든 윤리적 질서는 바로 '효'·'제'·'자'의 가족적 도 덕규범을 확산하면서 성립되는 것이니, 인간관계의 기본형식은 가족관 계의 질서 속에서 찾아질 수 있는 것이다.

6) 가정의 확산으로서 국가와 우주

이러한 가정의 확장은 국가(國家)를 하나의 가족적 관계로 이해하여, 임금을 군부(君父)라 하고 왕후를 국모(國母)라 한다. 나아가 그 극단적 확장으로는 장재(張載, 橫渠)가 「서명」(西銘)에서 언급한 것 처럼 우주 (天地)를 하나의 가정으로 이해하여 하늘을 아버지로 땅을 어머니로 임 금을 그 맏아들[宗子]로 제시하여 '우주일가'(宇宙一家)의식을 확인할 수도 있다.

'효'·'제'·'자'의 규범은 위로 향하고 옆으로 향하고 아래로 향함으로 써 모든 방향으로 상호 교류하는 통로를 열어주고 있다. 따라서 유교적 가족윤리도 '효'를 중심으로하는 위를 향한 수직적 질서가 아니라 모든 방향에서 교류하는 상호적 질서의 성격을 엿볼 수 있다.

바로 이런 논리에서 유교이념에 뒷받침되어 왔던 동양의 전통적 가정은 가족주의. 혈족주의에 폐쇄되지 않고, 개인의 수양론적 내면성과 개체성에 뿌리를 두면서도 사회적 세계적 질서의 확보를 위해 성장 확대되어 가는 것이라 할 수 있다.

4. 유교에서 정치의 미덕과 과제

1) 정치에 종사하는 다섯 가지 미덕(五美)<『논어』20-2>

"①백성의 이로운 바를 따라서 이롭게 해주니, 이것이 또한 은혜롭게 베풀되 허비하지 않는 것이 아니겠는가. ②수고롭게 할 만한 것을 가려서 수고롭게 하니, 또한 누가 원망하겠는가. ③어진 덕을 행하고자 하여 어진 덕을 얻으니 또한 어찌 탐내는 것이겠는가. ④군자는 사람이 많거나 적거나, 일이 작거나 크거나 가리지 않고 감히 오만함이 없으니, 이것이 또한 태연하면서 교만하지 않는 것이 아니겠는가. ⑤군자는 옷과 갓을 반듯하게 하고 바라보는 눈길을 존엄하게 하고, 엄숙하여, 사람들이 바라보고서 두려워하게 하니, 이것이 또한 위엄이 있지만 사납지 않다는 것이 아니겠는가?"

(因民之所利而利之, 斯不亦惠而不費乎/ 擇可勞而勞之, 又誰怨/ 欲仁而得仁, 又焉貪/ 君子無衆寡, 無小大, 無敢慢, 斯不亦泰而不驕乎/ 君子正其衣冠, 尊其瞻視, 儼然人望而畏之, 斯不亦威而不猛乎.〈『논어』20-2〉)

제자 자장(子張)이 어떻게 해야 정치에 종사할 수 있는지를 묻자, 공자는 '다섯 가지 미덕'(五美)을 높이고, '네 가지 악행'(四惡)을 물리치면 정치에 종사할 수 있을 것이라 하였다. 위에 인용한 구절은 '다섯 가지 미덕'(五美)에 대해 그 내용을 설명한 말이다.

'정치에 종사한다'(從政)는 말은 요즈음 말로 행정이나 정치를 담당하는 공직을 의미하는데, 좀더 확대하면 누구나 세상을 살아가면서 다른 사람을 상대할 때 지켜야 할 덕목이라 할 수 있을 것이다. 여기서는 먼저 '다섯 가지 미덕'(五美)을 하나하나 음미해 공자의 가르침이 우리의 현실에서 어떤 의미로 이해되어야 할지를 검토해 볼 필요가 있다.

첫째, '군자는 은혜롭게 베풀되 허비하지 않는다'(惠而不費)는 것은 '백성들의 이로운 바에 따라서 이롭게 해주는 것'(因民之所利而利之)이라 하였다.

'백성들의 이로운 바'(民之所利)란 백성들이 이롭게 여기는 것일 수도 있고, 백성들에게 이로운 것일 수도 있다. 사실 공직자는 백성들이 무엇을 이롭게 여기는지를 살펴야 하며, 또한 무엇이 백성들에게 진정으로 이로운 것인지를 알아내야 한다. 이 두 가지는 서로 일치할 수도 있지만, 어긋날 수도 있다는 점을 주의할 필요가 있다

부자의 재물을 거두어 가난한 자에게 나누어주는 것이야 가난한 백성들이 모두 이롭게 여기는 바가 될 터이지만, 그것이 진정으로 가난한 백성들에게 이로운 것은 아니다. 공짜로 나누어주는데 좋아하지 않을 사람은 없겠지만, 그것은 욕심에 부응하는 것이지 이치에 부응하는 것은 아니다. 또한 일시적 방책이 될지 몰라도 멀리 내다보는 항구적 방책은 분명 아니다.

부모 자식 사이나 친구 사이에서도 상대방이 좋아하는 것을 살펴서

들어주는 것이 필요하다. 쓴 것을 좋아하는 사람에게 단 것을 주거나, 단 것을 좋아하는 사람에게 신 것을 준다면, 아무 효과가 없을 뿐 아니라, 거부감만 불러일으키게 된다. 그러나 그 사람이 아무리 매운 것을 좋아 하더라도 위장병이 있는 사람에게 매운 것을 권하는 것은 결코 그 사람 에게 이로운 것을 따르는 일이 아니다. 감정이나 욕망을 무시할 수는 없 지만, 감정이나 욕망에 끌려 다니면 더욱 심각한 문제를 일으킬 수 있다 는 사실을 인식해야만 한다.

둘째, '수고롭게 하되 원망 받지 않는다'(勞而不怨)는 것은 '수고롭게 할 만한 것을 가려서 수고롭게 한다'(擇可勞而勞之)고 하였다. 수고롭게 할 만한 것만 골라서 수고롭게 한다면, 결코 원망을 받지는 않을 수 있 다. 그러나 '수고롭게 할 만한 것'이란 현재 그 사람의 역량에 따른다는 것을 의미한다. 현실에서도 사람의 역량은 계발하는데 따라 훨씬 더 크 게 향상될 수도 있다.

그렇다면 현재의 역량에 맞추어 그 사람을 쓸 것인지, 어떤 목표를 위 해 그 사람의 역량을 향상시킬 것인지를 판단해야 한다. 학생을 가르치 는 교사는 학생의 역량에 맞는 문제와 학생이 고심하고 노력하여 자신 의 역량을 향상시켜야 할 문제를 적정 비율로 가르쳐야 한다. 마찬가지 로 정치지도자도 국민의 수준에 맞추어 따라가면서, 동시에 국민의 수 준을 향상시키는 방향으로 이끌어가지 않으면, 그 사회에 발전이란 없 게 된다.

정치지도자나 기업인이 대중에 영합하여, 대중의 역량에 맞추려고만 든다면, 그 나라나 그 기업이 성장하고 발전하기는커녕 정체되거나 퇴 보할 위험에 빠지고 만다. 어느 정도 대중의 역량보다 한 단계 높이 목표 를 설정하여 이끌어 갈 때, 그 조직의 발전이 가능할 것이고, 자신이 더 큰 역량을 발휘했다는 사실을 알게 되면, 그동안 고통스러움이 따랐다 하더라도 큰 보람을 누릴 수 있을 것은 당연한 일이다.

셋째, '하고자 하지만 탐내지 않는다'(欲而不貪)는 것은 '어진 덕을 행하고자 하여 어진 덕을 얻는 것'(欲仁而得仁)이라 하였다. 무엇을 하고자 한다면, 그곳에는 목적과 동기도 있어야 하고, 성취하고자 하는 의욕도 있어야 한다. 바로 이 목적이나 동기나 의욕에 사사로운 욕심이 쉽게 끼어들 수 있다. 그러나 '어진 덕'(仁) 곧 '사람을 사랑하는 마음'으로 어떤 일을 추구한다면, 어떤 일을 아무리 추구한다 하더라도, 그것은 희생과 봉사의 일이 되지, 이기적 탐욕의 일이 될 수는 없다.

따라서 사람을 사랑하는 마음으로 일을 한다면, 무슨 일을 하거나, 어떤 성과를 거두더라도 그곳에는 내가 먼저 차지하고, 더 많이 차지하겠다는 탐욕으로 얼룩지는 일이 없고, 남을 억누르거나 남에게 피해를 끼치는 일이 없을 것이다. 심지어 높은 지위에 오르려 하거나, 많은 재물을 얻으려 한다 하더라도, 그 일을 추구하는 바탕에 '사람을 사랑하는 마음'을 잃지 않는다면, 결코 사사로운 탐욕에 빠지는 일이 없을 것은 당연하다.

문제는 사람을 사랑하는 '어진 덕'이 진실로 선하고 탐욕을 벗어난다고 하더라도, 여전히 '어진 덕'은 필요조건이지 충분조건은 아니라는데 있다. 정치와 교육과 사업 등 무슨 일에서나, '사람을 사랑하는 마음'으로 하더라도, 올바른 상황판단을 하지 못하면 그 '어진 덕'은 방향을 잃게 되고 만다. 마찬가지로 정의로운 법질서가 세워지지 않으면, 그 '어진 덕'도 혼란과 무질서에서 허덕일 수밖에 없다.

넷째, '태연하면서 교만하지 않는다'(泰而不驕)는 것은 '군자는 사람이 많거나 적거나, 일이 작거나 크거나 가리지 않고 감히 오만함이 없는 것'(君子無衆寡, 無小大, 無敢慢)이라 하였다. 여기서 무슨 일에서나 '오만함이 없다'는 것은 군자가 남을 무시하거나 자기를 앞세움이 없는 겸허한 덕을 말해준다. 그러나 '태연함'(泰)에 대한 설명이 없으니, '태연함'과 '교만하지 않음'의 연관성이 무엇인지 알기가 어렵다.

'태연함'이란 겉으로 태연한 척하는 것이 아니다. 태연하기 위해서는 사태의 실상과 변화에 대한 깊은 통찰이 있어서 허둥거리거나 안절부절하지 않는다는 말이다. 또 자신의 굳센 신념이 가슴 속에 있기 때문에 어떤 돌변의 사태나 위기의 상황에 처하더라도 동요함이 없음을 말한다. 그렇다면 교만하지 않기 보다는 태연하기가 진실로 어려운 일이 아닐 수 없다. 그런데 어찌 '태연함'에 대한 설명은 한 마디도 없는 것일까. 이미 서로 다 알고 있음을 전제로 하는 것이라 이해할 수밖에 없다.

통찰력이 투철하고 중심이 확고하면 저절로 태연하게 되고, 태연한 사람이라면 교만을 부릴 이치가 없다. 속으로 식견이 없고 신념도 없지만 남들 앞에서 자신의 위세를 내세우자니 교만하게 행동하게 된다. 말하자면 속마음의 충실함이 겉으로 드러난 현상이 '태연함'이요, 속마음의 공허함이 겉으로 드러난 현상이 '교만함'이라 할 수 있다. 그렇다면 공자께서 "식견을 넓히고 신념을 확고히 하여 속마음을 충실하게 한다면, 어찌 태연하면서 교만함이 없지 않겠는가."라 설명해주셨더라면, 더 분명하게 이해할 수 있지 않았을까.

다섯째, '위엄이 있지만 사납지 않다'(威而不猛)는 것은 '군자는 옷과 갓을 반듯하게 하고 바라보는 눈길을 존엄하게 하고, 엄숙하여, 사람들이 바라보고서 두려워하게 되는 것'(君子正其衣冠, 尊其瞻視, 儼然人望而畏之)이라 하였다. '옷과 갓을 반듯하게 하는 것'은 밖으로 드러나는 외모를 단정하게 바로잡는 것이요, '눈길을 존엄하게 하는 것'은 안으로 마음을 경건하게 하여 밖으로 대상을 바라보는 눈길을 존엄하게 가다듬는 것이다. 이렇게 안팎으로 자신을 단속하면 그 모습이 저절로 엄숙할 것이요, 이를 바라보는 대중들로서는 어찌 두려운 마음이 들지 않으며, 어찌 존경하지 않을 수 있겠는가.

여기서 공자는 '위엄'(威)이란 겉으로 위세를 드러내거나 엄숙한 표정을 짓는 것이 아님을 보여준다. 밖으로 행동거지는 안으로 마음가짐을 단속하고, 안으로 마음가짐은 밖으로 행동거지를 단속하여, 안팎이 서로 단속하여 일관하게 경건해야 하는 것임을 잘 보여주고 있다. "옷과 갓을 반듯하게 하고, 바라보는 눈길을 존엄하게 한다."(正其衣冠, 尊其瞻視)는 구절은 주자(朱子)가 「경재잠」(敬齋箴)의 첫머리에서 인용하고 있거니와, 몸과 마음을 경건하게 간직하는 것은 수양방법의 기본과제라 할 수 있다.

'위엄'은 자신이 추구하는 것이 아니다. 인격이 닦여진 덕에서 풍겨오는 엄숙함에 대해 대중이 느끼는 두려움에서 저절로 찾아오는 것이다. 또한 두려움을 느끼면 위엄이 드러나고, 위엄이 있으면 모두가 두려워하게 된다. 따라서 두려움은 상대방의 위세에 눌리는 공포심의 두려움이 아니요, 존경심의 두려움이다. 이처럼 존경하는 마음으로 두려워하는데, 어찌 무서워하거나 겁내는 '사나움'(猛)이 끼어들 수 있겠는가.

대중을 다스리는 지위에 있는 사람에게 대중을 갈등 없이 순조롭게 이끌어가는 데는 이 '다섯 가지 미덕'(五美)이 매우 소중하다고 하겠다. 다만 그 의미를 잘 이해한다면, 다섯 가지가 모두 지도자 자신의 덕을 닦아야 함을 지적한다는 사실에 유의할 필요가 있다. 자신의 내면에 덕이 쌓이지 않고, 술수나 위세로 대중을 다스리려 하는데서, 온갖 무리수가 나오게 되고, 자칫 파탄의 위기를 초래하게 된다는 사실을 깊이 경계하지 않을 수 없다.

공자는 대중을 다스리는 일에 종사함에서 갖추어야 할 '다섯 가지 미덕'(五美)에 이어서 물리쳐야 할 '네 가지 악행'(四惡)을 들고 있는데, 그 네 가지의 첫째는 '가르치지 않고 죽이는 것'(不教而殺)이니, '잔학함'(虐)이요, 둘째는 '미리 경계해놓지 않고서 눈앞에서 성공을 추구하는 것'(不戒視成)이니, '난폭함'(暴)이다. 셋째는 '명령을 태만하게 하고서 기일을 엄격하게 하는 것'(慢令致期)이니, '해침'(賊)이요, '사람들에게 똑같이 주어야 하는데, 내주고 받아들일 때 인색하게 구는 것'(猶之與人也, 出納之吝)이니, '벼슬아치 본새'(有司)라 하였다.

대중을 이끌고 다스리는데 갖추어야 할 덕목이 어찌 다섯 가지만 있고, 물리쳐야 할 악행이 어찌 네 가지만 있겠는가. 그 요긴한 사항을 들었을 뿐이라 하겠다. 그러나 한마디로 요약한다면, 안으로 마음속에 올바른 지혜와 덕을 갖추고, 밖으로 조화롭게 드러낸다면, 어찌 대중이 지도자를 존경하고 따르지 않을 것이며, 어찌 대중을 괴롭히는 악행을 저지를 이치가 있겠는가. 우리 사회의 정치지도자만 아니라, 모든 지도층의 인물들이라면, 자신을 돌아보고 대중을 이끌어 가는데, '다섯 가지 덕목'과 '네 가지 악행'을 마음속에 새겨둘 필요가 있을 것이라 본다.

2) 정치의 과제-사람을 씀과 쓰임

사람을 잘못 쓰다가 나라에 큰 손상을 끼치거나, 쫓겨나는 망신을 당하기도 했던 정치지도자가 우리나라에도 여럿 있었던 것 같다. 그래서 무슨 일에나 사람 쓰는 것이 중요함을 강조하여, "인사(人事)는 만사(萬事)다."라는 말을 흔히 입에 올린다. 퇴계도 "사람 쓰는데 성공하는가 실

패하는가에 다스려지는지 혼란에 빠지는지가 달려 있다."(用人得失, 治
亂所係.〈『퇴계집』, 권6, 答權相國〉)고 말했던 것이다.

사실 나라를 다스리는데서나 기업을 경영하는데서 사람을 잘 써서 일
어나기도 하고, 사람을 잘못 쓰다가 무너지기도 한다. 무슨 일이나 사람
의 판단과 행위로 이루어지기 때문이다. 그렇다면 사람을 쓰는 윗사람
이 있고, 사람에게 쓰이는 아랫사람이 있기 마련이니, 윗사람이 사람을
쓰는 법도와 아랫사람이 쓰이는 절도가 있지 않으면 안 된다.

퇴계는 옛 임금이 사람을 쓰는 법도에 대해,

> "재능을 헤아려 임무를 맡기므로, 재능이 큰 사람에게는 큰일을 맡기
> 고, 재능이 작은 사람에게는 작은 일을 맡기며, 크고 작은 일에 다 합당하
> 지 않은 사람은 물리쳤다. 불행하게도 윗사람이 잘못 알고 등용한 경우,
> 선비된 자라면 반드시 자기 재능으로는 감당할 수 없음을 스스로 헤아려
> 야 하고, 사퇴하기를 청하면 들어주었다."
>
> 昔先王之用人也, 量才而授任, 大以任大, 小以任小, 大小俱不合者則退
> 之. 一有不幸, 上之人不知而誤用之, 爲士者又必自量其才之不堪, 辭而乞
> 退則聽之.〈『退溪集』, 戊午辭職疏〉

사람을 쓰는데 재능만 보아서는 안 된다는 것을 누구나 알고 있다. 그
재능과 정직성 등 인물됨을 두루 잘 살펴야 하는 것이니, 여기서 말한
'재능'이란 이런 여러 면을 포함하여 말한 것으로 보인다. 그만큼 사람을
쓰는 윗사람은 사람됨의 여러 면모를 정밀하게 알아보는 안목 곧 '지인
지감'(知人之鑑)이 있어야 한다. 그 재능과 인품이 크고 작음에 따라 그
에 맞는 크고 작은 임무를 맡겨야 한다고 하였으니, 이것이 바로 '적재적

소'(適材適所)에 두는 용인술(用人術)의 기본원칙이다.

그런데 쓰이는 입장에 있는 '선비된 자'로서는 자기 재능으로 그 임무를 감당할 수 있는지 없는지를 반드시 스스로 헤아려, 감당할 수 없다면 물러나야 한다는 지적은 지극히 당연하고 옳은 말이다. 그렇지만 현실에서는 참으로 어렵고 드문 일이 아닐 수 없다. 쓰이는 사람들은 누구나 좋은 자리나 높은 자리를 얻고 싶어 하고, 또 이런 자리를 얻기 위해서라면 연줄을 찾거나 뇌물을 바치거나, 온갖 방법을 다 동원할 것은 불을 보듯 뻔한 일이다. 옛날에는 그런 '선비'가 더러 있었겠지만, 지금은 이런 인물을 찾기는 너무 어려운 것이 현실이다. 혹시 있다해도 바보취급을 받기 마련이다.

사람을 쓰는 데는 사람을 알아보는 안목이 있어야 할뿐더러, 이미 쓰고 있는 사람에 대한 믿음이 있어야 한다. 사람을 안다(知)는 것과 사람을 믿는다(信)는 것은 함께 가는 것으로 보인다. 사람을 알아보는 안목이 없으니 쓰고 있는 사람에 대해 끝없이 의심이 일어나게 된다. 사람을 알아볼 줄도 모르고 의심하지도 않는다면 이런 윗사람은 지극히 어리석은 사람일 뿐이다.

임진왜란이 일어났을 때, 임금 선조(宣祖)는 믿었던 장수들이 잇달아 패배하여 온 나라가 초토화되고, 국경 끝인 의주(義州)까지 피난했던 상황에 놓여 있었다. 이런 처지의 선조는 당시 바다에서 연전연승(連戰連勝)하는 수군(水軍)장수 이순신(李舜臣)의 역량을 알아볼 줄도 모르고, 혹시 반역이라도 할까 끝없이 의심하다가, 끝내는 이순신의 지휘권을 빼앗고 죽이려들기까지 하였다. 그래서 원균(元均)에게 수군의 지휘권을 맡겼다가 함대가 전몰당하는 참혹한 결과를 초래하고 말았다. 이런 군주가 바로 사람을 알아보지도 못하고 믿지도 못하여, 인재를 제대로 쓸 줄 모르는 지극히 어리석은 군주(庸君)라 하지 않을 수 없다.

아랫사람에게 믿음을 보여주면 역량이 있는 인재라면 큰 성과를 이룰 수 있지만, 윗사람이 의심하고 있으면, 아랫사람이 자신의 행동에 제약을 받아 역량을 발휘하기가 어려워질 수밖에 없다. 부모가 자식을 믿어주면 자식도 큰 용기를 얻어 좋은 성과를 거둘 수 있는데, 하물며 지도자가 아랫사람을 믿지 못하고서 큰 업적을 이루기란 어찌 어렵지 않겠는가. 윗사람은 자신이 아랫사람에 대해 믿음을 가져야 할뿐더러, 윗사람과 아랫사람은 서로에 대해 믿음을 가질 수 있어야 모든 일이 순조롭게 이루어질 수 있다.

그래서 공자의 제자 자하(子夏)는 "군자는 믿게 한 다음에 그 백성을 수고롭게 해야 하니, (윗사람을) 믿지 못하면 (윗사람이) 자기를 괴롭힌다고 여긴다. (윗사람을) 믿게 한 다음에 간언해야 하니, 믿지 못하면 (아랫사람이) 자기를 헐뜯는다고 여긴다."(君子信而後勞其民, 未信, 則以爲厲己也. 信而後諫, 未信, 則以爲謗己也.〈『논어』19-10〉)라 하였다. 어떤 인간사회에서도 서로에 대한 믿음이 없으면, 아랫사람을 부리기도 어렵고, 윗사람을 섬기기도 어려운 것은 지극히 당연한 사실이다.

인간사회에서 사람을 쓰고 쓰이는 도리는, 윗사람이 아랫사람의 재능과 인물을 알아보고, 윗사람과 아랫사람 사이에 믿음이 있어야 하는 것이 두 축을 이룬다고 할 수 있다. "선비는 자기를 알아주는 사람을 위해서 죽는다."(士爲知己者死〈『戰國策』, 晉策1〉)고 까지 말하지 않았던가. 사람은 누구나 자기를 알아주고 믿어주는 사람을 위해 최선을 다해 역량을 발휘할 수 있음을 알면, 사람을 쓰고 쓰이는 도리란 여기서 벗어나지 않는 것임을 알 수 있다.

5. 유교에서 학문·도덕·종교

1) 학문과 성인(聖人)

성인(聖人)은 온전하게 실현된 인격의 이상이니, 지극히 높고 존귀하여 하늘에 짝할 수 있으리라. 그래서 주렴계(濂溪 周敦頤)는 『통서』(通書), 지학(志學)장에서, "성인은 하늘을 바라고, 현인은 성인을 바라고, 선비는 현인을 바란다.(聖希天, 賢希聖, 士希賢.)고 하지 않았던가. 선비(士) 노릇도 제대로 하기 어려운데, 어찌 현인이 되기를 바라며, 더더욱 성인이 되기를 바랄 수 있겠는가. 현실에서는 성인이 되기를 바라기는 커녕, 만나보기도 어려운 일이 아닐 수 없다. 그렇지만 주렴계는 범인이 선비를 거쳐 현인으로 다시 성인으로 나아가는 향상의 길을 계단을 오르듯이 분명하게 제시해주고 있다.

그런데 어떻게 성인이 될 수 있다는 말인가. 이상에 도달하기는 비록 지극히 어려운 일이지만, 그렇다고 좌절하여 도전하려는 의지조차 꺾이고 만다면 이 또한 참으로 안타까운 일이 아닐 수 없다. 성인이 되고자 하는 향상의지를 가장 잘 격려해준 인물이 주렴계라 할 수 있다. 그는

『통서』(通書) 성학(聖學)장에서 성인이란 배워서 이룰 수 있는 인격임을 강조하였다.(聖可學乎, 曰可.)

성인이 되기 위한 길을 배우기만 하면 오를 수 있는 것은 아니다. 무엇을 배울 것인지를 분명하게 인식하지 않으면 안된다. 지식을 쌓아가는 배움이라면, 몇 평생에 걸쳐 아무리 열심히 배운다 하더라도 성인이 되기는 어려운 일이다. 그렇다면 이 배움의 '핵심과제'(要)가 무엇인지를 묻지 않을 수 없다. 여기서 주렴계는 '한결같음'(一)을 배움의 핵심과제로 제시하고 있다. '한결같음'이란 마음을 단속하는 것이니, 이 배움은 수양공부요, 수양을 통해 마음을 온전히 다스릴 수 있다면 성인이 되고, 마음을 다스리지 못하면 성인이 될 수 없다는 말이다.

'한결같음'(一)은 '두 갈래로 갈라지지 않음'(不二)이요, '다른 것과 뒤섞이지 않음'(不雜)이다. 곧 '하나로 관철함'(一貫)인 동시에 '순수함'(純一)을 의미한다. 주렴계는 이 '한결같음'에서 '욕심이 없음'(無欲)의 의미를 끌어내어 표출시키고 있다. 한결같다면 유혹을 받아 동요함이 없을 것이요, 길을 잃고 방황하는 일도 없을 것이다. 물론 욕심이 없을 것은 당연하지만, 그렇다고 바로 '욕심이 없음'을 끌어내기란 결코 쉬운 일이 아니다. 어쩌면 '욕심이 없음'을 드러내기 위해 '한결같음'을 먼저 제시한 것일 수도 있다.

나아가 주렴계는 '한결같음'에서 끌어낸 '욕심이 없음'(無欲)에서 다시 '고요할 때는 텅 비었음'(靜虛)과 '활동할 때는 곧게 나아감'(動直)이라는 두 가지 양상이 있음을 제시하였다. 욕심은 사사로운 것이니, 사사로운 욕심이 없다면 마음이 고요할 때는 아무런 파문이 일어나지 않아 텅 빈 듯 하며, 마음이 활동할 때는 마음이 아무런 방해를 받지 않고 본래의 곧고 바른 마음 그대로 실현하게 됨을 말한다.

이에 따라 주렴계는 "고요할 때 텅 비었으면(靜虛) 환하게 밝을 것(明)이요, 밝으면 통달할 것(通)이다, 활동할 때 곧게 나가면(動直) 공정할 것(公)이요, 공정하면 넓게 펼쳐질 것(溥)이다. '밝고'(明) '통달하며'(通) '공정하고'(公) '넓게 펼쳐진다'(溥)면 (성인에) 거의 가깝지 않겠는가."(靜虛則明, 明則通, 動直則公, 公則溥, 明通公溥, 庶矣.〈『通書』, 聖學〉)라 하였다.

곧 성인의 네 가지 덕으로 '밝음'(明) '통달함'(通) '공정함'(公) '넓게 펼쳐짐'(溥)을 들고 있는 것이다. 먼저 '밝음'(明)이란 세상을 환하게 비추어 아는 것이며, 동시에 자기 마음을 환하게 밝히는 '지혜'(知慧)를 가리키는 것이요, '통달함'(通)은 모든 사태에 적응하여 막힘이 없고, 모든 인간관계에 걸림이 없는 '소통'(疏通)을 가리킨다 하겠다. 다음으로 '공정함'(公)은 어디에도 치우치거나 기울어짐이 없는 '무사'(無私)를 가리키는 것이요, '넓게 펼쳐짐'(溥)은 어디에도 걸림이 없이 전개되니 '무애'(無碍)를 가리킨다 하겠다.

이처럼 밝은 '지혜'와 막힘이 없는 '소통'과 치우침이 없는 '무사'와 걸림이 없는 '무애'를 이룬다는 것은 마음을 간직하며(存心) 마음을 바로잡아(正心) 성품을 배양하는(養性) 수양공부임을 알 수 있다. 마음을 다스리는 수양공부는 선비로서 학문의 기본과제이지만, 그 수양공부의 수준에 따라 현인도 되고 성인도 될 수 있는 것이 아니겠는가. 이런 의미에서 유교는 누구나 성인이 되는 것을 학문의 목표로 삼는 공부요, 동시에 모든 제왕으로 하여금 성왕(聖王)이 되도록 이끌어가는 학문이라는 의미에서 '성학'(聖學)이라 일컬어진다는 사실을 알 수 있다.

성인이 되는 공부를 주렴계에 이어 좀 더 세밀하게 규정해준 인물은 정이천(伊川 程頤)이다. 그는 안자(顔子)가 어떤 학문을 좋아했던가를 논하는 글, 「안자소호하학론」(顔子所好何學論)에서 안자가 좋아하던 학문은 '배움으로 성인에 이르는 도리'(學以至聖人之道)라 확인하면서, "무릇 배움의 도리는 그 마음을 바로잡고 그 성품을 배양하는 것일 따름이다. 치우침이 없고 정대함(中正)으로 성실하면 성스러운 것이다."(凡學之道, 正其心, 養其性而已, 中正而誠, 則聖矣.)라 하여, 성인에 이르는 배움이 마음을 바로잡고 성품을 배양하는 수양공부임을 확인하고 있다.

이어서 정이천은 "군자의 배움이란 반드시 먼저 마음과 지혜에서 배양할 바를 밝혀야 하며, 그런 다음에 힘써 행하여 지극하기를 추구해야 하니, 이른바 (善에) 밝음으로부터 성실하여지는 것이다. 그러므로 배움은 반드시 자기 마음을 다 해야 하고, 자기 마음을 다하면 자기 성품을 알게 되니, 자기 성품을 알아서 도리켜 정성스러우면 성인이다."(君子之學, 必先明諸心知所養, 然後力行以求至, 所謂自明而誠也. 故學必盡其心, 盡其心, 則知其性, 知其性, 反而誠之, 聖人也.)라 하였다.

밝음으로부터 정성스러움으로 나아가는 것(自明誠)은 '가르침'(敎) 내지 '배움'(學)으로서 '향상의 과정'이라면, 자신의 성품을 앎(知性)에서 정성스러움으로 도리켜 나오는 '전개의 과정'은 바로 성인의 인격이 이루어진 모습을 보여준다는 말이다. 한마디로 성인은 마음과 성품을 다스리는 수양을 완성한 인격을 말한다. 이런 의미에서 유교의 '배움'이란 그 내용은 인격수양의 실천이요, 그 목적은 수양의 완성으로서 '성인'에 도달하고 '성인'을 실현하는데 있는 것임을 알 수 있다.

2) 도덕의 어제와 오늘

옛날에야 도덕과 의리를 따지면 누구나 고개를 숙이고 옷깃을 여몄을 것이다. 그러나 오늘에야 누가 도덕을 입에 올리기라도 하면, 좌중이 일제히 고개를 저으며 우스개소리로 삼고서, 화제를 돌리려 할 터이다. 물론 도덕이 항상한 규범이라고는 하더라도, 시대마다 현실에 맞게 새로워져야 하는 것은 사실이다. 그렇다고 우리시대에는 도덕이 필요없다고 한다면 그야말로 후안무치(厚顔無恥)한 태도가 아니겠는가.

전통사회는 유교적 도덕규범이 지배하였던 시대이다. 이른바 삼강(三綱)과 오륜(五倫)은 천자에서 서민까지 누구나 지켜야할 필수적인 행동규범이었다. 그런데 어쩌다가 도덕이 가장 인기없는 과제로 교과서에나 갇혀있고, 우리 생활을 온통 흔드는 일이야 먹고 마시거나 노래하고 춤추는게 아니라면, 코메디와 스포츠로 집중되는 웃고 즐기는 것이라 해야하지 않을까.

도덕이란 사람답게 사는 길을 따라가기 위해 인간이 갖추어야 할 인격의 실천 원칙이라 할 수 있는데, 옛날에는 필요했고 지금은 필요없다는 말인가. 사람답게 살기 위해서는 어느 시대나 없어서는 안될 행동원리가 우리 시대에도 요구되는 것은 사실이다. 그런데 어찌하여 우리시대는 '도덕'이라는 말만 들어도 고개를 돌린다는 말인가.

그것은 '도덕'이란 옛날 사람들이 살아가던 원칙이었으니, 지금 우리시대를 살아가는 우리들의 '도덕'이 아니라는 것이다. 문제는 그렇다면 우리시대의 '도덕'이 무엇일까? 옛날의 도덕은 폐기되고 우리시대의 도덕은 아직 정비가 되지 않아, 우리는 지금 도덕이 없는 '도덕의 공백상태'에서 살아가고 있는 꼴이다.

벌써 이십년도 더 되었을 것 같은데, 충청남도 청주에서 〈전통적 도덕과 현대적 의의〉라는 주제로 서너 명의 학자들이 발표를 하는 학술강연

회가 있었는데, 마침 발표자의 한 사람인 지인(知人)을 따라가 청중석에
있었다. 무더운 여름날이었는데 냉방시설이라고는 대형 선풍기 하나 밖
에 없는 넓은 강당에, 청중들은 입추의 여지도 없이 모여든 것을 보고 감
탄했다. 그래서 속으로, "역시 충청도는 전통의 뿌리가 아직도 잘 살아
있는 곳이라 '도덕'이라는 말을 반기는가 보다."라고 생각했다.

　강연이 좀 따분하여 나는 청중석에서 빠져나와 마당의 오래된 느티나
무 그늘에서 쉬려고 자리잡았다. 그런데 나보다 먼저 여러 사람들이 강
연장에서 나와 느티나무 그늘에서 삼삼오오 모여 이야기 꽃을 피우고
있었다. 이분들은 모두 갓을 쓰고 새하얀 모시 도포를 잘 차려입은 노인
들인데, 그들도 강연이 따분했던 모양이다. 나는 그들의 이야기를 귀기
울여 들었다.

　어느 노인이 "지금 세상은 개판인데 무슨 도덕이 있단 말이요."하고
격하게 말했다. 그러자 다른 노인이 "개판이 아니라 쇠판이지요. 집집마
다 아이들에게 우유를 먹여 키우고 있으니, 쇠판이 아니고 무엇이겠소."
라고 분기에 차서 자조적으로 한마디 했다. 모두가 "그렇지."하고 맞장구
치면서 박장대소를 하였다. 나는 등뒤로 그 말을 들으며 생각하다보니,
지금은 전통도덕이 무너져 찾을 수 없을 뿐만 아니라 우리시대를 이끌
어가는 도덕조차 보이지 않으니, 지금은 짐승들의 세상과 다를 바 없다
고 비판하는 말임을 깨달을 수 있었다.

　전통사회에서 현대사회로 넘어오면서 근본적인 변화가 일어나 동일
한 도덕규범을 적용시킬 수 없는 것이 현실이다. 전통사회는 상하의 질
서를 기준으로 하는 수직적 사회질서였고, 이 질서를 지탱하는 도덕규
범도 수직적 상하관계의 순종적 규범이었다. 전통사회에서는 두 사람만
모여도 서열을 따졌다. 벼슬이 누가 높은가를 가를 수 없으면, 누가 나아

가 더 많은가를 따져서, 끝내 상하관계로 만들어놓고야 만다. 단지 친구 사이만은 예외적이지만, 그 속에도 은연중에 상하의 서열이 있는 것도 사실이다

임금에 충성하고, 부모에 효도하고, 형에게 공손하고, 남편에 순종해야 하는 수직적 도덕은 우리 시대의 수평적 사회질서에서 보면, '노예도덕'이라 비판을 받는 것도 당연한 일인지도 모르겠다. 그러나 오늘의 수평적 사회에는 어떤 도덕규범이 필요한 것인가. '친절'이 가장 기본적 규범이다. 아무리 지위가 높고 재산이 많다고 다른 사람에게 함부로 대한다면, 그것은 도덕적 인격이 결여된 인간이라 비난받아 마땅하다. 모든 사람은 모든 사람에게 '친절'하지 않으면 안 된다. 범죄자를 다루는 엄중함도 인격적인 존중 위에서 이루어져야 한다.

우리시대에서 필요한 도덕규범으로 근본적인 것은 '박애'라 해야 하겠다. 전통시대의 '인애'(仁愛)도 인간을 사랑하는 마음이니, '박애'에 깊이 통하는 것은 사실이다. '박애'는 인간을 넓게 사랑하는 마음이니, 빈곤한 사람, 장애자, 등 사회적 약자에 대한 사랑이다. 또한 '박애'의 정신에서 불우한 이웃을 돕고, 나라 안팎의 약자를 위해 봉사를 할 수 있고, 희사(喜捨)도 할 수 있다. '박애'는 인간을 넘어서 자연에 까지 뻗어나가 자연과 환경을 보호하는 일에도 관심을 기울일 수 있다.

인간관계에서 가장 중요한 덕목으로 '포용'과 '화합'을 강조할 필요가 있다. 나와 다르고, 나의 가치관이 어긋나는 상대에 대해 증오와 거부가 아니라, 참아주고 이해해주며 포용하여 화합을 이루어가는 것이 중요하다. 대립과 갈등을 해소함으로써, 자신뿐만 아니라 세상의 평화도 이루어질 수 있기 때문이다.

또 하나 인간관계의 질서를 위해 소중한 덕목은 '공정함' 내지 '정의로

움'이다. 정의로움은 나의 가치를 남에게 요구하는 것이 아니라, 모두가 동의할 수 있는 공정함을 바탕으로 한다.

이를 종합해보면 박애-친절/ 포용-화합/ 공정-정의의 세 가지 도덕 규범이 우리시대의 사회적 질서를 지탱할 수 있는 도덕규범이 아닐까 생각한다. '박애-친절'이 바탕이 되고, '포용-화합'이 일체감을 확보하는 원리가 되고, '공정-정의'가 일체감을 유지시키고 결속시킬 수 있는 원칙이 되는 것으로 본다. 이 세 가지는 '박애-친절'을 정점으로 두 날개를 이루거나, 삼각형의 세 꼭지점 역할을 하는 구조로 이해할 수 있을 것이다.

3) 유교와 종교

내가 종교학과에서 가르치고 있다 보니, 여러 사람으로부터 받는 질문 중에 두 가지 질문을 가장 자주 접하게 되었다. 한 가지 질문은 "유교(儒敎)와 유학(儒學)의 차이는 무엇인가?"라는 질문이다. 흔히 하는 논법(論法)에 따르면, '유학'이 본체요 '유교'는 응용이라 한다. 혹은 '유교'는 종교요 '유학'은 학문이라 대비시키기도 한다. 나로서 "'유교'가 가르침을 말하고, '유학'은 배움을 말하니, 가르침과 배움은 하나의 양면이라, 혼용해서 쓰이고 있다."고 대답한다.

또 하나의 질문은 "유교가 종교인가?"라는 질문이다. 이 문제는 학자들 사이에도 오랫동안 논쟁이 벌어졌던 문제니, 간단히 대답하기가 매우 어렵다. 일본 학계에서 벌어졌던 논쟁의 입장을 정리한 저술로 이케다 슈조(池田秀三) 교토(京都)대학 교수의 『자연종교의 힘-유교를 중심으로』(1998, 東京, 岩波)가 중립적 입장에서 양쪽 견해를 매우 정밀하게 검토하고 있다. 또한 중국에서는 임계유(任繼愈)박사가 편집한 『유교문제쟁론집』(儒教問題爭論集, 2000, 北京, 宗教文化出版社)이 있는데, 나와 안유경(安琉鏡)박사 공역으로 『유교는 종교인가(1)--유교종교론』과 『유교는 종교인가(2)--유교비종교론 및 토론』(2011, 지식과교양)의 두 권이 있다. 중국에서도 두 입장이 팽팽하게 맞서고 있음을 볼 수 있다.

나의 입장은 유교를 종교로 보고 있지만, 여기에는 몇 가지 조건이 따른다. 기본적으로 '종교'의 개념을 어떻게 이해하느냐에 따라 유교는 종교로 볼 수도 있고, 종교가 아니라 윤리체계나 학술로 볼 수도 있다. 종교의 조건으로 숭배하는 신(神)존재가 있는지 아닌지를 묻고서, 신(神)존재가 없으니 종교가 아니라 보는 견해가 많다. 그러나 나는 유교에 뚜렷한 자연신과 조상신 등 다양한 신존재가 있으니, 다신론(多神論)으로 볼 수도 있지만, '상제'는 지극히 높은 유일신(唯一神)이라는 인식이 분명하다.

신앙의례가 있느냐고 묻는다면, 모든 신들에 대한 제사의례가 있고, 조상신에 대한 재사의례도 유교사회의 보편적 신앙의례라 확인할 수 있다. 다만 유교에 성직자가 없다는 지적은 설득력이 있지만, 제사에서 제주(祭主)가 성직자의 기능 일부를 담당하는 사실을 지적할 수 있을 뿐이다. 유교사회에서 교단은 국가와 가정이 교단의 기능을 미약하게나마 수행해 왔던 것이 사실이다.

무엇보다 전통사회에서 유교인은 종교적 신앙심이 확고하였지만, 오늘날 유교를 공부하는 사람들 대부분은 그 신앙심을 잃고 학문으로 접근하는 사실을 주목할 필요가 있다고 생각한다. 따라서 전통사회에서 유교는 살아있는 종교였으나, 오늘날 유교인은 신앙심도 종교의식도 상실하고 있다는 사실을 확인할 필요가 있다.

유교의 종교성에 대해서는 많은 의문점이 제시될 수 있다.

① 종교로의 유교의 의미는 무엇인가?

② 유교는 종교가 아니라는 주장과 엄연한 종교라는 주장 사이에 논리적 타당성의 정도는 어떠한가?

③ 유교의 교조(敎祖)인 공자(孔子)의 의식 속에, 도(道)는 진리를 의미하는가, 신앙의 대상인가?

④ 오랜 역사 속에 유학자들은 유교를 분명히 종교로 인식했었던가?

⑤ 천명(天命)을 논하고, 도리(道)를 제시하고, 예법(禮)과 의리(義)나 효도(孝)를 가르치지만 종교적 신앙으로는 너무 애매한 것이 아닌가?

⑥ 유교는 종교로서 뿐만 아니라, 철학이나 윤리학으로도 체계적 기반이 빈약하지 않은가?

⑦ 인간 내면에는 다양하고 심오한 여러 요소들이 있는데, 이것을 인(仁)이나 사단칠정(四端七情) 등에 온전히 귀속될 수 있을까?

⑧ 불교, 그리스도교 등 다른 종교에서 근본문제인 인간내면의 죄의식에 대한 각성과, 구원에 대한 갈망을 유교는 의식하지 못하고 있는 것이 아닌가?

⑨ 그리스도교 등의 종교에서는 신과 인간의 관계를 깊이 강조하니, 신(神)중심 종교라 할 수 있는데, 유교는 인간중심 종교라 할 수 있는가?

이러한 질문들의 어느 하나도 완전히 부정할 수 없다. 어쩌면 어느 학자의 지적처럼 "유교는 종교성이 있으나 매우 미약하다."는 말에 동의할 수도 있다. 그만큼 관점에 따라 유교의 종교로서 한계가 크게 인식될 수 있는 것은 사실이다. 유교의 종교로서 한계에 무엇보다 핵심이 되고 있는 것은, 과연 유교에서 천(天)·상제(上帝)의 존재가 유교인의 의식 속에 얼마나 진지하고 생생하게 살아있는지의 문제이다. 신(神)관념은 있지만, 유교인의 일상생활 속에서 신(神)존재가 너무 추상적일 뿐, 현실에서 신과 인간의 교류가 너무 미미하여, 인간의 세속적 일상생활 속에 '신'이 차지할 수 있는 자리가 거의 없다는 사실을 인정하지 않을 수 없다.

물론 서양종교의 충격을 받은 이후, 유교학자들 가운데, 유교의 종교성을 강조하거나, 중국의 강유위(康有爲)나 한국의 이병헌(李炳憲) 처럼 유교의 종교화 운동으로서 '공교'(孔敎)운동을 벌였던 경우도 있고, 강유위에 의한 공교운동은 한 때 화교(華僑)사회에서 상당히 성행하였던 일도 있었다. 그러나 그 생명력이 미약하여 오래 지속되지 못하고, 다시 망각 속에 빠졌던 것이 현실이다.

문제는 유교의 종교성에 대한 각성과 그 운동이 다시 일어날 수 있는 가능성을 지닌 침체기의 유교인지, 그렇지 않으면 종교로서의 생명력을 영원히 잃고, 지식이나 생활관습으로만 남은 죽은 종교인지도 확인할 필요가 있다. 그러나 지금으로서는 단정하기가 이르고 좀더 긴 시간동안 지켜볼 필요가 있지 않을까 생각한다.

6. 유교에서 국가와 종교적 신념

1) 믿음의 힘

⑴ 믿음

바울은 「코린토 신자들에게 보낸 첫 번째 편지」에서, "믿음, 소망, 사랑, 이 세 가지는 항상 있을 것인데, 그 중에 제일은 사랑이라."고 말했다. 그러나 실제로 그리스도교 교회 안에서는 어디를 가나 사랑보다 믿음이 흘러넘치고 있는 것을 볼 수 있다. 실지로 어떤 종교이거나 믿음이 없이는 성립할 수 없으니, 믿음은 모든 종교의 성립근거가 됨은 당연한 일이라 하겠다.

믿음을 뜻하는 한자어 '신'(信)은 사람(人)과 말(言)이라는 두 글자가 결합된 것이다. 곧 사람의 말이 바로 믿음이 발생하는 근원임을 보여준다. 물론 사람의 말을 믿을 수도 있고, 사람의 행동을 믿을 수도 있다. 그러나 사람의 말이 그 행동과 일치할 때 믿음을 갖게 되고, 말과 행동이 어긋날 때 믿음을 잃게 된다. 어떻던 '믿음'이란 기본적으로 사람 사이에서 이루어지는 것이 사실이다.

그렇다고 '믿음'이 언제나 사람과 사람 사이의 믿음을 뜻하는 것은 아니다. 자세히 살펴보면, '믿음'의 의미에는 상당한 다양성이 드러나기도 한다. 곧 인간과 인간 사이의 믿음에서도 이성적인 믿음은 의심의 계단을 올라가야 얻어지는 결실이라 할 수 있다. 이에 비해 인간이 신을 향한 믿음으로서 신앙적 믿음은, 의심을 거부하고 전면적으로 신을 받아들이거나 신에게 자신을 던져 넣는 믿음이라 할 수 있다.

이성적 믿음은 거짓에 속았을 때 속았다는 사실을 쉽게 자각할 수 있지만, 신앙적 믿음은 그릇된 믿음에 빠져도 속았다는 사실을 자각하기가 매우 어렵다. 물론 신앙적 믿음의 세계에도 더러 이성적 믿음의 그늘을 찾아볼 수 있다. 구약성서에서 언급한, "어수룩한 자는 아무 말이나 믿지만, 영리한 이는 제 발걸음을 살핀다."〈「잠언」14:15〉는 구절은 자신의 믿음이 올바른 방향의 길을 찾아가고 있는지 그 행동을 성찰하도록 요구하는 사실을 엿볼 수 있다.

나와 너 사이에 '믿음'이 이루어진 모습은, 먼저 내가 너를 믿을 수 있다면, 나에게 너는 미더운 덕을 지닌 사람이요, 너가 나를 믿을 수 있으면 너에게 나는 미더운 덕을 지닌 사람이다. 서로 믿는 사이가 가장 바람직하지만, 한쪽에 미더운 덕이 있으면, 그 사람은 상대방의 중심에 서게 된다. 믿음을 받을 수 있을 때, 그의 모든 말과 행동이 상대방에게 확고한 발판으로 역할을 할 수 있다. '믿음'(信)은 오행(五行: 仁·義·禮·智·信)에서 중심의 위치를 차지하고 있으며, 미더움이 있는 곳에서 편안할 수 있고, 무슨 일에서나 안심할 수 있는 발판이 되어준다.

그런데 믿음도 생물처럼 여러 가지 병이 있다. 어리석은 사람은 믿을 수 없는 것에 대해서조차 믿고 있는 경우가 있으니, 이것은 지나친 믿음 곧 '과신'(過信)의 병통이다. 또한 믿을만하고 믿어야 할 것까지 믿지 못하는 경우도 있으니, 이것은 믿음을 잃어버린 '불신'(不信)의 병통이다. 우리는 오랫동안 정치인들한테 너무 많이 속고 살다보니, 정치인의 말이라면 아무도 믿지 못하는 '불신시대'(不信時代)를 살아 오기도 했다. 더구나 판단력을 잃어버리고 무조건 믿는 눈먼 믿음 곧 '맹신'(盲信)이거나, 자신의 소망이나 욕심에 눈이 멀어 현혹된 홀린 믿음 곧 '미신'(迷信) 또는 지나치게 믿음에 빠져 분별력을 잃어버린 얼빠진 믿음 곧 '혹신'(惑信)은 믿음의 병통이 아주 깊은 경우들이다.

믿음과 의심은 상반된 것이지만, 동전의 앞뒷면과 같아서 서로 긴밀하게 연결되어 있는 것이 사실이다. 믿음을 얻지 못하면 의심이 일어나게 되고, 의심이 풀어지면 믿음이 더욱 굳어진다. 그렇다면 처음부터 아무 의심이 없이 믿는 것은 결코 지혜로운 일이 아니다. 오히려 의심을 가지고 그 의심을 풀 수 있어야만, 그 믿음의 기반이 더욱 확고해지고, 그 진실성이 더욱 분명해질 수 있다. 그만큼 믿음은 의심과 떨어질 수 없는 것이라 하겠다. 따라서 독실한 믿음 곧 '독신'(篤信)은 예리한 칼날이 불에 달구어지고 단련되어야 하듯이, 의심의 불길로 단련되어야 태어날 수 있는 믿음이다.

'눈먼 믿음'(盲信)이란 바로 아무 의심도 가져본 일 없이 주어진 그대로 받아들이는 믿음이다. 주자(朱子)도 학문의 길에서 의심을 갖는 것이 중요함을 지적하여, "크게 의심하면 크게 나아갈 수 있다."(大疑則可大進〈『朱子語類』115:8〉)고 말하기도 했다. 의심은 해부하듯이 구석구석을 속속들이 살피고 찔러본다. 이런 의심의 위에서 진실성이 드러날 수 있고, 참된 믿음(眞身)이 성립할 수 있다는 말이다.

믿음은 인간과 인간을 결합시켜줌으로써, 자신을 더욱 큰 자아 곧 '대아'(大我)로 키워준다. 의심과 경계로 자신을 가두고 있는 껍질을 깨고 나와 남과 어울리는 더 깊고 큰 세상을 열어주기도 한다. 이렇게 믿음을 이룸으로써, '더 큰 자아'를 이루어주고, '더 큰 세상'을 열어가는 것도 자기 속에 갇힌 '소아'(小我)나 '폐쇄된 세계'로부터 자신을 해방시켜주는 '구원'이라 하겠다. 하늘(天)이나 신(神)이나 성인의 말씀(經典)을 믿는 종교적 믿음에서만 구원이 있는 것은 아니다. 남의 말을 믿을 수 있어서 남과 하나가 되어 어울릴 수 있을 때, 안심과 기쁨과 행복감을 얻는 것도 분명히 어떤 의미에서 구원이라 할 수 있다.

(2) 믿음의 힘과 문제점

자포자기한 경우가 아니라면, 사람은 누구나 자신을 좀더 소중하고 가치있는 존재로 이루어내기 위해 힘을 기울이기 마련이다. 그래서 온갖 어려운 여건에도 불구하고 노력해가다가, 마침내 그 꿈을 이루어, 사람들의 입에 전설로 전해지거나, 다음 시대에 아름다운 이름을 남기기도 한다. 그러나 때로는 좋은 환경에 좋은 교육을 받고, 또 사회에서 높은 지위에 올랐는데도 그 행실에 신의가 없으면 사람들의 지탄을 받다가 도중에 무너지는 수는 비일비재이다. 왜 그렇게 달라지는 것인가?

공자는 제자 재여(宰予)가 공부한다고 말해놓고서 낮잠을 잤던 사실을 보고는, "썩은 나무는 조각을 할 수 없다."(朽木不可雕也.《논어》 5-10))고 말씀하셨던 일이 있다. 이 말은 비유를 들어 엄중하게 꾸짖었던 말씀이다. 그 사람의 말을 듣고 그 행실을 믿어왔었는데, 제자가 평소에 하는 말과 그 행실이 서로 다른 사실을 보고 나서, 공자는 남의 말을 듣고도 그 행실을 직접 살펴 확인하지 않고서는 믿을 수 없게 되었다고 탄식하기도 하였다.

사람(人)과 말(言)의 결합인 '믿을 신'(信)이라는 글자는 말만 듣고서 그 사람의 행실을 믿는다는 뜻이었는데, 사람의 말을 듣고나서도 그 말과 행실이 일치할지를 알 수 없거나 의심스러우면 믿을 수 없으니, 이것이 믿을 수 없는 것 곧 '불신'(不信)이 된다. 이런 믿음은 하루아침에 이루어지는 것도 아니고 한두 번 만나보고서 가질 수 있는 것도 아니다. 여러 번 겪어보면서 말과 행동이 일치함을 확인한 뒤에야 '믿음'을 가질 수 있다.

믿음이 확고해지면 혹시 말과 행동이 어긋났다 하더라도 곧바로 믿음을 거두고 불신하지는 않는다. 먼저 어쩔 수 없는 사정이 있었던 것이나 아닌지를 자세히 살피게 된다. 이것은 믿음의 힘이다. 남으로부터 믿음을 받으면 어떤 어려운 일에도 도전할 수 있는 엄청난 힘을 얻을 수 있다.

이와 반대로 믿음을 얻지 못하면, 비록 그 행동의 결과가 말과 일치하더라도 곧바로 믿지 않고, 혹시 어떤 술수가 숨어있는 것이 아닐지 의심부터 받게 되기 쉽다. 그만큼 믿음이 없이는 어떤 큰일도 도모할 수 없다. 이런 의미에서 "믿음은 너를 구원하였다."라고 말하거나, "불신이 너를 멸망의 구렁텅이에 떨어뜨렸다."라고 말할 수 있지 않겠는가. 그만큼 믿음은 모든 덕의 중심이요, 사람으로서 살아가고 자신을 이루는데 원동력이 되는 것이라 하겠다.

어짊(仁), 의로움(義), 예절(禮), 지혜(智)는 사람의 핵심적 덕목으로, 동서남북에 해당된다면, 그 중앙에는 믿음(信)이 자리잡고 있다. 마치 서울 성곽에 흥인문(興仁門-東), 돈의문(敦義門-西), 숭례문(崇禮門-南), 소지문(炤智門: 혹은 弘智門-北)이 있다면 중심에 보신각(普信閣-

中)이 있어서, 보신각의 종이 치는데 따라 사대문이 열리고 닫히듯이, 믿음은 언제나 중심에 자리잡고 다른 모든 덕목을 실현하는 힘으로 역할을 하고 있다. 다시 말하면, 믿음이 없으면 다른 모든 것이 중심을 잃고 썩은 담장처럼 허물어질 수밖에 없을 것이다.

믿음은 밖으로 남에 대한 믿음이나 남으로부터 받는 믿음만이 아니라, 안으로 자신에 대한 믿음이 지극히 소중하고 또 믿음의 근본이라 할 수 있다. 자신에 대한 믿음이 없이는 위태롭고 어려운 난관을 넘어서 나아갈 수가 없다. 사람이 살다보면 고난에 빠지기도 하고 위험에 놓이기도 하는데, 이를 헤쳐 나가기 위해서는 용기와 믿음이 필수적이다. 용기도 자신에 대한 믿음에서 나오는 것이니, 믿음이 없으면 자포자기(自暴自棄)에 빠지기 일쑤다.

자신에 대한 믿음 곧 자신감은 두려움도 깨뜨리고 어떤 위험도 뚫고 나가는 용기를 불러일으킨다. 자신감이 과도하면 만용을 부릴 수도 있지만, 자신감이 없으면 아무 일도 감당하지 못하고 두려움과 우유부단함에 빠지기 마련이다. '저질러놓고 보자'는 태도는 바르고 좋은 결과를 보장할 수 없는 만용이다. 그만큼 자신감은 무모하지 않고 지혜로워야 한다. 자신감에 넘치는 빛나는 눈빛은 결코 무모한 만용에 충혈된 눈빛과 혼동해서는 안 된다.

믿음은 다른 모든 덕목의 중심이요 바탕이 되지만, 믿음을 올바르게 실현하려면 다른 덕목들과 화합하지 않으면 안 된다. 믿음이 다른 덕목들을 외면하면 '눈먼 믿음'(盲信)이 되기도 하고, '미혹된 믿음'(惑信)이 되기도 한다. 한 성전에서 똑같은 신을 섬기는 종교적 신앙에도 올바른 믿음이 있고 그릇된 믿음이 있다. 어짐(仁)과 의로움(義)의 덕을 외면한 신앙에서는 저주와 폭력이 난무하기도 하고, 예절(禮)과 지혜(智)를 외면한 신앙에서는 난잡함과 미신이 활개를 치기도 한다.

믿음은 "산도 움직일 수 있다."고 할 정도로, 모두가 불가능하다고 말하는 일도 해 낼 수 있는 강력한 힘을 지니는 것이다. 그만큼 믿음은 끊임없이 자기절제를 통해 바른 방향을 지켜나가야 한다. 믿음이 절제력을 잘 유지한다면 빛나고 아름다운 믿음을 지닌 큰 힘으로 발휘될 수 있다.

믿음이 절제력을 잃으면 난폭하고 방자하게 되기도 한다. 중세의 가톨릭교회가 종교재판으로 무수한 사람들을 학살한 것이나, 현대에 폭탄테러가 많은 인명을 앗아가는 것도 그들 나름의 그릇된 믿음에 말미암은 결과이다. 믿음은 칼과 같아서 사람을 살리는 칼(活人劍)이 될 수도 있고 사람을 죽이는 칼(殺人刀)이 될 수도 있다. 따라서 믿음 자체가 선한 것이 아니라, 믿음이 선하게 되어야 하는 것이다.

믿음은 먼저 안으로 자신을 믿을 수 있어야 하고, 나아가 밖으로 사람을 믿을 수 있어야 하고, 궁극적으로는 위로 하늘(하느님)을 믿을 수 있어야 한다. 이 세가지 믿음 가운데 어느 한 쪽이 결핍되면, 믿음의 그 온전함을 잃을 수 있다. 자신만을 믿고 사람을 믿지 않는 경우는 자만에 빠지고, 남을 믿으면서 자신을 믿지 않으면 꼭두각씨가 되고 말 것이요, 하늘만 믿고 자신도 남도 믿지 않으면 맹신(盲信)에 빠지고 만다. 이처럼 균형을 잃은 믿음을 깊이 경계해야만 할 것이다.

2) 국가와 신념

남기영(南基英)교수는 「문화적 국가론」에서, "우리나라는 시간과 공간을 초월하여 우리의 모든 것을 결합시킨 통일체인 동시에, 우리가 뭉쳐야 한다는 의지가 생겨나게 하는 혼이며, 우리들의 결합된 정신 속에서만 살아 있을 수 있는 인격이다."(『종교와 인간』, 2004, 작은이야기)라 하였다. 조국을 사랑하고 고국을 그리워하는 국민 모두의 가슴에 나라의 소중함을 깊은 울림으로 일깨워주는 마땅하고 옳은 말이다.

그렇다면, 우리는 누구나 이 국가라는 통일체의 한 작은 구성요소일 것이다. 곧 한 사람 한 사람이 개인으로 모래알처럼 흩어지는 것이 아니라, 하나로 통합할 수 있게 하는 힘이 바로 국가의 '혼'(魂)이요, 동시에 국가의 '혼'으로 통합된 개인의 정신 속에서 살아가는 것이 국가의 인격이니, 국가와 개인의 삶은 유기적으로 연결된 생명체임을 알 수 있다. 물론 개인의 자율성이 국가에 의해 소멸되는 것이 아니라, 그 국가의 역사와 문화 속에서 성장하고 다듬어지는 것이라 할 수 있겠다. 따라서 국가와 개인은 분리될 수 없는 유기체요, 상생(相生)하는 생명체라 할 수 있겠다.

그러나 자기 나라를 사랑하는 마음이 전혀 없는 백성도 간혹 있고, 자기 나라를 배신하여 적국을 이롭게 하는 백성도 없지 않은 것이 사실이다. 나라가 개인을 결합시켜주고 인간다운 삶의 기반을 마련해준다 하더라도, 인간의 의식은 국가 속에서 통합되기도 하지만, 국가를 이탈하여 다른 가치를 추구하기도 한다는 사실을 찾아보기란 그리 어려운 일이 아닐 것이다.

국가의 통합질서에서 이탈하게 되는 계기는 무엇일까. 대체로 욕심이나 감정이나 신념이 이탈의 가장 중요한 동기가 되는 것으로 보인다. 자신의 재물이나 권력을 추구하는 욕심 때문에 나라도 팔아먹을 수 있는 '이완용형'(李完用型) 인간이 적지 않은 것 같다. 또 "나라를 따르자니 사랑이 울고, 사랑을 따르자니 나라가 운다."는 말처럼 감정에 이끌려 나라를 등지는 '낙랑공주형'(樂浪公主型) 인간도 적지 않을 것이다. 종교적 신앙이나 이념의 확신에 따라 자신의 신앙이나 신념을 지키기 위해서는 나라가 망해도 좋다는 '황사영형'(黃嗣永型) 인간이 상당수 있는 것 같다.

욕심이나 감정에 따라 나라를 배반한 경우에는 그래도 부끄러워하는 마음이 남아 있겠지만, 신앙이나 신념에 따라 나라를 버린 경우에는 나라를 배반하고서도 부끄러운 마음을 갖지 않는 사실을 심심찮게 본다. 과연 나라가 이들을 결합시키는 통일체의 역할을 할 수 있는 것인지, 회의에 빠질 때가 있다. 여기서는 특히 신앙이나 신념 때문에 나라를 저버리는 태도에 주목하고자 한다.

먼저 조선후기 사회에 천주교가 전파되자, 유교이념에 기반한 조선왕조는 제사를 거부하는 천주교교리가 국가의 예교(禮敎)질서에 위배됨을 지적하여 천주교신앙을 금지하는 금교령(禁敎令)을 내렸고, 천주교도를 탄압했던 일이 있었다. 이에 천주교도인 황사영은 중국교회에 보내려 했던 편지, 곧 「백서」(帛書)에서, 신앙의 자유를 확보하기 위해 청(淸)나라 정부에 조선을 병합하도록 요청하거나, 서양에 군함을 불러들여 조선정부를 위협하도록 요구하였다.

과연 천주교공동체가 신앙의 자유를 위해 나라의 존립을 위협하는 것이 마땅한지 의문이 제기되지 않을 수 없다. 이에 대해 황사영은, "유독이 탄환만한 조선이 순명하지 않을 뿐만 아니라, 도리어 강경하게 버티어 '성교'(聖敎)를 잔혹하게 해치고, 신부를 학살하였다.…예수의 거룩하신 가르침에 의하면 전교(傳敎)를 허용하지 않는 죄는 소돔과 고모라보다 더 무겁다고 하였으니, 비록 이 나라를 전멸시킨들 '성교'의 표양

(表樣)에 해로울 것이 없다."(獨此彈丸東土, 不但不卽順命, 反來梗化, 殘害聖敎, 戮殺神司,…據耶穌聖訓, 則不容傳敎之罪, 更重於索多瑪惡不辣矣, 雖殄滅此邦, 亦無害於聖敎之表樣.〈「黃嗣永帛書」〉)고 주장하였다. 신앙의 자유를 위해 자신의 나라와 동포를 전멸시킬 수 있다는 확신이 소름끼치게 끔찍한 일이지만, 신앙은 자신에 거스르는 나라를 이렇게 소멸시키려 들 수 있다는 사실을 부정할 수 없다. 나는 이 문제에 대해 한국교회의 대답이 항상 궁금하였으나, 아직도 아무런 대답이 없어 아쉽게 생각한다.

"일체 만물이 모두 공허하다."(一切皆空.〈『華嚴經』〉)고 가르치는 불교를 따르면, 나라를 크게 내세우지 않을 수 있다. 또한 "카이사의 것은 카이사에게 돌리고, 하느님의 것은 하느님께 돌려라."(마태오 22:21)는 예수의 말을 따르더라도, 하늘나라가 언제나 지상의 나라 위에 올려져 있으니, 지상의 나라를 크게 소중히 여기지 않을 수 있겠다. 그러나 가족과 국가의 체제 위에서 가르침을 베푼 공자를 따르는 유교에서도 나라를 중시하는 정도에는 상당한 차이가 드러나고 있는 사실을 볼 수 있다.

조선말기 일제의 침략으로 국가가 멸망하고 식민지화되는 참혹한 사태에 놓이게 되었다. 이런 시대를 살아간다는 것은 일반백성 뿐만 아니라, 지식인들에게는 더욱 뼈아픈 일이 아닐 수 없다. 이 참담한 시대에 유교지식인들 가운데는 국가의 존망과 유교적 신념인 '도'(道)의 관계를 인식하는 태도에서 양극적인 입장을 확인할 수 있다. 곧 "국가는 무너져도 '도'는 무너져서는 안된다."(國亡而道不可亡)는 인식에 따라 은둔하거나 망명하여 유교이념의 '도'와 유교전통의 예법(禮)을 수호하는 것으로 의리를 삼았던 유학자들이 상당수 있었다. 이에 비해 "국가가 무너지면 '도' 역시 무너진다."(國亡而道亦亡)는 인식에서 의병(義兵)을 일으켜

항전하거나 자결하는 것으로 지조를 지켰던 유학자들도 상당수 있었다.

당시 곽종석(俛宇 郭鍾錫)이 "나라는 망할 수 있지만 '도'는 망할 수 없으며, 군주는 굴복할 수 있지만 '도'는 굴복할 수 없다."(國可亡, 道不可亡, 君可屈, 道不可屈也.)고 하여, 나라가 멸망하더라도 '도'를 지키겠다는 확고한 신념을 밝혔던 일이 있었다. 그러나 유병덕(晚松 劉秉德)은 "그 '도'란 아비를 아비로 여기지 않고, 임금을 임금으로 여기지 않는 '도'인가?"(《晚松劉秉德先生遺稿》,(俛宇)疏抄))라 항의하여, 제 임금 제 나라를 버린 '도'는 이미 유교의 '도'가 아님을 분명히 밝혔다. 여기서도, 국가와 '도'가 서로 떠날 수 없는 일체임을 강조하는 입장과, 국가는 없더라도 '도'는 지켜야 한다는 '도' 우위론의 입장이 대립하고 있음을 볼 수 있다.

오늘날 우리나라는 국가체제를 뒷받침하는 정치이념이 자유민주주와 공산주의라는 두 의 이념에 따라, 남북으로 갈라져 첨예하게 대립하고 있다. 여기서 남기영교수는 정치적, 경제적, 군사적으로 나뉘어 있는 우리나라의 현실에 대해, "이 나넘은 분단이 아니라 상처이다."라 진단하였다. "우리의 소원은 통일"을 노래불러온 우리로서 이미 갈라져버린 '분단'이 아니라, 언젠가 멀쩡하게 치료될 수 있는 '상처'라는 말은 진정 얼마나 큰 희망과 용기를 불러일으킬 수 있는지 알 수 있다.

그러나 한 나라 안의 두 체제 사이에 상대를 박멸하려고 전쟁을 일으켜, 무수한 인민이 죽어나갔던 것은 그 상처의 대발작일 뿐인가. 같은 나라 백성이라 생각하기도 괴로울 때가 있다. 그래도 동족상잔의 전쟁에서 겪은 참혹함이나 불바다를 만들겠다는 위협을 꿈에서 본 것처럼 까맣게 잊고서, 남북회담을 하겠다고 매달리는 것을 보면, 아직은 '분단'이 아니라, '상처'라는 말이 사실인 것 같다. 그래도 '분단'이 아니라 '상처'였음을 확인하는 통일을 이루려면, 하느님의 특별한 은총이 있어야 하지 않을까.

제2부

한국유교의
빛과 그늘

1. 정도전(三峯 鄭道傳)의 이단(異端) 비판론이 지닌 성격과 문제

1) 정도전의 불교비판 활동과 정몽주에게 보낸 편지

정도전(三峯 鄭道傳, 1337-1392)은 조선 태조(太祖 李成桂)를 도와 불교신앙이 주도하는 고려왕조를 무너뜨리고, 유교를 통치원리로 삼는 조선왕조의 개국을 주도하였던 인물이다. 그는 유교를 정통화하고, 불교를 이단으로 규정하여 배척하기 위해 「심기리편」(心氣理篇, 1394)과 『불씨잡변』(佛氏雜辨, 1398)을 저술하였다. 그의 『불씨잡변』은 조선시대 유학자들의 불교비판 저술 가운데, 가장 치밀하고 구체적 비판을 전개하였던 저술로 인정되고 있다.

고려말기 안향(文成公 安珦)이 주자의 저술을 원(元)나라에서 수입하여 전파하였으며, 그후 이색(牧隱 李穡)의 영향아래 정몽주(圃隱 鄭夢周, 1337-1392)를 비롯하여 정도전 등 젊은 학자들이 성리학 연구를 심화시켜가면서 불교비판을 하기 시작했다.

이때 정몽주가 불교경전인 『능엄경』(楞嚴經)을 읽고 있다는 소문을 들은 정도전은 정몽주에게 중국과 우리나라에서 이단인 불교가 성행되었던 사실과 이를 극복하던 과정에 대해 자세히 서술하고서, 이단배척을 위해 책임이 큰 정몽주가 불교경전은 읽는다는 소문이 얼마나 심각한 문제를 일으킬 수 있는지 경계하는 편지 「정달가(鄭達可: 達可는 鄭夢周의 字)에게 올리는 편지」(《『三峯集』, 권3, 上鄭達可書》)를 보냈던 일이 있다. 정도전이 정몽주에게 보낸 이 한통의 편지는 유교의 불교에 대한 이단(異端)비판의 인식을 압축적으로 잘 표현하고 있으니, 그 내용을 주제별로 음미해보고자 한다.

2) 이단(異端)의 폐단과 이단을 이겨낼 수 있는 인물

(1) '이단'의 폐해에 대한 탄식

"이단(異端)이 날로 성하고 우리의 도(道: 유교)는 날로 쇠잔해져서, 백성들을 금수(禽獸)와 같은 지경에 몰아넣고 또 도탄에 빠뜨렸습니다. 온 천하가 그 풍조에 휘말려 끝이 없으니, 아아! 통탄할 일입니다."(異端日盛, 吾道日衰, 驅民於禽獸之域, 陷民於塗炭之中, 四海滔滔, 未有紀極, 嗚呼痛哉.)

〈요지〉 중국의 수(隋)·당(唐)시대나 우리나라의 삼국시대에서 고려시대까지 '이단'으로 불교가 성행하여, 유교는 쇠퇴하고, 불교가 유교의 인륜을 외면함으로써 백성을 금수(禽獸)의 상태로 빠뜨렸음을 통탄하고 있다.

〈논평〉 불교가 융성하면서 유교가 쇠퇴하였으나, 불교가 백성들을 금수의 상태에 몰아넣고 도탄에 빠졌다는 것은 유교의 자기비판이 빠져 있으며, 또한 다른 종교에 대한 이해나 포용력을 상실한 비판이라는 지적을 받지 않을 수 없다.

(2) '이단'의 폐단을 바로잡을 수 있는 인물

"이를 누가 바로잡겠습니까? 반드시 학술이 바르고 덕망과 지위가 뛰어나서 사람들이 믿고 복종할 만한 사람만이 이를 바로잡을 수 있을 것입니다. 또 백성들은 어둡고 어리석어서 취할 것과 버릴 것을 모르고 있습니다. 만약 한 시대의 뛰어난 자가 있어서 이단을 물리치면 이단을 버리고, 이단을 제창하면 이단을 신봉하게 됩니다. 이는 대개 백성들은 뛰어난 자를 믿고 복종할 줄만 알았지, 도(道)의 사·정(邪正)은 모르기 때문입니다.

옛날 맹자(孟子)는 곤궁하고 지위가 낮았지만, 마침내 양주(楊朱)와 묵적(墨翟)을 물리치고 공자를 높였는데, 천하가 그를 따를 수 있었던 것은 덕망이 통달하여, 그 덕이 넉넉히 천하를 믿고 복종하게 하였기 때문입니다. 소연(蕭衍: 梁武帝)은 비록 혼매하고 무지하였으나 마침내 불교를 일으켜 풍속을 바꾸었는데, 천하가 그를 따랐던 것은, 그 지위가 넉넉히 천하를 믿고 복종하게 하였던 것입니다."(伊誰正之, 必也學術之正, 德位之達, 爲人所信服者, 然後可以正之矣, 且下民昏愚, 不知取舍, 苟有一時之達者, 闢之則去之, 倡之則和之, 此蓋但知達者之爲所信服, 而不知道之有邪正也./ 昔孟子雖窮而在下, 卒能闢楊墨尊孔氏, 而天下從之, 蓋以德達, 而其德足以信服乎天下也. 蕭衍雖昏而無知, 卒能興佛敎, 易風俗, 而天下從之, 蓋以位達, 而其位足以信服乎天下也.)

〈요지〉 백성들은 어리석어서 도리가 사특한지 정대한지를 잘 모르고 뛰어난 인물에 따를 줄만 아니, '이단'을 물리치고 도리를 바로잡기 위해서는 학술이 바르고 덕망과 지위가 높은 사람이라야 한다는 조건을 제시하고 있다. 그 인물의 사례로 맹자는 지위가 낮아도 덕망이 높아 양주·묵적의 이단을 몰아내고 공자를 높일 수 있었고, 소연(蕭衍: 梁 武帝)은 무지하였으나 지위가 높아서 불교를 일으킬 수 있다고 하였다.

〈논평〉 물론 덕이 높거나 지위가 높으면 한 종교를 일으키는데 크게 영향을 미칠 수 있지만, 유교나 불교가 그 사회에 중요한 기능을 하고 대중들의 마음을 사로잡지 않으면, 어느 종교도 융성하게 일어날 수 없다는 점을 지적할 수 있다. 예를 들어 천주교나 동학(천도교) 등이 조선후기에 상당한 세력을 형성하였는데, 이를 이끌어 갔던 사람들이 덕이 높거나 지위가 높았던 것은 아니라는 사실을 들 수 있다.

3) 중국과 우리나라(삼국-고려)에서 정통과 이단의 성쇠

(1) 중국에서 정통과 이단의 역사

"공자가, '군자(君子)의 덕은 바람이요, 소인(小人)의 덕은 풀이니, 바람이 풀에 불면 풀이 반드시 눕는다.'고 하였음은, 이를 두고서 한 말인 것입니다. 그 후부터 위에는 어진 임금이 없고 아래에는 참된 선비가 없어서, 정통의 가르침(世敎)은 점점 쇠퇴하고 사설(邪說)이 방자하게 돌고 있는데, 뛰어나 위에 있는 사람마저 그를 따라 제창하였으니, 아아! 그 폐단은 이루 다 말할 수가 없습니다.

그 후 송(宋)이 융성하게 되어 참된 선비들이 번갈아 일어나서 전해온 경서(遺經)를 바탕으로 끊어진 도통(道統)을 계승하여 우리의 도를 붙들고 이단을 물리치는데 학자들이 거기에 쏠리어 따르게 되었으니, 이것 역시 덕이 뛰어나 사람들이 믿고 복종하였기 때문인 것입니다. 그런데 애석하게도 덕만이 있고 지위가 없어서, 도를 세상에 크게 펴서 사설(邪說)의 뿌리를 뽑지 못하였습니다. 그러나 중국의 학사(學士)들이 오히려 그 학설에 힘입어서 우리 도(유교)를 붙들고 이단을 물리치는 것을 자기의 책임으로 삼았으니, 비록 그 폐단이 깊숙하게 파고들어서 급작스럽게 단절시키지는 못하였지만 그래도 우리 도가 다시 진흥될 가망을 갖게 된 것입니다."(孔子曰, '君子之德風, 小人之德草, 草上之風, 必偃.' 其是之謂歟. 自是以來, 上無賢君, 下無眞儒, 世敎陵夷, 邪說橫流, 達而在上者, 又從而倡之, 嗚呼, 其弊有不可勝言者矣. / 及宋之盛, 眞儒迭興, 挾遺經繼絶統, 扶斯道闢異端, 而學者靡然從之, 斯亦以德達, 而爲人所信服故也. 惜乎, 有德無位, 不能大行於世, 永絶邪說之根本也, 然而中國學士, 尙賴其說, 莫不以扶斯道闢異端爲己任, 雖其弊之深也, 不能遽絶, 尙可望夫斯道之復振也.)

〈요지〉중국에서 유교의 정통이 공자에서 세워졌지만, 그후 탁월한 인물과 현명한 군주가 나타나지 않아, 이단과 간사한 이론(邪說)이 성행하였는데, 송나라때 도학자들이 정통을 밝혀 유교를 일으킬 희망이 생겼다고 한다.

〈논평〉주자학이 맹자이후 1,000년만에 도통을 밝혔다는 주장을 되풀이 한 말이다. 여기서 기본 인식은 유교의 정통을 밝힐 수 있는 탁월한 인물이 있어야 도통이 드러난다는 인물중심의 관점과 이단·사설에 대한 이해가 없는 적대감으로 일관하는 독선적 관점을 보여주고 있다.

(2) 우리나라에서 정통과 이단의 역사

"우리 동방(東方)은 그 폐단이 더욱 심하여 사람마다 이단을 돈독하게 믿어 근엄하게 받들고 있습니다. 그리하여 명색이 대유(大儒)라 불리는 자까지도 도리어 찬송(讚誦)하고 노래 불러서, 성세(聲勢)를 도와 고무(鼓舞)하고 진동시킵니다. 그러니 뛰어난 자의 좋아하는 것만을 따르는 저 어리석은 백성들이야 어떻게 되겠습니까?

그래서 선왕(先王)의 학문은 적막하여 듣지를 못하고, 귀와 눈에 보고 듣는 것은 이단이 아님이 없습니다. 강보(襁褓)에 싸인 어린아이가 처음 말을 배울 적에도 이단의 말을 외며, 소꿉장난할 시절에도 문득 그 의식을 베풉니다. 그 습관이 성품으로 성장되어 태연히 여기고 그 그릇됨을 깨닫지 못하니, 간사한 것이 마음에 배어서 몹시 굳어져 깨뜨릴 수가 없습니다. 그러니 비록 총명한 선비라 할지라도 모두 그 공허하고 아득한 말에 현혹되며, 어긋난 사람들은 그 화복설(禍福說)을 기뻐하기도 하고 두려워하기도 해서 높여 받들고 따르지 않는 이가 없습니다. 그래서 윤기(倫紀)는 헐리고 인리(人理)는 없어져 풍속은 쇠퇴하니, 가세가 기울어 파산(破産)하여, 부자(父子)가 서로 이산되었으니, 금수와 같은 생활을 하고 도탄에서 허덕이는 것에 이르지 않을 수 있겠습니까?

그러나 다행하게도 사람이 지닌 성품[秉彝]은 하늘이 다할 때까지 없어지는 것이 아니어서, 비록 이러한 어지러운 세파 속일지라도 오히려 경륜(經綸)을 밝히는 한두 선비가 있어서, 이단의 피해를 깊이 깨닫고 가만히 의논하며 통탄하다가, 이따금 사람들에게 명확하게 분석해 줍니다. 그러면 그를 들어 믿고서 깨우치는 자도 혹 있으니, 이는 의리(義理)의 마음이 사람마다 있어서입니다. 그러나 그런 사람은 지위가 높지 않으므로 백성들이 끝내 잘 따르지 않습니다."(若東方則其弊尤甚, 人皆好之篤而奉之謹, 又號爲大儒者, 反爲讚誦歌詠, 助揚聲勢, 鼓舞振動, 彼下民之昏愚, 惟從達者之好者爲如何也./ 於是, 先王之學, 寂寥無聞, 耳目所接, 無非異端, 襁褓孩兒, 學語之始, 卽誦其言, 嬉戲之時, 便設其儀, 習與性成, 恬不知非, 邪與心熟, 堅不可破, 雖聰明之士, 眩惑其空玄, 暴悖之人, 喜懼其禍福, 莫不尊奉依歸, 毁倫滅理, 風俗頹敗, 傾家破産, 父子離散, 其禽獸之歸, 塗炭之苦, 亦不可旣矣./ 幸玆秉彝, 極天罔墜, 雖在波頹之中, 尙有一二明經之士, 深知其害, 竊議而私歎之, 往往辨之於人, 則或有所聽信而開悟之者, 是理義之心, 人皆有之矣, 然下焉不尊, 民卒不從.)

〈요지〉 이단의 폐단이 우리나라에 특히 심하였고, 명망있는 유학자들까지 이단을 돕기만 했다. 그래서 임금에서 어린아이까지 이단에 빠져, 풍속은 금수의 상태였다. 그래도 성품이 사라지지 않고, 학자들 가운데 바른 도리를 밝히는 사람이 있어서, 이를 따르는 사람이 더러 있었지만, 지위가 낮아서 사람들이 따르지 않았다.

〈논평〉 유교에서 보면 삼국시대에서 고려시대까지 불교 등 이단이 성행했던 것은 사실이나 중국보다 더 심했다고 말할 수는 없으며, 불교의 화복설에 현혹되고 파산하는 사람까지 나왔던 것은 불교의 타락상이지만, 불교가 융성하던 시대에 백성이 더 곤궁했던 것도 아니요, 조선시대에 유교가 융성했지만, 번쇄한 예법은 백성이 감당하기 어려운 상태였던 것도 사실이다.

4) 불교도의 반론과 포은의 책임

(1) 불교도의 반론

"그리고 불(佛)을 위하는 자와 시비를 따지게 되면, 그들도 역시 그러한 마음을 가졌기 때문에 스스로 그 그릇됨을 알아서 자주 말이 궁해집니다. 그러나 굴복하는 것을 수치로 여겨서 이기려고만 힘씁니다. 그래서 공경(公卿)들이 이단을 높여 받든다는 말과 대유(大儒)들이 찬송한다는 말을 이끌어 변론자의 말을 꺾으려 합니다. 그들은, '어찌 의롭지 못한 일을 그분께서 믿겠는가? 그분의 지위와 학덕으로도 받들고 찬송하는 것이 이와 같은데 그대는 도리어 불도(佛道)를 그르게 여기니 그대는 그분보다 낮다는 말인가?'라고 말합니다.

변론자가 그 답변을 만일 '지위는 공경이 되었어도 도는 배우지 못할 수 있고, 대유라고 불리어도 학문이 바르지 못할 수 있다. 다만 본심(本心)에서 판단하여 사특하고 정직함을 분별할 따름이지, 어찌 그분의 연고 때문에 덮어놓고 그것이 옳다고 하겠느냐?'라고 한다면, 그들 말을 이길 수도 있으나, 이 말은 아랫사람으로서 윗사람을 비방한 죄에 해당할 뿐만 아니라, 사람들이 도리어 믿지 않고서 미쳤다고 비웃고 헐뜯어 용납할 곳이 없게 되므로, 변론자가 듣고도 잠자코 말하지 않습니다. 그러면, 저 불(佛)을 위하는 자들은 의기양양해서 '나의 말이 이겼다.'고 떠듭니다. 여기에서 이단의 사특한 점은 입으로는 다툴 수가 없으며 백성들의 현혹된 것은 의리로써 깨우치지 못할 것임을 알았고, 오직 학술이 바르고 덕과 지위가 뛰어나서 사람들이 믿고 복종할 사람만이 그들을 바르게 할 수 있으리라는 것을 알았습니다."(及與爲佛者辨之, 則彼亦有是

心, 自知其非, 屢至辭窮, 然恥爲之屈, 惟務自勝, 援引公卿之尊奉, 大儒之
讚誦, 以折辨者, 乃曰,'夫豈不義而某公信之, 以某公之位之德, 而尊奉讚
誦如此, 汝反非之, 汝能賢於某公歟.'/ 辨者若曰,'位爲公卿, 而於道有不學,
號爲大儒, 而於學有不正, 但當質諸本心, 辨其邪正而已, 豈以某公之故,
而遽以此爲是云爾.' 則爲有說矣, 然此不惟獲以下訕上之罪, 人反不信, 以
爲狂妄, 譏笑毀謗, 使無所容, 辨者默然無言, 彼爲佛者, 意氣洋洋, 自以爲
'吾說勝也.' 是知異端之邪, 不可以口舌爭也, 下民之惑, 不可以義理曉也,
惟其學術之正, 德位之達, 爲人所信服者然後可以正矣.)

〈요지〉불교를 변호하는 고위 관리나 명망있는 유학자가 있기 때문에,
불교도들이 이들의 권위를 빌어서 불교에 대한 비판을 반박하는데, 고
위 관리나 명망있는 유학자도 학문이 바르지 못한 사람이 있음을 지적
하여 비판하여도, 그 권위를 깨뜨리지 못하는 현실을 지적하였다.
〈논평〉유학자와 불교인의 논쟁은 권위에 의지한다면, 처음부터 잘 못
된 것이요, 교리나 현실의 문제점을 파고들어 설득할 수 없다면 실패할
수 밖에 없는데도, 여전히 유교를 옹호하는 권위를 찾고 있는 데 한계가
있다.

(2) 포은의 역할과 책임

"나의 벗 달가(達可: 鄭夢周의 字)는 참으로 그 적격자라고 하겠습니
다. 그 이유는 달가가 비록 그만한 지위는 없다 하더라도, 달가의 학문을
학자들이 본래부터 그 바름에 감복하였고 달가의 덕을 학자들이 본디
부터 그 뛰어남에 감복하였기 때문입니다. 나처럼 용렬한 사람으로서도

세상의 비웃음을 아랑곳하지 않고 분개하여 이단을 물리치는 데 뜻을 두게 된 것은 역시 달가를 의지하기 때문입니다. 하늘이 달가를 내신 것은 참으로 우리 도의 복입니다.

그런데 요즈음 오고가는 말을 들으니, '달가가 『능엄경』(楞嚴經)을 보니, 불교에 현혹된 것 같다.'는 것입니다. 그래서 나는, '달가가 『능엄경』을 보지 않으면 어찌 그 말의 사특함을 알 것인가? 달가가 『능엄경』을 보는 것은 그 속의 병통을 알아서 치료를 하자는 것이지 그 도를 좋아하여 정진하자는 것은 아니다.'라고 했습니다마는, 얼마 후 나는 혼자 말로써, '나는 달가가 부처에게 아첨하지 않는다는 것을 보증할 수 있다. 그러나 옛날에 한유(韓愈, 昌黎人, 字 退之)가 태전(太顚) 스님과 더불어 한 번 이야기한 것이 뒷세상에 구실(口實)이 되고 있는 것으로 보면, 달가는 사람들의 믿음과 존경을 받고 있는 처지여서, 그 행하는 바에 우리 도의 흥망이 달려 있으므로 자중(自重)하지 않을 수 없다.'고 하였습니다. 그리고 백성들은 어둡고 어리석어서 의심하여 미혹되기는 쉽고, 알아듣도록 타이르기는 어렵사오니, 달가는 한 번 생각해 주시기 바랍니다."(吾友達可其人也, 達可雖無其位, 達可之學, 學者素服其正也, 達可之德, 學者素服其達也, 以予昏庸, 不恤譏議, 慨然有志於闢異端者, 亦以達可爲之依歸也, 天生達可, 其斯道之福歟./ 近聞往來之言, 達可看楞嚴, 似佞佛者也, 予曰,'不看楞嚴, 曷知其說之邪, 達可看楞嚴, 欲得其病而藥之, 非好其道而欲精之也.' 旣而私自語曰,'吾保達可必不佞佛, 然昌黎一與太顚言, 後世遂以爲口實, 達可爲人所信服, 其所爲繫於斯道之廢興, 不可不自重也.' 且下民昏愚, 易惑難曉, 達可幸思之.)

〈요지〉 여기서 정도전은 정몽주에 대해 지위가 높지 않지만 학문이 정대하여 학자들과 대중들이 믿고 따르니, 이단인 불교를 비판하는데 가장 적합한 인물임을 강조하였다. 이와 더불어 '정몽주가 불교경전인『능엄경』을 읽고 있으니 불교에 심취한 것이 아닌가'하는 소문을 듣고, 정도전은 정몽주가 결코 불교에 빠지지 않을 것임을 확신하지만, 한유(韓愈)가 불교에 빠진 당 헌종(憲宗)에게『불골표』(佛骨表)를 올려 불교를 배척했지만, 당시의 승려 태전(太顚)과 만났던 일로 구설수에 올랐던 사실을 생각해서 신중하기를 당부하였다.

〈논평〉 실제로 정몽주는 고려말 당시 주자학에서 가장 탁월한 학자였지만, 불교비판에 적극적이지는 않는데, 정도전은 정몽주가 불교비판에 나서도록 격동시키고 있었던 것으로 보인다.

5) 정도전을 비롯한 주자학자들의 이단비판의식의 성격과 한계

정도전이 정몽주에게 올린 편지로 남아 있는 유일한 것이 「정달가에게 올리는 편지」(上鄭達可書)이니, 이 편지는 정도전이 불교비판의 저술을 시작하기 이전 가장 먼저 불교비판의 입장을 밝힌 글이라 할 수 있다. 뒷날 저술한 불교비판 저술인『심기리편』(1394)과『불씨잡변』(1398)은 이론적 체계를 세운 비판이었지만, 이 편지에서는 이단으로서 불교를 비판해야 한다는 열렬한 사명감을 잘 드러내고 있다.

정도전이 이성계를 도와 조선왕조를 건립하면서 주자학적 유교이념을 통치원리로 확립하였으니, 그 이념적 기초가 바로 이 편지에서 보여주는 불교를 배척하고 유교이념이 지배하는 국가를 세우는 것임을 잘 보여준다.

1392년 정몽주가 죽기 이전에 썼던 이 편지와 1392년 조선왕조의 건국이후 저술하였던 불교비판서는 모두 불교를 이단으로 비판하는 입장이지만, 그 성격이 엄청나게 다르다. 이 편지에서는 높은 지위와 학덕을 지닌 인물이라야 백성을 설복시켜 불교비판을 성공시킬 수 있다는 확신을 보여주었다. 그러나 조선건국이후 불교비판은 국가의 권위에 의해 강압적으로 불교를 탄압한 것이지 백성을 설득하여 이끌어온 것은 아니었다는 문제를 드러낸다.

차라리 세종이 유학자들과 신료들의 격렬한 반대에도 불구하고 내불당(內佛堂)을 지어 민심을 달래면서 유교정책을 추진하였던 것이 훨씬 더 건강한 유교적 교화정책이라 할 수 있다. 연산군이 도성 안의 원각사(圓覺寺)를 허물고 기녀들과 놀이터를 만들었던 것을 유학자들이 찬양하였지만, 이것은 광기(狂氣)를 칭송하는 것에 불과하다고 하겠다. 이에 비해 높은 지위와 탁월한 학덕을 지닌 인물이 백성을 이끌어 가는 것이 유교진흥의 핵심적 방법이라 제시한 정도전의 견해가 상당한 타당성이 있지만, 그것은 불교를 이단으로 완전히 소멸시켜야 한다는 독선적 의식이라는 한계를 지니고 있다.

공자도 "이단을 전공하면 해로울 따름이다."(攻乎異端, 斯害也已.〈『논어』2-16〉)라 하 하지 않았던가. '전공'(攻)은 빠져드는 것을 경계한 말이요, '공격'(攻)으로 해석한다면 더구나 공격하기를 경계하고 자기 계발에 힘쓰라는 뜻이 되기도 한다. 또한『중용』에서도 "도리가 함께 운행되지만 서로 어긋나지 않는다."(道並行而不相悖.〈『중용』30:3〉)고 하였으니, 서로 다른 도리 내지 종교가 함께 운행하더라도 충돌하지 않고 조화를 이루는 상태를 가장 바람직한 것으로 제시하고 있다. 서로 폐단을 보완하면서 공존하는 질서가 획일화된 질서보다 더 건강하다는 것을 보여준다. 사실 조선시대 유교가 부패하여 백성들에게 엄청난 고통을 안겨주었던 것은 유일한 지배적 위치에 올르면서 자신을 반성하는 힘을 잃어, 안에서 썩어들어 가고 말았던 것이다. 이른바 "절대 권력은 절대 부패한다."는 영국 액튼경의 말이 조선시대 유교의 부패에도 적중하는 말이라 하겠다.

2. 세종시대의 정신문화

1) 세종시대의 정신문화적 체제에 대한 접근

세종시대는 조선왕조가 창업(創業)시기에 이어서 창업이념을 더욱 구체화하고 제도적으로 정착시켜가는 수성(守成)시기였다. 따라서 조선왕조 5백년을 이어갈 수 있었던 왕업의 기틀이 이 시대에 그 규모가 마련되고 뿌리내려졌던 것이 사실이다. 한 왕조가 창업의 이상을 구체적 사회체제로 정비하는 수성의 과정에서는, 한편으로 창업이념의 정신적 지향을 더욱 명확하게 인식하며 심화시켜가야 하고, 다른 한편으로 그 이념을 실현하기 위한 제도적 기반을 확고하게 정립시켜야 하는 과제를 수행하여야 한다.

여기에 법률 · 경제 · 사회 · 풍속 등 모든 분야의 제도가 정비되어야 하지만, 이 제도의 근본을 이루는 인간과 사회의 이상을 지향하는 가치관과 세계관이 확보되지 않으면 그 제도가 아무리 정연한 질서를 갖추었다 하더라도 곧바로 탐욕의 도구가 되어 붕괴되고 말 위험에 놓이게 될 것이다. 세종시대는 바로 이러한 제도의 정비와 이념의 정립이라는 양면적 사업을 수행함으로써 수성의 시기에 요구되는 기본과제를 수행하였던 것이다. 따라서 세종시대에는 왕조의 기업(基業)으로 다양한 제도적 장치가 가장 찬란하게 갖추어갔으며, 동시에 그 이념의 정신적 기반이 가장 선명하게 인식되어갔던 사실을 확인할 수 있다.

2) 과제와 서술체계

여기서는 세종시대에서 정신문화적 체계의 기틀을 이루는 기본영역으로서 윤리·교육·철학·종교 네 분야를 설정하고, 다음의 4주제를 통해 세종시대의 정신문화적 기틀을 조명하고자 하였다.

① 세종의 도덕 실천 운동과 인륜 정신　　　/안재순(강원대학교)
② 세종의 교육 행정과 교육 사상　　　　　/손인수(한국교원대학교)
③ 세종조의 철학 사조와 세종의 철학 사상 /조남욱(부산대학교)
④ 세종조 종교 문화와 세종의 종교 의식　　/금장태(서울대학교)

'윤리'와 '교육'의 영역은 조선왕조가 통치이념으로 정립한 유교의 교화(敎化)체계에서는 수레의 두 바퀴와 같이 서로 떨어질 수 없는 관계라는 성격을 지닌다. '윤리'는 교육의 내용이요 목표가 되며, '교육'은 윤리의 실현방법이요 제도적 장치가 되는 것이다. 따라서 도덕은 가치규범을 내용으로 하지만, 그 가치규범은 가족관계나 군신(君臣)관계 등 사회제도에 기반하고 있다는 사실을 전제로 한다. 또한 교육은 윤리 곧 도덕규범을 기준으로 삼고 있지만, 구체적 교육제도 위에서 실현되고 있다. 따라서 '윤리'와 '교육'의 영역은 유교이념의 정신문화를 추구하는 기본과제이면서 동시에 그 실현조건을 이루는 것이다.

또한 '철학'과 '종교'의 두 영역은 조선왕조의 정신적 근원을 밝혀주며 사회이념의 기반을 확인하는 과제로서, 일체의 두 측면과 같은 성격을 지닌다. 사실 조선시대의 전통사회에서 철학과 종교는 엄격하게 구별되고 있지 않았다. 오늘의 관점에서 이 시대를 해명하면서 이념의 논리와 개념구조를 해명하고자 하는 철학적 관심과, 초자연적 존재의 인식과 신앙에 따른 의례행위를 주목하고자 하는 종교적 관심을 구별하여 접근을 시도한 것이다. 그러나 처음부터 하나의 실체를 다른 시각과 관심에서 바라보는 것인 만큼 내용상 중복되는 점이 있음은 자연스러운 현상이다. 다만 관심영역에 따라 같은 대상에 대한 해석의 차이에 유의할 필요가 있을 것이다.

3) 세종시대 정신문화의 기본영역과 문제의식

먼저 세종시대의 정신문화를 윤리·교육·철학·종교의 4영역을 통해 추구하는 과제와 문제의식을 개괄하고, 다음으로 이 4영역을 통해 실현되고 있는 세종시대의 정신문화가 지닌 전체적 성격을 규정해보고자 한다.

(1) '윤리'영역의 과제와 성격:

'세종의 도덕 실천운동과 인륜정신'의 문제의식은 통치자로서 세종의 윤리의식과 도덕실천운동에 일차적 관심을 집중하고, 여기서 나아가 세종시대에서 도덕실천운동의 전개양상을 해명하고 있다. 그 기본구성은

①먼저 세종의 윤리의식이 지닌 학문적 근거로서 경학의 실학적 관심과 주자학의 경학·사학의 체용(體用)적 인식을 주목하고, ②다음으로 세종의 도덕실천운동이 지닌 기반으로서 '안민'(安民)의 사회경제적 조건과 '주자학'의 이념적 조건을 해명하며, ③이어서 세종시대에 도덕실천운동의 전개양상으로서 효(孝)를 중심으로한 인륜의 규범과 '훈민정음의 창제'를 통한 그 실현방법을 강조하고, ④세종의 윤리정신이 지닌 특성을 '애민'(愛民)정신, 효제(孝悌)의 자율성, 시중(時中)의 정치윤리, '천민'(天民)의 인권의식의 네가지로 집약시키고 있다.

통치자로서 세종의 윤리의식은 '민'(民)을 목적으로 삼는 것이요, 민생의 경제적 안정 위에 도덕적 향상을 추구하는 왕도(王道)정신의 구현이라 할 수 있다. 왕도의 도덕의식은 인정(仁政)으로 실현되는 만큼, '인'(仁)의 도덕성이 표준이 되고 있으며, 따라서 세종의 통치윤리에서 핵심을 이루는 특성을 '인'의 실천방법인 '효도와 우애'(孝悌)의 윤리로서 파악하고 있다. '효도와 우애'의 실천에서 나아가 노인공경을 실천하는 효친양로(孝親養老)를 제도적으로 정착시키고 있으며, 또한 부부의 인륜을 중시하여 '칠거지악'(七去之惡)에 앞서서 '삼불거(三不去)'를 중시하고 있는 사실을 주목하고 있다.

세종이 경학(經學)을 본체로 삼고 사학(史學)을 응용으로 삼는 경체사용(經體史用)의 학문관을 지니고 있다는 인식은 경학에서 제시되는 도덕규범의 원리가 역사라는 시대사회의 현실 속에서 실현되기를 추구하는 것이요, 그것은 도덕규범이 원리의 정당성에 머물지 않고 현실 속에서 구체화되는 것임을 의미한다. 따라서 세종의 윤리사상은 구체적 사회현실 속에 적응되고 구현되는 도덕규범을 추구하는 것이라 할 수 있다. 또한 세종은 경학을 경세제민(經世濟民)의 '실학'(實學)으로 활용하고 있으며, 따라서 세종의 경학은 왕도(王道)정치의 통치이념으로써 민생의 안정과 풍속의 교화를 추구하는 것이다. 곧 세종은 경서에서 민생의 안정과 풍속의 교화에 귀감이 되는 내용을 그림으로 그려 두고 항상 참고하였던 사실이 확인되기도 한다.

세종은 윤리의식의 기초로서 『대학』의 '명덕을 밝힌다'(明明德)는 강령이 '스스로 밝히는 것'(自明)이요, '스스로 새로워지는 것'(自新)이라는 원리에 따라 이성의 자율성을 중시하고 있다. 곧 『삼강행실도』(三綱行實圖)의 편찬사업은 백성들이 스스로 감흥하여 실행하도록 이끌어가는 것이며, 훈민정음을 통해 백성들로 하여금 자신의 뜻을 쉽게 말할 수 있고, 또 서적을 접하면서 깨달아 '스스로 새로워지는 길'(自新之路)을 열어가도록 이끌어간다는 것이다.

세종에서 도덕실천운동의 궁극적 귀결처가 '민(民)을 위한 정치'로 파악되는 것은, 동시에 '인'(仁)의 도덕규범을 실현하는 것을 의미한다. 여기서 '인'의 규범은 이기적 개별성을 극복하고 '우리의 세계'라는 공동존재를 실현하는 사회적 규범원리로 파악되는 것이다. 이와 더불어 '인'의 실현은 '나에게서 말미암는다'(由己)는 인식을 통해 도덕주체로서 자아의 각성을 확립하는 것으로 파악되고 있다. 그것은 세종의 도덕의식이 도덕적 주체의식과 사회적 공동체의식을 양면으로 포괄하여 내외(內外)일체를 이루고 있음을 보여주는 것이다.

(2) '교육'영역의 과제와 성격:

다음으로 「세종의 교육 행정과 교육 사상」의 문제의식은 세종시대에서 추구되었던 교육원리와 교육제도나 교육행정이라는 체용(體用)의 양면을 동시에 파악하기 위해 접근하는 것이다.

　세종시대에서 교육의 기본방향을 결정하고 통제하며 이끌어갈 수 있는 교육원리로서 세 가지 기본과제를 확인할 수 있을 것으로 본다. 첫째, 인격형성의 이상으로 '성인' · '군자'를 추구하고, 둘째, 이러한 인격을 사회에서 인재로 활용하기 위한 과거시험제도에 따른 경전교육 등 교육의 구체적으로 실현하며, 셋째, 유교이념의 교육을 통한 개인의 도덕의식과 사회의 가치질서를 정립하기 위한 원리로서 '인륜'의 규범을 추구하였다. 이에 따라 교육의 원리를 실현하기 위해 구체적 방법을 제시하고 있다.

　교육원리를 구현하는 제도적 장치로서 학교제도와 교육행정과 교육법규의 세가지를 들 수 있다. 학교제도로는 성균관 · 사학(四學) · 향교의 기본교육제도의 학교, 종학(宗學) · 서연(書筵) · 경연(經筵)의 왕실학교, 및 과학 · 기술 교육을 담당하는 잡학(雜學)학교를 균형있게 제시하고 있다. 교육행정으로는 장학 · 교관인사 · 교육재무의 행정제도를 밝히고 있다. 또한 교육법규로서 교육의식에 관한 일반적 법규와 교관 · 학생의 법규, 잡학 · 기타의 법규를 폭넓게 조명하고 있다. 나아가 교육원리와 교육제도가 현실에서 응용된 구체적 방법으로서,『삼강행실도』를 편찬하여 인륜의 규범체계를 제시함으로써 가정과 사회와 여성교육을 통한 국민교육의 체제를 주목하며, 교육의 기반을 확립하기 위해 학문적 생산을 수행하는 '집현전'(集賢殿)의 활동과 여기서 배출되는 학사들의 의리정신을 강조하였다.

　세종시대의 교육정책은 교육이념을 효과적으로 수행하기 위해 교육제도의 정비와 더불어 교육행정을 통한 합리적 지원방법이 강구되고 있다는 사실을 주목할 필요가 있다. 이러한 행정의 활성화를 위한 세종시대의 교육행정은 예조 · 이조 · 병조, 및 기술 교육을 맡은 각 아문(衙門) 등 해당 관청을 통해 독자적으로 운영되었으며, 교육행정의 원활한 운영을 위해 '학령'(學令)이나 『경국대전』(經國大典) 등에 제시된 다양한 교육관계 법규가 뒷받침되고 있는 사실이 확인되고 있다. 특히 교육의 활성화를 위한 교육재정의 확립을 세밀하게 배려하고 있는 사실은 이 시대 교육이 사회체제를 지탱하는 원동력으로서 얼마나 중요시 되고 있는지를 엿볼 수 있게 한다.

(3) '철학'영역의 과제와 성격:

세종시대의 철학사조와 세종의 철학사상의 문제의식은 범위를 넓혀, 먼저 세종시대 철학사상의 배경으로서 태조에서 태종시대 창업기의 유교정치사상과 유교 · 불교에 대한 대응논리의 검토를 하고 있으며, 다음으로 세종시대의 철학사상으로서 성리학의 철학적 사유와 인류중시의 인도주의 및 실용주의의 사회이념을 밝혀가고 있다. 나아가 통치자로서 세종 자신의 철학사상을 해명하기 위해서는 사상적 형성과정과 천관(天觀) · 자연관의 형이상학적 문제, 인간관 · 사회관 · 국가관의 사회사상, 천치(天治)의식과 민본이념의 정치철학을 탐색하고, 통치 · 교화의 겸전과 덕치 · 법치의 조화를 추구하는 행정철학을 확인하고, 인권의식 · 형평정신 · 신형(愼刑)주의 등으로 나타나는 정치철학의 구체적 응용현상을 해명해야한다.

세종시대의 철학사상은 왕조교체기의 이데올로기 전환과정에서 유 · 불(儒佛) 대립의 양상이나 성리학의 이기(理氣) 심성론(心性論)의 쟁점으로 제시된 논쟁적 성격이 아니었으며, 새로운 왕조이념을 정립해가는 방향 위에서 유교중심의 이념을 강화해가면서 유·불(儒·佛)의 갈등을 조화시켜가는 포용적 사상으로 이해할 수 있다. 또한 세종시대에서 성리학을 수용하는 양상은 『사서오경대전』(四書五經大全)이나 『성리대전』(性理大全)의 수입과 그 정확한 이해를 기반으로 실천을 향해 나아가는데 주력하는 것이요, 개념논쟁에 빠져들어 가는 것이 아니었음을 주목할 필요가 있다.

세종의 철학사상이 지닌 특성으로서, ①먼저 세종의 정신적 근원에 초월적 주재자요 보편적 이치로서 '천'(天)개념을 정립하고 있으며, '천' 개념에 근거하여 군주의 도리, 인륜의 규범, 인간평등의 원리가 제시되고 있음을 확인한다. 그것은 '천명'사상 위에서 도덕과 정치의 원리를 확보하고 있음을 의미하는 것이다. ②또한 천지(天地) 내지 우주와 인간이 서로 감응하는 유기적 세계관을 지니는 것으로 자연의 재이(災異)에 대한 도덕적 책임의식을 각성하며, 자연과 인민의 화합을 추구하고 이를 의례로써 시행하고 있는 사실도 확인할 수 있다. ③세종은 인간의 선한 본성에 대한 확신과 인간의 존엄성에 대한 존중의식을 지님으로 삼아, 죄수들에 대해서도 '스스로 새롭게 해 나아가는 이치'를 지니고 있다는 사실을 지적함으로써 인간의 천부적 선의지를 강조하였던 것이다. 이러한 인간의 선한 본성과 존엄성에 대한 신념은 신분사회의 질서 속에서도 평등의 원리를 중시하고, 애민(愛民)과 신형(愼刑)으로 실천되고 있음을 보여준다. ④또한 세종은 성리학을 비롯한 철학이론의 연구에 깊은 관심을 기울이면서도, 지적(知的)인 개념의 인식에 머물지 않고 지식을 현실 속에 실현시킬 수 있는 방법과 원리를 탐색하는 실리(實理)정신과 실용(實用)주의의 가치관을 중시해 왔던 사실이 주목된다. 따라서 세종은 경학과 역사를 일관시켜 인식함으로써, 보편적 원리의 역사적 실현과정에 나타나는 실용성을 주목했던 것이다. ⑤나아가 세종은 정치와 교육을 통합적으로 인식하는 교화(敎化)의식을 지니고 있었으며, 이에 따라 세종은 통치자이면서도 교육자로 인정받아왔던 것이 사실이다. 따라서 세종은 백성을 통치의 대상으로서 신민(臣民)으로만 보는 것이 아니라, 보호·양육과 교육의 상대로 인식하였던 것이다. 세종이 훈민정음을 창제하였던 사실도 그의 '애민'정신과 백성에 대한 교육의 의지에서 가능한 것이었음을 유의할 필요가 있다.

⑷ '종교'영역의 과제와 성격:

세종시대 종교문화와 세종의 종교의식의 문제로서 세종시대의 종교사상을 해명하기 위해, 먼저 그 시대사회적 배경에 대한 이해와 더불어 유교와 불교를 두 축으로 하는 대표적 종교교단들과 도교 및 무속 등의 민간종교적 신앙현상을 함께 조명할 필요가 있다. 이에 따라 조선왕조의 통치이념인 유교의 교리체계로서 성리설과 수양론을 내면적 근거로 확인하고 벽불론(闢佛論)을 유교의 다른 종교에 대한 정통주의적 기본태도로 제시하며, 국가체제를 뒷받침하는 유교의 기본과제로서 예·악(禮樂)의 교화제도와 의론론·도덕론의 가치질서를 확인하고자 하였다. 세종시대에서 불교교단의 활동양상을 주목하면서, 불교교리에 대한 이해태도와 불교교단이 추구하는 유·불(儒佛)조화론을 주목하였으며, 도교에 대해서는 국가제도 속에 기능하던 의례의 양상과 도교사상의 이해내용을 검토하며, 또한 민간신앙으로서는 자연신앙과 민속신앙의 양상들을 해명하고자 한다. 나아가 세종이 이끌어가는 정부의 종교정책을 이해함으로써, 이 시대 종교사상이 지닌 특성을 함께 파악하고자 시도

한 것이다.

세종시대의 종교사상을 해명하는 과제는 이 시대의 종교사상 조류와 개별 사상가의 종교사상을 양면적으로 접근해야 할 필요가 있고, 또한 종교와 다른 사회·문화현상과 상호조명할 필요가 있음을 주목한다. 이와 더불어 세종시대의 종교사상은 유교와 불교사이에 상당한 긴장이 있고, 유교나 불교 각각의 내부에도 다양한 문제들이 충돌하면서도, 그 대립요소들 사이에 균형과 조화를 찾아가는 사실을 확인할 수 있다. 곧 조선사회의 체제교학(體制敎學)인 유교와 확고한 전통의 기반을 지닌 불교, 및 서민대중 신앙 속에 깊이 뿌리박고 있는 도교·무속·풍수·도참 등이 복합적으로 기능하고 있는 현실을 전제로 삼고 있는 것이다.

세종시대의 조선정부는 한편으로 통치이념인 유교적 이상을 제도적으로 정착시키고, 다른 한편으로 사회적 안정과 조화를 확보하기 위한 종교정책이 제기되었다. 이러한 세종시대의 종교정책은 기본적으로 유교의 정통성을 확인하면서 다양한 종교현상을 적절한 통체 아래 사회적 기능을 발휘할 수 있도록 균형과 조화를 추구하는 것이다. 유교의 이단배척론에 따른 급격한 억압책이 다른 종교교단의 저항을 불러일으키고, 사회적 안정에 장애요인이 될 수 있다는 사실에 따라, 세종시대의 종교정책은 오랜 전통을 지닌 불교나 무속을 갑자기 도태시킬 수 없음을 강조함으로써 사실상 적절한 수준으로 국가체제 안에서 기능할 수 있도록 유도하고 있다.

세종의 불교정책은 대부분의 대신들이 사찰을 도태시키는 급진적 개혁방책을 지지하였지만, 세종자신은 점진적 개혁론을 채택하였던 것은 유교정통의 명분론에 빠지지 않는 통치자로서 세종의 현실인식을 반영하고 있는 것이다. 세종이 격렬한 반대에도 불구하고 궁중에 내불당(內

佛堂)을 세웠던 것도 불교에 대해 적절한 존립근거를 확보해 줌으로써 국민적 융화가 가능할 수 있다는 깊은 통찰을 보여주고 있는 것이다. 특히 풍수·도참에 대해 유학자 관료들의 비판과 배척이 지속되었지만, 세종은 오히려 부분적으로 변호함으로써, 대중의 민심이 동요하는 현실이 왕조의 체제를 유지하는데 얼마나 큰 부담으로 작용하는지 그 중요성을 인식하고 있었다. 또한 무속이 대중신앙 속에 깊이 뿌리를 내리고 있는 현실에서 민심을 안정시키고 통제를 쉽게 할 수 있도록 국가의 비공식적 의례로 받아들이고 있는 것도 종교적 통제정책의 적극적 활용자세를 제시한 것이다. 따라서 세종시대의 종교정책은 한마디로 신앙적 다양성의 조화와 균형을 통해 점진적 유교사회의 교화질서를 구현해가는 종교정책이라 할 수 있다. 이러한 세종시대의 종교사상이 지닌 사상사적 의의는 조화와 균형의 추구이며, 국가의 종교체계 속에 대중의 민간신앙이 폭넓게 수용되어 사회현실 속에서 다양한 역할이 구현되고 있는 것이라 하겠다.

4) 세종시대 정신문화의 성격과 의미

윤리·교육·철학·종교라는 네 영역으로 세종시대의 정신문화를 해명하였을 때, 몇가지 기본성격을 확인할 수 있다.

첫째, 세종시대는 조선시대의 건국초기에서 '창업'과정을 지나 '수성'의 시기로 가장 강건한 시대정신이 발휘되고 있다는 사실이다. 왕조건국의 이념을 천명하고 이를 다양한 영역에서 확산시켜가며, 동시에 제도적으로 정착시켜 사회질서의 효율을 극대화하고 사회체제의 이상을 선명하게 제기하고 있는 사실을 어느 영역에서나 확인할 수 있다는 사실이다. 이런 의미에서 세종시대는 무질서와 혼돈 속에 갈등을 겪고 있는 시기나, 전통의 형식에 고착화되어 폐단을 일으키는 시기가 아니라, 새로운 시대이념의 이상을 제시하고 이를 구현하기 위한 창의성과 활력에 넘치는 시대였음을 확인할 수 있다.

둘째, 세종시대는 통치자로서 세종의 탁월함이 가장 잘 드러나는 시대였고, 그 통치자적 자질은 정신문화적 틀을 확립함으로써 사회질서의 안정을 더욱 효과적으로 실현할 수 있었던 것이 사실이다. 한 시대에서 통치자로서 군왕의 역할이 가장 이상적으로 발휘되고 있었다. 세종의 호학(好學)하는 학문정신은 경학과 역사를 체용(體用)으로 구사하며, 명분과 개념형식에 사로잡히지 않고, 현실사회 속에서 실용적이고 합리적인 통치력이 구현되었다. 특히 세종의 통치원리는 '민본'(民本)원리의 '왕도'(王道)정치를 추구하는 것이요, 따라서 '민'이 통치의 대상이 아니라 목적으로서 민생과 민권이 존중되고, 인륜의 규범에 근거한 교화를 통해 풍속과 예법이 확립되는 유교적 이상사회의 현실화를 추구하고 있다는 사실이다. 세종은 당시 유신(儒臣)들의 요구에도 불구하고 유교이념에 의한 급진적 개혁정책이 아니라 자신의 통치원리에 따라 '민'을 위한 훈민정음의 창제나 종교간의 조화와 균형을 이룬 정책을 추구했던 사실도 주목된다.

셋째, 세종시대는 '인륜'의 가치질서를 사회전반에서 확립해가고 있었다. 조선왕조 초기의 유교적 통치원리를 확립하는 과정에서 도덕규범의 정립에서도 기준은 '인륜'의 가치관이요, 교육에서도『삼강행실도』를 통한 국민교육의 확산과정으로 '인륜'의 규범이 추구되고 있으며, 철학사상의 핵심에서도 '인륜'의 실천이 강조되고 있음을 확인할 수 있다. 따라서 유교적 가치체계가 세종시대 정신문화의 기반으로 정립되고 있는 것이 사실이며, '인륜'은 개인의 도덕적 조건일 뿐만 아니라 사회도덕의 기본원리로서 요청되었던 것이 사실이다. 이처럼 세종시대의 정신문화는 도덕규범의 사회적 실현을 통한 교화질서의 확립을 기반으로 삼고 있는 것이요, 이러한 도덕적 가치기반 위에서 통치질서와 다양한 문화양상이 추구되었던 것임을 알 수 있다.

　세종시대의 정신문화적 양상과 특성은 오늘의 우리사회에 많은 시사와 교훈을 주는 의미있는 모범으로 깊이 음미할 필요가 있다. 가장 먼저 사회적 이상을 확립하고 이를 제도화하는 강건한 사회체제의 기틀을 확립하고 있다는 사실이 주목된다. 오늘의 우리사회는 해방이후 새로운 건국과정을 거쳐 반세기가 지났지만, 사회적 이상이 현실제도와 유리되어 활력 있게 실현되지 못하고 있는 문제점이 제기되는 만큼, 세종시대의 '수성'을 위한 도덕적 이상과 교육제도를 비롯한 제도적 현실의 조화로운 건설이 오늘의 우리에게 귀감이 될 수 있다. 또한 우리사회가 물질문명과 경제개발에 집착하여 도덕적 붕괴와 사회기강이 해이된 현실에서 보면 세종시대는 건강한 '인륜'의 도덕질서를 기초로 교육체제를 수립함으로써, 우리가 각성하고 지향해야할 방향을 제시해주고 있다. 또한 우리사회가 다양한 이익집단과 신념단체들 사이에 끊임없는 갈등과 대립을 일으키고 있는 현실에서 보면, 세종시대는 기본원칙의 기준을 정립하면서도 균형과 조화를 추구하는 통치정책을 추구하였던 것은, 우리사회가 해결해야할 과제를 의미깊게 제시해주고 있다.

3. 퇴계의 허물에 대한 포용과 대응원칙

1) 문제의 배경

1556년(명종11)에 퇴계가 영천군수(榮川郡守) 안상(安瑺)에게 소수서원(紹修書院) 문제를 의논하기 위해 보내려고 써두었던 편지 「의여영천수론소수서원사」(擬與榮川守論紹修書院事)는 당시 서원에서 발생한 유생들의 집단이탈 사건에 대해, 문제를 일으켰던 소수서원 유사(有司) 김중문(金仲文)의 과오를 지적하고, 유생들의 집단이탈 문제를 해결하는 과정에서 영천(榮川, 현 榮州)군수의 대응책이 드러낸 문제점을 논의한 것이다.

여기에는 과오를 저지른 김중문의 허물에 대한 퇴계의 대응원칙과 포용정신이 잘 드러나는 사실이 주목된다. 또한 여기서 서원의 역할이 지닌 중요성에 대한 퇴계의 인식을 분명하게 엿볼 수 있음에서 큰 의미가 있다.

사실 소수서원은 퇴계와 깊은 연관이 있다. 풍기(豊基)군수였던 주세붕(周世鵬)이 1542년(중종37) 순흥(順興)에 우리나라 최초의 서원인 백운동서원(白雲洞書院)을 세우고, 고려말에 주자의 저술을 처음 수입하여 유교의 학풍을 일으키는데 힘썼던 안향(安珦)을 제사지내는 사우(祠宇)를 세웠다. 그후 풍기군수로 부임했던 퇴계는 백운동 서원에서 강학하였으며, 또 나라에 주청(奏請)함으로써, 1550년(명종5) '소수서원'으로 편액이 내려와 우리나라 최초의 사액서원(賜額書院)이 되었다. 사실 퇴계가 만년에 서원건립운동을 벌였을 때도 소수서원이 모범으로서 그 중심에 자리잡고 있었던 것이 사실이다.

퇴계가 이 편지(「擬與榮川守論紹修書院事」)를 써두었던 1556년 당시 소수서원에서 벌어진 사태는, 먼저 서원의 유사(有司) 김중문(金仲文)이 오만하고 난폭하게 행동하여, 서원의 유생들이 봄부터 흩어져 한 해가 저물도록 다시 모여들지 않아서, 서원이 텅 비게 되는 상황에 놓여 있었다. 또한 소수서원의 책임을 지고 있는 수령인 영천(榮川: 榮州)군수 안상(安瑺)은 안향(文成公 安珦)의 후손인데도, 김중문을 두호(斗護)함으로써 유생들의 파업문제가 해결되지 않는 상태였다.

2) 김중문(金仲文)의 허물과 군수 안상(安瑺)의 실책

(1) 유사(有司) 김중문(金仲文)의 허물

퇴계는 소수서원의 유사(有司)인 김중문(金仲文)에게 두 가지 허물이 있음을 지적하였다. ①하나는 그가 유사로서 국가의 뜻을 받들고 직분을 수행하여 많은 선비들이 기꺼이 모여들도록 했어야 하는데, 도리어 거만하게 굴면서 유생들을 아이 취급하였으며, 심지어 비천한 말까지 내뱉어서, 유생들이 격노하여 서원을 비우고 떠나게 된 것은, 유생들의 탓이 아니라 김중문의 허물이라는 것이다. ②또 하나는 이러한 사태에서 김중문이 참회하고 자책하여 몸을 굽혀 사과하기를 지극히 정성스럽고 간절하게 했더라면, 유생들의 마음도 풀리고 김중문도 오히려 선인(善人)이 되었을 것이며, 서원에도 아무 일이 없었을 것인데, 그는 분한 마음을 품고 시기하며 포악한 감정을 지닌 채 유생들을 적대시하여, 기필코 유생들을 죄망(罪網)에 몰아넣으려고 하였던 점이 그의 허물이라 하였다. 이로 인해 조정에서 추문(推問)을 하게 되어, 유관(儒冠)을 쓴 선비들이 붙잡혀서 조정의 힐문을 당하였을 뿐 아니라, 그 자신도 결박됨을 면하지 못하여, 그의 잘못이 더욱 커지게 되었음을 지적하였다.

이때 김중문은 팔뚝을 걷어붙이고 "내가 누구누구를 만나면 반드시 몽둥이거나 칼이거나 가리지 않고 욕을 보이겠다."고 큰 소리쳤다고도 하고, 또 "이 일이 끝내는 사림(士林)에 화를 불러올 것이다."라고 했다는 소문도 들렸었다 한다. 김중문이 이렇게 행패를 부리니, 선비들이 먼저는 유관을 쓴 자들이 곤욕을 당하는 처지가 되었고 다음에는 공갈 협박하는 말을 들어 치욕스러운 마음과 화를 두려워하는 생각까지 하게 되었으니, 이들이 다시 서원에 들어가려 하지 않는 상황이었음을 지적하였다.

(2) 영천(榮川)군수 안상(安瑺)의 실책

퇴계는 우선 한수기(韓守琦: 未詳)가 조정에 주청(奏請)하지도 않고 먼저 김중문의 직임을 바꿔 버린 것이 실책임을 지적했다. 이어서 안향의 후손인 안상(安瑺)이 영천(榮川)군수로 부임하자 선비들은 그가 소수서원의 일에 힘쓰리라 기대가 컸는데, 그의 대응책이 도리어 소수서원의 문제에 해를 끼치게 되었다고 크게 실망했다는 것이다. 그 이유는 안상이 문제를 일으킨 감중문에게 선비를 쫓아내어 서원을 비우게 하고 교만을 부려서 여러 고을 선비들을 능멸하고 위협하였던 허물을 문책하지 않고, 도리어 두둔하며 후하게 대우하여 공정성을 잃었다는 점에 있다.

퇴계는 "사랑한다면 수고롭게 하지 않을 수 있겠는가. 충성한다면 깨우쳐 주어야 되지 않겠는가."(愛之, 能勿勞乎. 忠焉. 能勿誨乎.〈『논어』 14-7〉)라는 공자의 말씀을 끌어들이면서, 군수 안상이 김중문의 잘못을 알고도 깨우쳐서 고치게 하지 않았다면, 이것은 김중문을 후대한다는 것이 도리어 박대하는 것이 되고, 서원을 받든다는 것이 도리어 서원을 버리는 것이 되었음을 지적하였다.

따라서 퇴계는 군수 안상에게, "저 서원은 선현을 높이고 선비를 기르기 위하여 설치한 것이다. 김중문이 선비를 대접하는 도리를 잃었으니, '내가 김중문을 편들고 유생들을 그르다고 하면 나도 잘못이 아니겠는가'."라고 스스로 성찰하지 않았는지를 물었다.

또한 퇴계는 군수 안상에게, "저 서원은 선현을 높이고 선비를 기르기 위하여 설치하였다. 네가 유생들을 업신여겨서 서원을 비우게 만들었으니 너의 지난날의 공로가 어디 있으며, 재상들이 너를 인정해 준 후의를 어찌하겠느냐."라고 김중문을 타이르지 않았는지를 나무랐다.

나아가 퇴계는 군수 안상이 자신을 나무라면서, "내가 이 허물을 고치지 않으면 나의 선조의 신령에게 고할 말이 없으며, 국가가 서원을 설립한 뜻을 저버리게 된다."고 말하였다면, 김중문도 감동하여 깨닫고서, "내가 이 허물을 고치지 않는다면 주 선생(周世鵬)을 지하에서 뵈올 낯이 없으며, 여러 재상들이 나를 후대해 주신 뜻을 저버리는 것이다."라고 크게 반성하였을 것이라 지적하였다.

3) 허물을 타일러 고치게 하는 포용의 마음으로 문제를 해결하는 방책

(1) 허물을 타일러 고치게 하고자 하는 포용의 마음

퇴계는 군수 안상이 김중문의 허물을 깊이 타이르고 고치는 길을 열어 준다면, 공자의 제자 자공(子貢)이, "군자의 허물은 일식이나 월식과 같다. 허물을 저지르면 사람들이 모두 보고서 알고, 허물을 고치면 사람들이 모두 우러러 본다."(君子之過也, 如日月之食焉, 過也, 人皆見之, 更也, 人皆仰之.〈『논어』19-21〉)고 말한 뜻을 이루는 것이니, 선비들은 모두 감격하여 군수의 정대한 도리를 흠모하지 않을 사람이 없을 것임을 강조하였다.

(2) 소수수원(紹修書院)의 당면 문제를 해결하는 방책

소수서원에서 벌어진 문제를 해결하는데는 김중문의 허물을 고치게 하는 일로 끝나지 않는다. ① 선비 가운데 후배들이 우러러보는 풍기(豐基)의 황중거(黃仲擧)나 영천(榮川)의 박중보(朴重甫)를 찾아가 이들이 나서서 유생들이 다시 서원에 모이도록 간곡하게 당부하면, 유생들의 집단이탈 사태를 수습할 수 있을 것이라는 구체적 방책을 제시하고 있다. ② 이렇게 선비들이 다시 많이 모여들면, 학풍을 크게 바로잡고 서원의 규모도 더욱 확대하여, 선비들이 애초에 바라던 마음에 부응될 수 있도록 할 것을 당부하기도 하였다.

퇴계는 특히 경계할 사항으로, 잘난 체하는 음성과 안색으로 움직이기도 쉽고 제지하기도 쉬운 자들 한두 사람을 유인하여 입학시켜 놓고서, 야단이나 치는 가운데 녹봉이나 받아먹기를 구하면서, 이만하면 충분히 서원의 역할을 할 수 있다고 한다면, 서원이란 명목아 남아있다 하더라도, 서원의 실상은 이미 무너지고 없을 것임을 깅조하였다.

퇴계는 군수 안상에게, 대부(大夫)로서 '자신의 몸을 굽혀 선비에게 낮추는 것'(屈己而下士)은 아름다운 일이요, 선비들로서는 '자신을 비굴하게 하여 녹봉이 있는 곳에 나아가는 것'(卑身而就食)은 부끄럽게 여겨야 할 일임을 지적하고 있다. 그렇다면, 군수 안상이 선비에게 몸을 굽히지 않으면서, 선비가 자신을 굽혀 서원에 나오기를 바란다면, 이는 군수로서는 아름답게 여겨야 할 일을 보고도 받아들이지 않는 것이 되고, 선비로서는 부끄러운 일인 줄 알면서도 스스로 허물을 무릅쓰는 것이 되니, 이런 것이 바로 옛사람이 말한 바, '사람이 자신의 보배를 잃는다'(人喪其寶)고 한 것임을 강조하였다.

끝으로 퇴계는 '세월은 놓치기 쉽고, 사람의 일은 기필하기 어렵다'(日月易失, 人事難必)는 사실을 지적하면서, "유생들이 마음을 되돌리기도 전에, 군수 안상의 임기가 끝나기라도 하면, 죽계(竹溪: 紹修書院 곁을 흐르는 냇물)의 아름다운 경치가 처량해지고, 건물은 큰데 글 읽는 소리가 끊어진 체, 안개에 잠기고 잡초만 무성하여, 보는 사람의 마음이 아프고 탄식이 터져나오게 된다면, 그대는 김중문 같은 사람 열 명을 시켜서 건물과 사당을 지키게 하고 봄가을의 제사를 폐하지 않는다 하더라도,

아마 문성공(文成公 安珦)의 '령'(靈)이 돌아보고 흠향하려 하지 않고, 주경유(周景遊: 周世鵬)의 '혼'(魂)도 틀림없이 지하에서 눈물을 흘릴 것 같아서 두렵다."라 하여, 문제를 시급히 해결하지 않으면 서원이 황폐화될 상황을 깊이 근심하였다.

4) 퇴계의 허물고치기에 대한 다산(茶山)의 이해

다산은 『도산사숙록』(陶山私淑錄, 〈『與猶堂全書』 詩文集 卷12〉)에서 퇴계가 영천군수 안상에게 보내려고 써두었던 편지를 읽고서, 퇴계가 허물을 고치는 문제에 세밀한 관심을 보인데 대해 깊은 감명을 받았었다. 그래서 다산은 예로부터 성현들이 '허물고치기'(改過)를 귀하게 여겨왔음을 강조하면서, "(허물을 고친다면) 애초에 허물이 없는 것보다 낫다."(却勝於初無過)고 강조하였다.

이러한 뜻은 춘추시대 인물인 사계(士季)가 진 영공(晉靈公)에게, "누가 허물이 없겠으리오 마는, 허물을 짓고서 고칠 수 있으면, 선함이 이보다 더 클 수 없다."(人誰無過, 過而能改, 善莫大焉.〈『춘추좌전』, 宣公2년3월〉)라 말한데서도 찾아볼 수 있다.

다산은 허물을 고치는 것이 중요한 까닭을 점검하면서, "사람의 감정은 과오를 저지른 곳에서는 언제나 부끄러움이 노여움으로 변하며, 처음에는 꾸며대려 하고 끝에는 과격하게 된다. 이것이 허물을 고치는 것이 허물이 없는 것보다 어려운 까닭이다."(人情每於過差處, 羞變成怒.始欲文飾.終成乖激.此所以改過之難於無過也.)라 하였다.

따라서 다산은 "우리들은 허물이 있는 자들이다. 힘써야 할 것 중에 급한 일은 오직 '개과'(改過) 두 글자일 뿐이다."(吾輩有過者也, 當務之急, 惟改過二字也.)라 하였다.

　다산은 인간이 세상에서 저지르는 온갖 허물은 헤아릴 수 없이 많음을 인정하고 나서, "(온갖 허물에) 맞는 약제(藥劑)는 하나가 있으니, '고칠-개'(改) 자 하나일 뿐이다. 진실로 그 허물을 고친다면, 우리 퇴옹(退翁: 退溪)도 또한 '아무개는 허물이 없는 사람이다.'라 할 것이다. 아! 어떻게 해야 이(허물없음)를 얻을 수 있겠는가."(有一當劑, 曰惟改字是已, 苟其改之, 我退翁亦將曰'某也無過人矣', 嗚呼, 何以得此)라 깊이 탄식하였다.

5) 인간에 대한 사랑이 허물을 고치게 한다.

　허물을 저지른 자를 징벌하는 것으로 정의를 실현하였다고 판단한다면, 그것은 '법가'(法家)의 문제점이요, 법치주의의 한계이다. 허물을 고치도록 깨우쳐줌으로써, 허물이 없는 사람을 만들어주는 것은 바로 인간을 사랑하는 포용정신이요 인간을 '구원'(救援)하는 길이다.

　춘추시대 사계(士季)의 "누가 허물이 없겠으리오."(人誰無過)라고 한 말이나, 다산이 "우리들은 허물이 있는 자들이다."(吾輩有過者也)라고 하는 말은, 예수가 "회개하라."(『마태오 복음』4-17)고 선언하였던 뜻과도 일치한다. 우리 모두는 죄 있는 자들이다. 남의 허물을 심판하기에 앞서 자신의 허물을 성찰하고 고치는 것이 먼저이다.

　자신의 허물을 각성하고, 스스로 이 허물을 고치며, 남의 허물을 살펴보고, 그 허물을 고치도록 일깨워주는 '개과'(改過)의 두 글자는 '나와 너'가 함께 선을 이룰 수 있고, 나아가 이 세상이 선한 세상으로 나아갈 수 있는 구원(救援)의 가르침이다.

〈첨부〉. 퇴계학의 현대화와 세계화 (『퇴계학보』편집후기)

* 사회주의 종주국 쏘련에서 퇴계학 국제학술회의를 열었던 풍성한 결실로 묶은 특집호를 내면서, 우리는 퇴계학연구의 뜨거운 열기는 동·서의 벽을 넘고 이제 이데올로기의 벽도 허물어 세계학(世界學)으로 비상하는 새로운 단계에 이르렀음을 보고 있는 것이 아닌가. 점점 넓게 펼쳐지는데 비례하여 점점 깊게 심화시켜가는 연구자의 땀을 이 두툼한 특집호에 흡수하고나니 어느 때보다 육중한 무게를 느끼게 된다.(泰)

* 퇴계사상의 현대화를 위해서 수백년 전통의 유산을 용광로에 넣고 동·서와 남·북의 바람을 모두 모아 세차게 풀무질을 하여 또한 차례 쇳물을 녹여내었다. 그러나 현대화란 새로운 생명으로 태어나는 일이기에 그만큼 찌꺼기(殘滓)를 제거하고 알맹이(精鑛)를 추출해내는 정련(精鍊)의 작업을 거듭하지 않을 수 없다. 여기서 현대화에로 재창조되어 나오는 길은 언제나 고전에로 더욱 심화시켜가는 돌아가는 길을 거치지 않을 수 없다는 법칙을 잊지 않고자 한다.

4. 퇴계(退溪)와 고봉(高峯)의 학문세계

1) 문제의 성격

　13세기말 안향(安珦)이 원(元)나라의 대도(大都) 연경(燕京: 北京)에서 주자(朱子: 晦菴 朱熹)의 저술을 구해와서 뿌려진 성리학의 씨앗은 그 후 3백년 동안 싹이 트고 줄기가 뻗어 성장해온 끝에, 16세기 후반 조선사회에서 하나의 큰 논쟁을 통해 성리학의 꽃으로 활짝 피어나게 되었다. 이 개화(開花)의 계기는 정지운(秋巒 鄭之雲)이 지은 「천명도설」(天命圖說)을 둘러싸고 퇴계(退溪 李滉, 1501-1570)의 수정안이 제시되고, 이에 고봉(高峰 奇大升, 1527-1572)의 이견(異見)이 제기되면서 펼쳐졌다. 곧 퇴계와 고봉 사이에 전개된 '사단칠정논변'(四端七情論辨: 四七論辨)이 조선성리학의 화려한 개화(開花)라 하겠다. 영남 예안(禮安: 현 安東市 禮安面)의 퇴계와 호남 광산(光山: 현 光州市 光山區)의 고봉 사이에 주고받은 서한을 통한 학문적 토론의 심화과정은 한국사상사에서 가장 중대한 업적의 하나였으며, 동시에 두 학자의 학문적 진지성과 정밀성은 후세의 귀감으로 소중하게 이어져 갔다.

퇴계와 고봉 사이에 「천명도설」을 자료로 논쟁을 전개하였던 사실은 송(宋)나라 시대에 이학(理學)이 정립하는 과정에서 주자와 육상산(象山 陸九淵)사이에 주렴계(濂溪 周敦頤)의 「태극도설」(太極圖說)에 근거하여 벌였던 '태극'개념 논쟁에 비견될 만하다. 이점에서 무엇보다 '도설'(圖說)이 갖는 성리학적 의미를 주목해볼 필요가 있다. '도설'은 먼저 개념의 구조를 '도'(圖)로 그리고, 이에 대한 해석으로서 '설'(說)을 붙인 것인데, 이 '도'(圖)의 해석에서 견해의 차이가 나오게 되고, 이에 따라 학문적 논쟁이 벌어지게 된다.

「하도」(河圖)와 「낙서」(洛書)에서 우주와 인간의 모든 변화를 형상하는 「역괘도」(易卦圖)가 비롯되고 있으니, '도'(圖)는 무한한 변화에 응용되는 능력을 내포하고 있는 원리 내지 원형(原型)을 표상하는 것이라 하겠다. 따라서 「하도」와 「낙서」의 도상(圖象)은 하늘에서 내려준 것으로 받아들여지고 있다. 송(宋)나라와 조선시대의 유학자(儒賢)들의 도학(道學)전통에서는 그 핵심이론을 '도상'으로 그렸는데, 이 도상의 해석에 따라 학설의 차이가 드러나고 논쟁의 심화를 통해 학문적 발전이 이루어졌던 것이 사실이다. 여기서 특히 '도상'을 그린다는 것은 새로운 사상체계를 제시하는 창의적 설계를 의미하는 것이며, 이와 더불어 기존의 번쇄한 사상과 이론을 수렴하여 근본원리로 제시되고 있다.

「하도」, 「낙서」는 우주질서의 근본원리를 보여주는 것으로 논쟁의 여지가 없는 것이라면, 「천인심성합일지도」(天人心性合一之圖) 등 권근(陽村 權近)이 『입학도설』(入學圖說)에 수록되어 있는 '도상'들이나, 정지운(秋巒 鄭之雲)의 「천명도설」이나, 퇴계의 『성학십도』(聖學十圖)에 수록된 성리학 개념과 이론을 체계한 도상들은 개념의 이해나 이론의 입장에 따라 논쟁의 여지가 있기 마련이다.

퇴계와 고봉 사이에 벌어진 성리학의 핵심 개념 곧 '이'(理)와 '기'(氣)의 구조와 작용에 대한 논쟁은「천명도설」의 해석에서 시작하지만, 조선 말기 유학자들 사이에서「심통성정도」(心統性情圖)에 대한 해석으로 이어지고 있었다. 이 성리학의 이론적 쟁점과 토론의 중심에는 언제나 '도상'의 해석에서 시작하거나, 자신의 이론을 도상화하는 것으로 드러나고 있을을 보게 된다.

그것은 '도상'에 성리학의 이론체계와 핵심구조가 집약적으로 제시되고 있으므로, 그 개념의 이해나 배열의 위차(位次)에 대한 견해의 차이가 발생하면, 성리학 전체의 정립에 연결되는 것이므로, 격렬한 논쟁을 불러오게 된다. 고봉은 문제의 핵심적 차이점을 엄밀하게 지적하고, 통찰의 예리함과 분석의 치밀함을 보여주었다. 두 사람의 토론과정에서 퇴계는 고봉의 견해를 받아들여 자신의 견해를 수정하고 절충하기를 주저하지 않는 학문적 진지성과 포용성을 보여주었다. 이처럼 퇴계는 고봉의 견해를 받아들여 자신의 견해를 수정하고 절충하기를 주저하지 않는 학문적 진지성과 포용성을 보여주었다. 그만큼 퇴계가 고봉에게 보여준 학문적 기대가 얼마나 컸던가를 알 수 있다.

이러한 퇴계와 고봉 사이의 성리학적 논변은 기본적으로 경전(經傳)과 주자를 비롯한 송나라 때 도학자들의 이론을 전거(典據)로 삼고 정밀한 이해를 심화시켜가는 것이지만, 논변의 전개과정을 통해 이설(異說)들을 종합하고 절충하는 데서 나아가, 창의적 해석을 하는데 까지 이르고 있다. 특히 퇴계는 만년에 고봉의 견해에 자극을 받아 자신의 독자적 이론으로서 '이도설'(理到說)을 정립하기에 이르고 있는 사실은 퇴계와 고봉 사이의 성리학에 관한 논변의 귀중한 결실의 하나라 할 수 있을 것이다.

2) 퇴계-고봉의 왕복서한을 통한 학문세계

퇴계와 고봉 사이에 논변의 발단이 되었던 정지운이 「천명도」를 처음 그렸던 시기는 분명하지 않으나, 정지운이 아우 정지림(鄭之霖)에게 성리설의 요체를 간명하게 설명하기 위해 이 '도상'을 그렸던 것이라 한다. 정지운은 「천명도」를 그린 뒤에, 그의 스승이었던 김안국(慕齋 金安國)과 김정국(思齋 金正國)에게 제시하여 비판을 받고자 하였으나, "가볍게 의논할 것이 못 된다."는 언급만 있을 뿐, 구체적인 지적을 받지 못했다 한다. 그래서 자신이 거듭 수정해가고 있었으며, 1553년 서울에서 마침 그와 이웃해 살던 퇴계가 다른 사람을 통해 간접적으로 구해볼 있었으니, 당시 「천명도」가 일부에서 전파되고 있었던 것으로 보인다. 퇴계는 이 「천명도」(天命舊圖)를 구해보자, 비상한 관심을 드러내었다. 그래서 곧 수소문하여 「천명도」의 저자가 정지운임을 알게 되고, 사람을 보내 만나기를 청하였다 한다. 퇴계가 정지운을 만나자 매우 진지한 관심으로 「천명도」에 관해 토론을 벌였으며, 또한 거듭 왕래하면서 「천명도」를 세심하게 수정해갔다. 그해(1553) 10월에 수정을 마치고나서, 새 「천명도」(「天命新圖」)를 완성하였으며, 이때 주위로 부터 날카로운 질문이 제기되자, 퇴계는 그해 12월에 그 질문들에 대한 대답을 포함하여 「천명도」를 수정하게된 경위를 밝혀 「천명도설후서」(天命圖說後敍)를 지었다. 이처럼 「천명도」는 퇴계의 관심을 끌었을 뿐 아니라 당시의 여러 성리학자들로 부터 비상한 관심을 모을 만큼 의미있는 문제작이 되었다.

정지운이 마련한 「천명도」를 섶에 비유하면 퇴계는 여기에 불을 붙였고, 이 불길로 조선사회 성리학계를 온통 불붙게 폭발시킨 것은 고봉의 역할이었다고 할 수 있다. 퇴계의 「천명도」 수정판(「天命新圖」)이 새롭게 통용되기 시작한지 5년정도 지난 1558년 막 문과급제로 출신한 32세의 고봉은 서울에서 당대 성리학의 대가인 퇴계를 찾아뵈었고, 뒤이어 정지운으로 부터 「천명신도」를 얻어보자 문제점을 지적하였다. 고봉은 그해에 문과 시험을 치르기 위해 상경하는 길에 장성(長城)으로 하서(河西 金麟厚)를 찾아뵈었고, 태인(泰仁: 현 井邑郡 泰仁面)에서는 일재(一齋 李恒)를 만나 「태극도설」(太極圖說)에 관한 토론을 벌이기도 하였던 재기(才氣) 넘치는 청년학자였다.

퇴계가 수정한 「천명도」에 대해 고봉이 '사단'(四端)과 '칠정'(七情)의 해석에서 이견(異見)을 제시하였고, 고봉의 견해가 학자들 사이에 전하여져 퇴계에게 까지 들리자, 퇴계는 이를 허심탄회하게 받아들여 곧 자신의 견해를 고쳐서, 1559년 1월에 고봉에게 의견을 묻는 편지를 보냈다. 이때부터 퇴계와 고봉 사이에 왕복서한을 통한 성리학 이론의 토론이 시작되어 1566년까지 8년간에 걸쳐 이른바 '사단칠정(四端七情)논쟁'을 벌였던 것이다. 이어서 1568년 퇴계가 선조(宣祖)임금에게 『성학십도』(聖學十圖)를 올리자, 이듬해 이 10도(圖) 가운데 성리설의 핵심문제를 다루고 있는 제6도인 「심통성정도」(心統性情圖)에서 퇴계 자신이 그린 '중도'(中圖)에 대해 다시 고봉의 이견이 제시되었으며, 이에 따라 '도상'에 제시된 구성개념들의 위치문제를 정밀히 토론하게 되었다.

3) 논쟁의 의의

퇴계와 고봉 사이에 8년 동안(1558-1565) 왕복편지를 통해 사단칠정(四端七情)에 관한 성리설의 논쟁이 지속되었다. 이 논쟁에서 퇴계는

‘사단’과 ‘칠정’을 나누어 구별하는 ‘분개설’(分開說)의 입장을 취하였고, 고봉은 ‘칠정’ 속에 ‘사단’을 포함시키는 ‘혼륜설’(渾淪說)의 입장을 취하여 대립하였다. 그러나 논쟁이 전개되는 과정에서, 퇴계는 고봉의 견해를 부분적으로 수용하여, 자신의 견해를 두 차례나 수정함으로써, 상반된 견해를 조정하고자 시도하였다.

이러한 ‘사단 · 칠정’논쟁은 퇴계나 고봉은 각자의 성리설 입장을 정밀하게 분석하고 치밀하게 논증하는 학문적 심화를 이루어 가는데 중요한 계기가 되었던 것이 사실이다. 인간의 마음을 해석하는 성리설의 두 입장은 그후 퇴계의 ‘이기호발설’(理氣互發說)이 지닌 이원론적 입장과 고봉의 입장을 계승한 율곡의 ‘기발이승일도설’(氣發理乘一途說)이 지닌 일원론적 입장으로 정착되어, 조선시대 성리학의 이론적 큰 틀을 이루었다. 또한 이 논쟁은 한국철학사에서 학술논쟁으로 정밀하고 진지한 토론의 모범을 제시해주는 역할을 하였던 것이 사실이다.

그후 다산(茶山 丁若鏞)은 1801년 「이발기발변」(理發氣發辨)에서, 이 논쟁을 평가하면서, 퇴계는 인성론(人性論)의 입장이요, 율곡은 우주론(宇宙論)의 입장으로 해석하여, 이론적 차이에 따른 대립을 극복하고, 양쪽 모두가 정당성을 가진 것으로 평가하였던 일이 있다. 이처럼 퇴계와 고봉에서 시작된 ‘사단칠정논쟁’은 그 입장이 첨예하게 대립되고 있더라도, 결코 어느 한 쪽에 정당성을 부여할 수 있는 것이 아니라, 인간의 심성과 우주의 질서를 해석하는 서로 다른 시야를 보여주는 것일 뿐이다. 따라서 어느 견해의 입장이 옳은지 그른지를 논의하는데 집착하는 것은 무의미한 것이라 하겠다. 오히려 어느 입장이 인간 심성의 실현방법으로서 각각 어떤 효과를 거둘 수 있는 것인지, 또한 그 시대상황 속에서 각각 어떤 기능을 할 수 있었는지를 확인하는 것이 중요한 의미를 지니는 것이라 하겠다.

5. 하겸진(晦峯 河謙鎭)의 사상

1) 하겸진의 생애와 학맥

　하겸진(晦峯 河謙鎭, 1870-1946)은 진주(晉州: 경남 晉陽郡 水谷面 士谷里 싹실마을)에서 부친 하재익(河載翼)과 모친 허씨(許氏)부인 사이에 태어났다. 자(字)는 숙형(叔亨)이요 관향은 진양(晉陽)이다. 그는 어려서 부터 영특히여 6세때 조부 하학운(晩翠軒 河學運) 아래에서 『사략』(史略)을 읽기 시작하였다 한다. 그가 7세때 조모 성씨(成氏)부인은 「내칙」(內則), 「제자직」(弟子職) 등을 그에게 가르쳤다 하니, 조부와 조모의 가르침을 안팎으로 받아 학업이 일찍부터 성취되었던 것으로 보인다. 9세때는 외조부 허정(許禎) 앞에서 『소학』, 『대학』, 『맹자』를 한 글자도 틀리지 않고 암송했다 하니, 그의 조달(早達)함을 알 수 있겠다.

　17세때 진양 정씨(晉陽 鄭氏)를 부인으로 맞아들인 직후, 그는 제종조(再從祖) 하홍운(雙岡 河洪運)을 따라 남명(南冥 曺植)이 강학하였던 삼가(三嘉)땅의 뇌룡정(雷龍亭)을 유람하였으니, 그것은 이 지역의 학풍에 뿌리 깊게 자리 잡고 있는 남명의 유적(遺蹟)을 가장 먼저 찾아갔던 것이다. 이어서 한주(寒洲 李震相)의 제자인 허유(后山 許愈)를 배알하고 또한 박치복(晚醒 朴致馥)을 배알하여, 학문의 시야를 넓혀가고 깊이를 심화시켜 갔었다.

그는 27세 때부터 곽종석(俛宇 郭鍾錫)을 스승으로 섬겼지만 이미 허유 등과 이기론(理氣論)에 관한 토론에서 자신의 입장을 확립하고 있었으며, 퇴계의 저술을 정밀하게 검토하여 '퇴계선집'(退溪選集)의 성격을 갖는 『도문작해』(陶文酌海, 6책)를 편찬하기도 하였다.

하겸진은 30대 초반에 이미 당시 노사숙유(老師熟儒)였던 허유(后山 許愈), 장복추(四未軒 張福樞), 곽종석(俛宇 郭鍾錫). 이승희(大溪 李承熙)를 비롯한 사우(師友)들과 이기론(理氣論), 심성론(心性論), 사칠론(四七論), 명덕론(明德論), 이상체용설(理象體用說), 기체이용설(氣體理用說), 성사심제설(性師心弟說) 등 당시 성리학의 주요 쟁점들에 관해 광범하고 활발한 토론을 벌이면서 자신의 이론적 근거를 연마해 갔다.

2) 심주리론(心主理論)의 성리학

"'심'(心)이라는 한 글자는 유학의 종지(宗旨)이다. 그러나 우리나라 유학자들의 학설이 어지럽게 얽혀서 아직 귀결되지 못하고 있다. 내가 한편 쓸어내고 천성(千聖)이 이어 전해 온 참 뜻을 드러내어 현재와 장래의 학자들에게 밝히려 하였으나, 이제 못 이루고 끝나니 한스럽다."

이 말은 하겸진이 74세 때인 만년에 병석에서 자신의 일생을 통해 갈망해 오다가 못 이룬 세 가지 큰 한스러움(三大恨)의 하나로 지적한 것이다. 그만큼 그는 학문적 포부가 크고 신념이 확고했음을 보여준다.

48세 때 저술한 「성사심제변」(性師心弟辨, 2편)에서는 '성'(性)을 높여서 스승으로 보고 '심'(心)을 낮추어 제자로 보는 오희상(老洲 吳熙常)이나 전우(艮齋 田愚)의 입장을 비판하면서 '심'이 '성'과 '정'(情)을 포괄하고 주재한다는 주장을 명백하게 밝혔다.

영남(嶺南)학파와 기호(畿湖)학파 사이에 '심'이 '이치'(理)인가 '기질'(氣)인가의 문제에 관한 해묵은 쟁점은 한말(韓末)에 이르러 기호(畿湖)의 화서(華西 李恒老)학파와 노사(蘆沙 奇正鎭)학파에서 '심주리설'(心主理說)이 제기되는 등 새로운 불씨를 안은 쟁점으로 나타났다. 여기서 하겸진은 '심'을 본체(本體)와 발용(發用)의 양면으로 분석하고, 다시 발용을 직수(直遂)와 횡출(橫出)의 두 가지 양상으로 분별하였다.

하겸진에 의하면 본체로서 '심'이 '이치'일 뿐만 아니라, 발용에서도 '직수'의 경우는 '심'을 '이치'라 할 수 있고 다만 발용에서 '횡출'의 경우는 '심'을 '기질'이라 할 수 있다 하고, 그렇다면 '심'을 전체로 말하여 '이치'와 '기질'이 합한 것이라 할 수 있다고 하였다. 따라서 하겸진은 '심'을 '이치'로 보거나(心卽理說) '기질'로 보아(心卽氣說), '이치'나 '기질'의 어느 한 측면만을 주장하는 편협한 '심설'(心說)을 비판하면서, '심'에 관한 다양한 이론들을 전체적으로 종합하는 이론체계를 제시하고자 하였던 것이다.

또한 50세 때(1919)의 저술인 「심위자모설」(心爲字母說, 5篇)은 그 자신이 제시한 '심설'(心說)이 우리나라 성리학에서 심성이기설(心性理氣說)로 분열된 현실을 통합할 수 있는 이론이라는 것을 확신하여 밝히고 있다. 곧 '성'이나 '정'(情)이 '심'의 한 측면 내지 구성요소이고 '심'이 모체(母體)임을 역설하고 있다.

'성'은 근원에 비유하고 '정'은 지류에 비유한다면 '심'은 전체로서의

물(水)이라 한다. 또한 '성'을 뿌리에 비유하고, '정'을 줄기에 비유하면
서, '심'은 전체로서의 나무(木)라 보았다. 따라서 '성'과 '심'을 상대시켜
'이치'나 '기질'에 배속시키는 종래의 심성설(心性說)을 전면적으로 부
정하였다. 그의 '심설'은 '성'과 '정'을 '심' 속에 내포시킴으로써 '심'을 궁
극적 존재인 태극(太極)이나 상제(上帝)에 상응시키고 있다. 따라서 그
는 '이기설'(理氣說)로써 '심'을 해명하는 것을 거부하지는 않지만, '이기
설'에 구애되는 것을 넘어서려는 입장을 보여주고 있는 것이다.

3) 시대의식과 국성론(國性論)

하겸진은 그의 시대가 처한 역사적 변화에 예리한 통찰과 판단을 지
님으로써 위정척사론(衛正斥邪論)의 보수적 태도를 벗어나고 있다. 곧
그는 1907년에 스승 곽종석과 더불어 시사(時事)와 출처(出處)의 의리
에 관해 논의하였는데, 여기서 그는 유학자가 단결하여 서울에 신문사
를 설치하여 유교가 세상에 보익(補益)함이 있고 공허한 말(空言)이 아
님을 널리 알리며, 가숙(家塾) 등 서당에서 인재를 길러야만 국맥(國
脈)을 회복하고 민권(民權)을 세울 수 있다고 주장하였다. 또한 52세 때
(1921) 저술한 「국성론」(國性論, 3편)에서는 한 국가의 정신으로서 '국
성'(國性)을 제시하고, 국가는 그 정신인 '국성'을 지키느냐 잃느냐에 따
라 존망(存亡)이 결정된다고 주장하였다.

여기서 그는 우리나라의 '국성'이 '예의'(禮義)임을 강조하면서, 서양
열강의 기술(技術)과 세리(勢利)와 무력(武力)에 대적이 되지 않는다
하여 그들을 모방하려 하고 '예의'를 버릴 것이 아니라, 우리의 고유한

'국성'으로서 '예성'(禮性)을 근본으로 확립하고, 그 위에 다른 나라의 장점을 받아들여야 한다고 역설하였다.

자기의 고유한 성품을 버리고 남의 신복(臣僕)이 되어서 남의 의관(衣冠)과 기물(器物)과 풍속을 따르면서 이를 '문명'이라 일컫는 세태의 수치스러움을 준엄하게 힐책하고 있었다.

그는 서양문물에 대한 깊은 관심에서 동서양역사(東西洋歷史)를 저술하려고 시도하기도 하였고, 정우현(鄭友鉉)과 동서철학(東西哲學)에 관한 토론도 벌였으며, 유학의 말폐(末弊)에 관한 반성적 비판에도 과감하였다. 그러면서 강유위(康有爲), 양계초(梁啓超) 등의 변법론(變法論)을 공리설(功利說)이라 비판하고 있는 것은 그의 이상이 혁신론이라기보다는 전통의 계승을 통한 조화적 개선론이었음을 엿볼 수 있게 한다.

그가 74세(1943)때 완성한 『동유학안』(東儒學案, 23편 3책)은 동문인 장지연(韋菴 張志淵)의 『조선유교연원』(朝鮮儒敎淵源, 1922)에 이어서 한국 유학사 내지 한국 유가철학사를 정리하여 체계화시킨 초기의 역저로서, 현재에도 한국 유학사 연구에 필수의 지침서가 되고 있다. 여기서 장지연의 『조선유교연원』이 한국유교사상사를 주제별로 간결하게 서술하고 있는 국한문(國漢文)체제의 저술이라면, 하겸진의 『동유학안』은 전통적인 인물 중심의 학안(學案)체제를 따르고 있으며, 학맥과 학자별로 핵심적 학설의 원문을 소개하는 한문본(漢文本) 체제이라는 점에서 차이가 있다.

6. 실학의 시대정신과 포용논리

가을이 깊어가면 나무가 겨울추위에 대비하여 잎을 모두 떨구고 뿌리 속으로 생명을 거두어들여 잘 지킨다. 그러다가 봄이오면 생명의 활동이 가지 끝까지 올라와 잎이 피고 꽃이 피며, 새로운 가지가 뻗어나가는 현상을 볼 수 있다. 자연에서도 안으로 지키는 시기와 밖으로 뻗어나가는 시기가 구별되는 것이다. 마찬가지로 인간의 사유에서도 안으로 자신을 성찰하고 지키는 '내향적 사유'와, 밖으로 세상을 향해 뻗어나가는 데 관심을 두는 '외향적 사유'의 두 유형이 있다. 대체로 내향적 사유는 한 가지 원리를 유일한 진리라 믿고 지키며 다른 원리를 거짓된 것이라 배척하는 독선적 사유로 나갈 가능성이 크고, 외향적 사유는 다양한 지식이나 원리에 열린 관심을 가지고 합리성과 효용성을 찾아가거나 종합을 추구하는 포용적 사유로 나갈 가능성이 크다.

1) 사유의 두 갈래

한국사상사에서 보면 삼국시대에 출현한 유교. 불교. 도교의 조화를 제시하던 삼교융화론(三敎融和論)이 포용논리라면, 조선시대 '도학'(道學)이 불교와 도교 등 모든 다른 사상을 이단(異端)으로 규정하여 배척하였던 것은 폐쇄적인 정통논리요, 조선 후기에 활발하게 일어난 '실학'(實學)은 도학에서 소홀히 여겨졌던 현실의 문제나 새로운 지식에 관심을 기울이고 적극적으로 찾아 나섰던 것은 포용논리라 할 수 있다.

여기서 정통논리나 포용논리 가운데 어느 한쪽이 옳고 다른 쪽은 그릇된 것이라 판단한다면, 그것은 성급하게 단정하는 판단이 될 위험이 크다. 시대의 조건이나 현실의 상황에 따라 정통논리를 요구할 때가 있고, 포용논리를 요구할 때가 있을 것으로 본다. 문제는 시대와 상황이 정통논리를 요구하는데 포용논리를 내세워 혼란을 일으키거나, 포용논리를 요구하는데 정통논리에 집착해 변화의 통로를 막아 폐쇄성에 빠지는 것이다. 오늘날 우리 사회에서 진보와 보수가 제각기 자기만 옳다고 주장하면서 시대의 요구나 현실의 상황을 외면할 때 어느쪽도 과오에 빠질 위험이 있는 것과 마찬가지다.

이렇게 보면 조선시대 전반기는 명나라의 압박과 여진족이나 왜구의 노략질과 침략이 이어지는 상황에서, 안으로 사회통합을 강화하기 위해 정통논리가 요구되었던 시대라 할 수 있다. 이에 비해 조선시대 후반기는 사회내부의 모순이 누적되어 개혁이 당면과제로 제기되고 서양의 과학기술과 종교문화가 전파되는 변동의 국면으로, 개방의 요구가 대두되는 상황에서 포용논리가 요구되었던 시대라 할 수 있다.

2) 실학의 시대정신

조선 후기 실학은 그 시대가 지닌 요구에 민감하게 반응하는 관심이요, 대응하는 방법과 논리였다. 바로 이 점에서 실학은 시대정신을 선명하게 드러내고 있다. 조선 전기의 도학은 안으로 보면 인간의 내면적 도덕성을 계발함으로써 사회질서를 확립하려 하였으니, 근본중시의 사유방법이었고, 밖으로 보면 명나라의 그늘 아래 안정을 확보하려 했던 폐쇄된 세계관 속에 뿌리를 내리고 있던 닫힌 사유 방법이었다. 이에 비해 조선 후기의 실학은 안으로 보면, 민생을 빈곤에서 구출하고 불합리한 사회제도를 개혁함으로써 효율적 사회를 실현하려는 현실우선의 사유방법이었다. 또 밖으로 보면, 서양이라는 새로운 지역의 문물이 전파되면서 중국을 중심으로 하는 천하가 허물어지고, 동양과 서양이 만나면서 '지구'라는 새로운 천하로 세계관이 확장됨에 따라 일어났던 포용의 사유방법이었다.

먼저 도학에서 내면의 도덕을 확립하는 것은 '근본'(本)의 문제라면, 실학에서 사회적 현실의 모순을 개혁하려는 것은 '말단'(末)의 문제라 대비시켜질 수 있다. 『대학』에서 는, 사회적 현실의 모순을 개혁하려는 것은 '말단'의 문제로 제시되고 있다. 여기서 '근본'을 중시하다보면 '말단'이 소월해질 위험이 따르고, '말단'을 우선시하다보면 '근본'이 소원해질 수 있는 위험이 따르는 것이 사실이다. 그러나 현실의 상황은 '근본'을 먼저 세워야 할 때가 있고, '말단'을 시급하게 처리해야 할 때가 있는데, 실학은 바로 '말단'의 현실문제가 시급한 시대상황에 대응하기 위한 논리라 하겠다.

조선후기 실학은 바로 그 시대의 당면과제인 극심한 빈곤에 빠진 민생을 구출하는 것이요, 불합리하고 비능률적인 사회제도를 개혁하는 현실문제에서 출발해야 한다고 봄으로써 시대정신을 분명하게 드러내고 있다. 자신을 다스린 다음에 가정을 다스리고, 가정을 다스린 다음에 나라를 다스린다는 도덕의 근본에서 사회현실의 말단으로 나아가는 도학의 근본중시 방법이 아니라, 나라가 다스려져야 가정도 다스려지고 자신도 다스려진다는 사회현실의 말단에서 근본으로 나아가는 말단우선의 방법을 취하고 있다.

실학자들은 관료의 착취를 막기 위해 현실의 제도개혁을 추구했으며, 조선후기라는 시대의 과제가 개혁에 있음을 분명하게 밝히고 있다. 또한 생산을 증가시키기 위해 생산기술의 향상을 추구하고, 이를 위해 청나라와 서양문물에서 새로운 생산기술을 도입하였다. 당시 도학자들은 정통의 명분에 사로잡혀 청나라를 오랑캐라 배척하는 배청론(排淸論)을 내세우고, 서양종교를 이단(異端)으로 배척할 뿐만 아니라, 서양과학기술도 오랑캐의 간교한 술법 곧 '사술'(邪術)이라 거부하는 척사론(斥邪論)을 주장하는 등 폐쇄된 이념에 빠져있었다. 이와 달리 실학자들은 청나라의 선진문물을 적극적으로 배워와야 한다는 북학론(北學論)을 내세웠을 뿐만 아니라, 서양의 과학기술을 적극적으로 수용하는 개방정신을 밝혔다. 이러한 개방정신 내지 포용론이 바로 실학의 시대정신이라 할 수 있다.

3) 포용논리의 발현

실학의 포용논리는 가장 먼저 도덕의 근본적 문제에서 벗어난 말단의 잡다한 지식에 관심을 열어갔다. 이러한 포용논리는 '박학'(博學) 내지 '백과전서적' 학풍이라 일컬어진다. 이수광(芝峯 李睟光)의 『지봉유설』 (芝峯類說)이나 이익(星湖 李瀷)의 『성호사설』(星湖僿說)과 안정복(順菴 安鼎福)의 『잡동산이』(雜同散異) 등의 저술은 모든 지식에 대해 개방된 관심과 포용정신을 가장 잘 드러내고 있다. 이렇게 모든 문제에 객관적 이해를 추구하면, 도학이 정통으로 내세우는 이념도 더 이상 유일한 진리가 아니라, 많은 견해나 지식 가운데 하나로 상대화될 수 밖에 없다. 도학은 주자의 경전해석을 정통으로 삼고 어떤 다른 해석도 정통을 어지럽히는 사문난적(斯文亂賊)이라 배척하였다. 그러나 실학은 주자의 경전해석에 얽매이지 않고, 증거를 찾아 고증(考證)하는 방법이나, 합리적 논리에 따라 자유롭고 창의적으로 해석하고 있음을 보여준다. 박세당(西溪 朴世堂)의 『사변록』(思辨錄), 윤휴(白湖 尹鑴)의 『독서기』(讀書記), 이익(星湖 李瀷)의 『질서』(疾書), 정약용의 『여유당전서 경집』(與猶堂全書 經集) 등은 실학의 개방적 포용정신을 뚜렷하게 드러내고 있는 실학의 경전해석이다.

실학에서는 효용성이 있으면 오랑캐의 기술이라도 배우고 받아들이려는 열린 자세의 포용정신을 발휘한다. 이익(星湖 李瀷)은 서양의 과학기술을 적극적으로 수용하였으며, 박지원(燕巖 朴趾源)과 박제가(楚亭 朴齊家) 등은 청나라의 벽돌 굽는 방법이나 수레제도를 비롯한 온갖 실용적 기술의 도입을 강조하였고, 정약용은 서양의 기중기(起重機) 제작법을 이용하여 수원성(水原城: 華城)을 쌓는데 직접 활용하기도 하였던 것은 실학의 포용정신을 실용에서 가장 잘 발휘한 경우라 볼 수 있다.

백성과 나라를 위해 유익하다면 어떤 지식과 기술도 받아들이고 어떤 제도도 받아들여 개혁해야 한다는 것이 실학의 현실인식이요 포용정신이다. 유형원(磻溪 柳馨遠)의 『반계수록』(磻溪隧錄)은 토지제도의 개혁을 올바른 정치의 출발점으로 인식하여 개혁방안을 제시하였고, 정약용은 목민관(牧民官)이 백성을 위해 존재하는 것임을 확인하고, 임금에 이르기까지 모든 통치자는 백성의 추대를 받아 존립하는 것이 올바른 법도이며, 부당한 통치자는 백성이 끌어내릴 수 있다는 백성의 권리까지 주장하였다. 또한 노예제도를 폐지하여 평등한 사회로 개혁해야 한다는 이상을 제시하기도 하였다. 이러한 제도개혁의 방법도 지배계급 중심의 논리에서 벗어나 모든 백성을 전면에 끌어올리는 포용의 논리를 밝히는 것이다.

한마디로 실학은 도학의 근본중시 이념에서 외면당했던 다양한 현실적 문제들을 폭넓게 포용하는 '박학'의 학풍이요, 도학의 정통이념에서 배척되었던 다양한 사상조류를 폭넓게 수용하는 개방의 논리며, 도학의 권위적 질서 아래 억눌렸던 백성과 민생을 위해 폭넓게 제도개혁을 추구하는 구체적 방법에 대한 관심이었다. 이에 따라 실학에서 국가경영의 방법을 제시하는 경세론이 활발하게 전개되었고, 우리역사. 지리와 풍속. 언어를 연구하는 국학(國學)이 고개를 들기 시작하였던 것도 실학의 시대정신으로서 포용의 논리가 열어주었던 업적이라 할 수 있다.

7. 박종홍(朴鍾鴻)교수의 최한기(崔漢綺) 철학 연구

1) 최한기의 발굴

『한비자』(韓非子, '和氏'편)에는 '화씨지벽'(和氏之璧)이라 일컬어지는 보옥(寶玉) 이야기가 실려 있다. 곧 초(楚)나라 사람 화씨(和氏)가 초나라 산 속에서 옥의 원석(玉璞)을 얻고서는 천하의 보물임을 알아보고, 이 옥의 원석을 초나라 여왕(厲王)에게 바쳤는데, 왕실 옥공(玉人)이 '돌'이라 판정하여, 도리어 형벌을 받고 말았다. 화씨는 확신이 있어서 다음 무왕(武王)에게 다시 바쳤는데, 역시 왕실 옥공이 '돌'이라 하여 또 형벌을 받고 말았다. 그 다음 문왕(文王)은 화씨가 통곡하는 사연을 듣고 왕실 옥공을 시켜 그 '돌'이라는 물건을 다듬게 하여 천하의 보물인 '화씨지벽'을 얻었다는 것이다.

천하의 보옥도 눈 밝은 사람을 만나지 못하면 '돌' 취급을 받아 진흙 속에 던져지고 발길에 밟히게 되는 것임을 말해준다. 화씨야 말로 흙 속에 박힌 돌 가운데서도 천하의 보옥을 찾아내는 눈밝은 인물이요, 최한기(惠岡 崔漢綺)도 박종홍(洌巖 朴鍾鴻)교수의 형안(炯眼)을 만나지 못

했더라면 얼마나 더 오랜 세월을 망각 속에 버려져 있었을지 알 수 없는 일이다.

박종홍(1903-1976)교수는 최한기(1803-1877)보다 100년 뒤에 태어나 99년 뒤에 돌아가셨으니, 최한기와는 100년의 세월을 사이에 놓고 따라간 셈이다. 유교전통의 구학(舊學)과 서양의 신학(新學) 사이에 놓인 철벽같은 굳은 장벽을 무너뜨리고 서로 '통'(通)하게 하기 위해 심혈을 기울였던 최한기의 학문적 발자국과 100년 뒤에도 여전히 서로 의사소통이 잘 되지 않는 전통의 동양철학과 새로운 서양철학 사이에 가로 막힌 담벽을 뚫기 위해 많은 노력을 기울였던 박종홍교수의 학문적 발자국이 같은 궤적을 그리는 것으로 포개져 보인다.

100년은 장구한 역사에서 돌아보면 그리 긴 세월은 아니지만, 최한기처럼 거봉(巨峯)이 이렇게 철저히 망각된 채 방치되어 있었다는 사실은 우리의 근대사가 얼마나 심한 변화와 격동의 소용돌이 속에 휘둘려 자기 자신도 제대로 돌아볼 겨를이 없었던 사정을 말해주는 것이기도 하다. 1970년대에 들어와서야 한국철학에 대한 연구가 활기를 띠기 시작하였다는 점을 고려하면, 박종홍교수가 1960년대 초반에 최한기를 강의실에서 소개하기 시작하고 뒤이어 논문으로 발표하였다는 사실은 바로 박종홍교수의 최한기연구는 한국철학사 연구를 선도(先導)하는 역할을 하였던 것으로 볼 수 있겠다.

오늘날 최한기는 조선후기 실학파의 대미(大尾)를 장식한 거장(巨匠)으로서 한국사상사에 우뚝 솟은 위치를 아무도 부정할 수 없다. 그러나 40년전인 1963년 박종홍교수가 동숭동 서울대학교 문리과대학에서 '한국철학사'강의를 통해 최한기의 철학을 소개하기 전에는 그 이름을 들어본 사람조차 거의 없었다.

최남선(崔南善)이 『조선상식문답속편』(朝鮮常識問答續編, 1947)에서 우리나라 학자의 최대 저술을 들면서, "최한기의 『명남루집』(明南樓集)이 1,000권이니, 이것이 진역(震域) 저술상(著述上)에 있는 최고기록이요, 또 신학과 구학(新·舊學)을 구통(溝通)한 그 내용도 퍽 재미있는 것이지마는, 다만 그 대부분이 미간(未刊)으로 있고 원본(原本)조차 사방에 산재하여 장차 어떻게 될지 모르는 상태에 있음은 진실로 딱한 일입니다."(최남선, 『朝鮮常識問答續編』, 삼성문화재단, 1972, 114쪽)라고 언급하여, 그 학문적 가치와 자료보존의 시급함을 지적하였다. 그러나 아무도 별다른 관심을 기울이지 않았다.[1]

사실 한국사상사분야에서는 아직도 세상에 알려지지 않은 옛 학자들의 저술들이 구석구석 박혀 있으니, 연구자들이 지금이라도 마음만 먹으면 파묻혀 있는 인물이나 저술을 새로 발굴하여 소개하기란 그리 어려운 일이 아니다. 그러나 박종홍교수에 의한 최한기의 발굴은 마치 웬만해서는 눈치 채기도 어려운 미진(微震)이 간간이 일어나는 지역에서 그 판도의 전체를 뒤흔드는 화산의 대폭발에 견줄 수 있을 것이요, 지난 백년간 곧 20세기를 통해 한국사상사에서 손꼽히는 큰 봉우리 하나를 찾아낸 일대 사건이라 할 수 있다. 박종홍교수가 최한기를 발굴하여 표출시킨 사실은 한국실학사가 그 전개과정의 새로운 단계를 설정하여 다시 쓰여져야 함을 의미하는 것이고, 한국철학사의 마지막 장이 더욱 풍

---

1) 1960년 북한에서 간행된 정성철의 『조선철학사(상)』(남한의 도서출판 광주에서 1988년 재간행)에서 최한기의 철학을 "도시 평민층의 이익을 대변한 唯氣論的 唯物論"으로 소개한 것은 박종홍교수보다 5년 앞서서 최한기의 철학을 소개하였다.(許南進, 「惠岡 科學思想의 철학적 기초」, 『과학과 철학』2, 통나무, 1991, 111쪽에서 재인용) 그러나 정성철의 이 저술이 남한에 언제부터 알려졌는지 확인할 수 없으나 여러 해 뒤에 들어왔을 것으로 보인다.

성하게 채워질 수 있게 되었음을 말해주는 것이다.

박종홍교수의 최한기에 관한 연구성과는 논문으로 「최한기의 경험주의」(『아세아연구』 20, 1965)와 「최한기의 독창적 경험철학」(『李朝實學의 개척자 10인』, 신구문화사, 1974)의 2편이 있고, 문헌해설(文獻解說)로 「최한기의 『기측체의』(氣測體義)」(『한국의 古典百選』, 新東亞 1969년 1월호 별책부록)과 「최한기 저(著) 『기측체의』해제」(발표여부 미상)의 2편 나타나고 있다.

최한기의 저술을 해설한 2편은 최한기의 대표작인 『기측체의』(氣測體義: 『神氣通』과 『推測錄』의 合本)를 소개한 것으로 비중이 있지만, 연구논문으로 보기 어려운 문헌해제인 만큼 여기서 논외로 한다면, 중요한 연구저작인 2편의 논문이 주목되는데, 그 가운데서도 1974년에 발표된 「최한기의 독창적 경험철학」은 앞서 1965년에 발표한 「최한기의 경험주의」에 기반하여 대중독자를 위해 좀더 평이한 문장으로 서술한 것으로서, 특별히 새로운 내용은 별로 없는 것으로 보인다. 따라서 박종홍교수의 최한기연구는 「최한기의 경험주의」(「崔漢綺의 科學的인 哲學思想」) 한 편의 논문에 집약되는 것이라 볼 수 있다.

자료에 의하면 1999년까지 최한기를 주제로 한 석사논문이 48편, 박사논문이 12편과 일반논문 95편이 있는 것으로 보고되고 있다.[2] 이 많은 연구성과들은 모두 박종홍교수의 최한기연구에 의해 촉발되고 그 줄기에서 연원하여 나온 것이라 할 수 있다. 그만큼 「최한기의 경험주의」 한 편은 큰 강줄기로 커져가고 있는 최한기연구의 선하(先河)를 열어주었

---

2) 최영진 외, 『조선말기 실학자 최한기의 철학과 사상』(철학과 현실사, 2000)의 부록으로 실려있는 「최한기 연구논저 목록」 참조.

던 것이 사실이다. '음수사원'(飮水思源)이라는 말처럼, 물을 마시는 사람이 그 원류를 생각하듯이, 최한기의 사상을 연구하는 사람들은 누구나 박종홍교수의 「최한기의 경험주의」 한 편을 끊임없이 다시 돌아보면서 자신의 관점과 이해를 재점검해가지 않을 수 없을 것이다.

2) 최한기철학의 경험주의적 해석

박종홍교수의 최한기철학 해석은 크게 두 가지 점에서 주목된다. 하나는 최한기철학의 근본성격을 '경험주의'로 파악하여 제시하고 있는 사실이요, 다른 하나는 최한기철학을 간결한 구조로 선명하게 체계화시켜주고 있다는 사실이다.

먼저 박종홍교수는 "혜강(惠岡 崔漢綺)의 경험주의사상은 한국으로서는 획기적인 참신한 것인 동시에 대담하고도 철저하다고 하겠다."(『박종홍전집』(5), 「崔漢綺의 科學的인 哲學思想」, 민음사, 1998, 329쪽)고 언급하는 데서도, 최한기철학의 근본성격을 '경험주의'로 확인하고 있음을 잘 드러내주고 있다. 바로 최한기철학을 '경험주의'로 조명하였다는 점에서 최한기철학 연구에 중요한 기여를 하였던 것이다. 실제로 오늘날 최한기사상의 연구자들 사이에서는 최한기를 '경험주의'라 규정한 것이 박종홍교수의 최한기 해석에서 가장 뚜렷하고 중요한 관점으로 받아들여지고 있으며, 또한 가장 넓게 동의를 받고 있는 것도 사실이다.

최한기의 철학을 '경험주의'로 규정하는 것은 박종홍교수가 최한기의 34세때 초기 저작인 『신기통』(神氣通)과 『추측록』(推測錄)을 가장 먼저 접하고 집중적으로 해명하는데 따라 자연스럽게 이끌어낸 것이기도 하지만, 서양철학의 경험론에 대한 확실한 이해기반이 있었기 때문에 분명하게 읽어낼 수 있었다는 점을 지적해둘 필요가 있다. 『신기통』과 『추측록』에서 지각과 사유의 방법에 대한 최한기의 독특한 입장이 제시되고 있지만, 단편적 서술들이 복잡하게 뒤얽혀 있는 가운데서 처음 접하는 연구자가 그 철학적 기본특성을 '경험주의'라는 한 마디 말로 포착해내기는 결코 쉽지 않은 일이다.

박종홍교수는 최한기의 인식방법에 대한 서술에서 '심체(心體)의 순담(純澹)'을 존 로크의 '백지(白紙, Tabula rasa)'에 견주고, '니착(泥着)의 제거'를 프란시스 베이컨의 '우상(偶像, Idola)'과 일치하는 것으로 지적하며, '거화취실'(去華就實)의 무실(務實)사상은 윌리암 오캄의 '유명론'(唯名論)이나 프란시스 베이컨의 '시장(市場)의 우상(偶像)'에 해당하는 것이라 하고, 여러 감각들을 주통(周通)하게 하고 기억하는 방법을 제시한 것은 흄의 '관념연합에 관한 이론'과 일맥 상통하는 것이라 지적한다. 나아가 최한기가 인식방법에서 '증험'(證驗)을 강조하는 사실에 대해 "현대의 논리적 실증주의 내지 논리적 경험주의가 검증(檢證)불가능한 문장을 무의미한 것이라 하여 일축하는 태도와 그 근본적 요구에 있어서 일맥상통한다"(『박종홍전집』(5), 315쪽)고 언급하여, 현대철학의 흐름과도 상통하는 점이 있음을 지적하고 있다.

이처럼 최한기의 지각과 인식에 관한 설명들을 서양의 경험론에 상응시켜 해명함으로써, 최한기의 철학을 '경험주의'로 정립하고 있는 것은 그 의의가 매우 큰 것으로 보인다. 최한기가 비록 서학(西學)서적을 읽고 서양사상을 폭넓게 수용하였다고는 하지만, 경험주의로 철저히 기반을 확립하고 서양철학의 경험론과 다각적으로 소통하고 상응할 수 있는 것으로 지적한 사실은 최한기철학이 한국철학사에서 지닌 독특한 위치와 중요성을 극명하게 드러내줄 뿐만 아니라, 한국철학사의 한 인물인 최한기의 철학이 서양철학의 경험론이라는 하나의 흐름과 교류할 수 있는 길을 열어주고 있는 것이다.

다음으로 박종홍교수는 최한기철학을 '경험주의'로 해석하기 위해 간결한 구조로 체계화하여 해명하고 있다는 점에서 탁월한 안목을 보여주었다. 「최한기의 경험주의」는 결론을 포함하여 6장으로 구성되어 있는데, 그 목차만 보아도 논문의 전체가 최한기철학에서 경험주의적 성격을 해명하는데 얼마나 집중되고 있는지를 잘 보여준다.

제1장 '경험주의의 논거'에서는 최한기철학의 기본적 견해를 서양의 경험론자들과 관련시켜 경험주의적 성격을 드러내주고 있다.

제2장 '경험의 분석'에서는 경험적 인식이 일어나는 과정에서 경험의 주체와 대상과 매개체를 분석하고, 인식작용으로서 기억(記憶)과 변통(變通)을 주목하였다.

제3장 '경험의 확충'에서는 경험에 근거하여 추론과 판단(推測)이나 수리적 계량화(數的 計量化: 數學的 操作), 및 경험의 진실성을 확인하는 '증험'과 심화하는 '체인'(體認)의 방법에 관심을 기울였다.

제4장 '인식의 한계'에서는 인식의 한계를 확인하고 거짓된 인식에 대한 비판적 성찰을 윌리암 오캄의 '면도날'에 견주기도 한다.

제5장 '경험주의의 관철'에서는 기학(氣學)과 심학(心學)이나 유행(流行: 대상세계)과 추측(推測: 인식활동), 및 이(理)와 기(氣) 내지 지(知)와 행(行)의 문제 등 유교전통의 다양한 이론들에 대해서도 최한기가 경험주의로 관철하여 이해하고 있음을 확인하고 있다.

여기서 박종홍교수는 인식의 양상에 대한 최한기의 번쇄한 서술을 이처럼 간명한 구조로 분석함으로써 경험주의적 성격을 설득력 있게 제시하는데 성공적이었다고 하겠다.

　이와 더불어 박종홍교수는 최한기철학을 '경험주의'로 해명하면서 이에 근거하여 '과학적인 철학사상'으로 규정하고 있는 사실도 주목할 만하다.『박종홍전집5』(민음사, 1998증보판)에서는 「최한기의 경험주의」를 「최한기의 과학적인 철학사상」이라는 표제(表題)로 수록하고 있는데, 필자는 이렇게 논문제목을 고치게 된 경위를 잘 모르고 있지만, '경험주의'와 '과학적인 철학사상' 사이에는 어감에서부터 상당한 차이가 느껴지는 것은 사실이다.

　이렇게 논문제목을 고친 것이 박종홍교수 자신에 의해 이루어진 것이라면, 혹시 '경험주의'라는 규정이 최한기의 철학을 너무 좁게 파악하는 것이라 판단하여, 좀 더 폭넓게 파악하기 위해 '과학적인 철학사상'이라 제시한 것이 아닌가 짐작을 해본다. 박종홍교수가 이 논문에서 직접 언급한 데서도, "혜강은 그 당시의 과학적 지식을 토대로 과학철학적인 사상의 새로운 수립을 위하여 획기적인 훌륭한 노력을 경주하였고 또 업적을 남긴 것이라고 하겠다"(『박종홍전집』(5), 315쪽)고 하여, '과학철학적인 사상의 새로운 수립'으로 규정하기도 하였다.

　또한 "혜강은 전통적인 유학사상을 실증적 · 과학적인 근대화와 관련시켜 새로운 태도로 발전시킴으로써, 그 근본정신을 시대적으로 살리려 하였다. 그리하여 서양의 과학기술을 도입 섭취할 정신적 자세와 기본적인 철학적 이론을 천명하였다고 하겠다"(『박종홍전집』(5), 333쪽)고 언급하여, 서양과학기술을 수용할 수 있는 철학적 이론으로서 '과학적인 철학사상'을 전개한 것으로 파악하기도 하였다.

　바로 이 점에서 최근의 최한기철학 연구자인 허남진(許南進)은 "혜강의 '기'철학은 개항(開港) 이전에 도달한 동도서기(東道西器)사상의 철학적 모태라 할 수 있으나, 필자의 견해로는 역시 동도(東道)보다는 서기(西器)를 즉 당시 새로이 들어오기 시작한 서구의 과학사상을 전통적인 철학개념으로 해석했다는데 혜강 기철학(氣哲學)의 의의를 찾을 수 있지 않을까한다"[3]고 언급한 것도 최한기 철학의 과학사상이 지닌 의미에 대해 같은 결론에 도달한 것이라 하겠다. 그만큼 박종홍교수의 최한기 철학연구가 한 세대 뒤에도 공감을 받고 있는 사실을 엿볼 수 있다.

3) 아직도 남은 의문

박종홍교수의 「최한기의 경험주의」는 최한기의 저술에서 34세때의 초기저작인 『신기통』·『추측록』과 58세때의 후기저작인 『인정』(人政)을 기본자료로 활용하고 있으며, 특히 『신기통』·『추측록』이 중심이 되고 있는 사실을 엿볼 수 있다. 이 세 가지 저술은 최한기 철학의 대표작이라 할 수 있는 것이지만, 최근에는 『기학』(氣學)을 비롯하여 최한기 철학의 중요한 저술들이 다수 발굴되었고, 최한기의 간략한 전기(傳記) 등 그의 생애와 사상의 여러 면모를 엿볼 수 있는 자료들이 상당히 풍부하게 계발되었다. 이러한 사실은 박종홍교수의 최한기연구가 초기에 한정된 자료 속에 얼마나 어려운 여건에서 이루어졌는지를 확인할 수 있는 것이요, 그럼에도 불구하고 최한기철학의 핵심적 이론과 성격을 명쾌하게 해석함으로써 후학들의 연구에 길을 열어준 뚜렷한 공적에 다시금 감탄하게 한다.

---

3) 허남진, 「惠岡 과학사상의 철학적 기초」, 위의 책, 135-136쪽.

그러나 박종홍교수의 최한기철학 연구를 다시 음미해보면서 40년전 강의실에서 못한 질문을 이 자리에서 세 가지만 제기해보고자 한다. 그것은 최한기철학에 대한 연구가 상당히 축적된 지금에서도 여전히 명확하게 구명되지 못하고 있다는 점에서 필자 자신을 포함한 오늘의 연구자들에 대한 질문이기도 하다. 그 하나는 최한기철학의 핵심개념인 '신기'(神氣)의 성격문제이고, 또 하나는 최한기의 인식이론에서 '경험'의 내용이고, 다른 하나는 최한기의 경험주의와 서양철학의 경험론 사이의 관계문제이다.

　먼저, 최한기는 전통적 용어인 '신기'를 새로운 의미로 제기하면서, 옛사람들이 말하는 '심체'(心體)라 하고, '지각(知覺)의 근기(根基)'라 언급하였는데, 이에 따라 박종홍교수는 '신기'를 지각의 주체로 해석한 것은 명확하게 이해될 수 있다. 그러나 최한기 자신은 다른 곳에서 '사람의 신기'(人之神氣)만이 아니라 '하늘의 신기'(天之神氣)·'사물의 신기'(物之神氣)를 언급하고 있는 구절도 인용하고 있는데, '하늘의 신기'나 '사물의 신기'(物之神氣)의 '신기'도 지각의 주체를 의미하는 것인지 혹은 '신기'에 지각과는 다른 기능이 있음을 의미하는지 분명하지 않다는 점이다.

　사물에서 동물이 지각능력(知)이 있고 식물이 생활능력(生)이 있다는 것은 순자(荀子)도 언급한 바 있지만, 생명이 없는 사물에도 '신기'가 있다고 하니, 지각능력이 잠재적으로 있으나 발현되지 못한다는 것인지 애매하다. 또한 '하늘의 신기'에서 '신기'를 지각의 주체라 하면 하늘(天)이 인격적 존재로 파악될 수 있는데, 그것은 최한기 자신의 '천'개념과도 모순된 것이라 할 수 있다. 그렇다면 '신기'에는 지각의 주체로서 의미와 '기'(氣)의 자기발현능력이라는 의미의 두 가지로 구분되어야할 필요가 있지 않을까 하는 점이다.

다음으로 최한기에서 '경험'은 감각기관(諸竅·諸觸)을 통해 밖으로부터 대상의 '기'가 통(通)하여 나의 감각주체인 '신기'를 물들여 이루어지는 것이라 하는데(從竅通而得來於外, 習染於內,〈神氣通〉권1, 32), 사물의 '기'가 직접 감각기관으로 들어와 우물에 물감을 풀듯(井泉의 비유) 비단을 물들이듯(素帛의 비유) 하는 것인지, 혹은 사물의 형상이 거울에 비치듯이(거울의 비유) 대상을 반영하는 것인지, 혹은 그 두 가지가 동시에 일어나는 것인지를 분별할 필요가 있지 않을까 의문이다.

박종홍교수의 해석은 최한기에서 거울의 비유는 심체(心體)의 순담허명(純澹虛明)함을 가리키는 것으로 보고, 우물의 비유나 비단의 비유처럼 대상의 '기'가 감각기관을 통해 들어와 나의 '신기'를 물들이는 쪽에 비중을 두고 있는 것으로 보인다. 그러나 감각기관을 통해 일어나는 '기(氣)의 소통'(通氣)이 그 대상의 '기'와 주체의 '기' 사이에 직접 상통·교류하는 것인지, 감각자료의 자극을 받아 나의 '신기'가 감응하는 것인지에 대해 최한기의 입장이 분명한지 애매한지 확인할 필요가 있을 것이다. "지각의 근원은 내·외(內·外)가 통하여 상응하는 데 있는 것"(『박종홍전집』(5), 299쪽)이라는 해석은 '기'의 질료가 직접 '교류'함을 의미하는지, 안과 밖에서 자극하고 반응하는 '상응'을 의미하는지 명확하게 이해하기 어려움을 느끼게 된다.

이와 더불어 박종홍교수는 최한기의 인식이론이 서양철학의 경험론과 여러 점에서 유사하거나 일치하는 점을 지적하여 '경험주의'로 규정함으로써 최한기철학의 성격을 분명하게 드러내주었다. 그러나 실제로 최한기가 자신의 철학사상을 형성하는 과정에서 서양철학의 경험론에 관한 지식을 직접 접했는지를 확인하기는 매우 어렵다. 이에 비해 최한기가 『신기통』이나 『추측록』을 저술하였던 1836년 당시에 그가 명말청초(明末淸初) 중국에서 활동하던 천주교선교사들의 이른바 '한역서학서'(漢譯西學書)를 주의 깊게 읽었던 사실을 쉽게 확인할 수 있다.

최근의 연구에서는 최한기의 '신기'개념이 마테오 리치의 『천주실의』(天主實義)나 삼비아소의 『영언려작』(靈言蠡勺)에 영향을 받은 점이 지적되고, '신기'의 기능을 사유 · 의지 · 욕망으로 제시하고 있는 점을 그 사례로 들고 있다.[4] 그렇다면 최한기의 인식이론이 지닌 '경험주의'적 성격을 서양철학에서 경험론과 비교하는 것과 더불어 서학(西學)이론이 기반하고 있는 토마스 아퀴나스의 철학에서 그 인식이론과 비교해볼 필요가 절실하게 요구된다고 하겠다.

또한 최한기의 경험주의가 서양철학의 경험론과 단편적인 공통성을 확인하는 것을 넘어서 경험론의 다양한 이론들 안에서 어떤 위치를 갖는 것인지 평가되고, 이와 더불어 경험론의 입장과 어떤 차이가 있고 어떤 한계가 있는지 규정할 필요가 있다.

이러한 의문들은 박종홍교수에게 직접 제기되었다면 그 자리에서 명쾌한 대답을 들을 수 있었을 것으로 기대되지만, 아직도 의문을 풀지 못하고 헤매는 필자로서는 자신의 우매함에 스스로 안타까움을 금하지 못할 뿐이다.

---

4) 권오영, 「최한기의 삶과 학문편력」, 『조선말기 실학자 최한기의 철학과 사상』, 위의 책, 85쪽.

8. 오늘의 한국사회와 유교의 과제

1) 한국유교는 오늘에 살아있는가?

오늘의 한국유교가 당면한 문제는 무엇인가? 변하는 시대에 적응하지 못하는 것은 이미 유교의 생명을 잃어버린 것으로 보인다. 유교가 추구하는 '중용'(中庸)이란 양극단을 포함하는 모든 현실적 조건을 포용하고 통제할 수 있는 중심축이어야 하며, 시중(時中)은 시대현실의 상황 속에서 살아움직이는 중용의 실현이 아니겠는가! 정자(程子: 伊川 程頤)는 역(易)을 공부하는 기본방법을 "때를 알고 대세를 인식하는 것"(知時識勢)라 했는데, 이 시대의 현실에서 벗어나 옛 관습을 고수하고 있는 것은 유교의 죽은 껍데기일 뿐이요 살아있는 생명일 수가 없다.

2) 성품(性): 위로 하늘을 알고 속으로 나를 알아야.

생체(生體)가 병들어 생명이 위태로워지면, 그 병증의 말단을 치료하는 방법(從事而言)도 중요하지만, 그 생명의 원천을 찾아 생체의 생명력을 되살리는 근본치료 방법(從本而言)이 오늘의 우리에게는 더욱 절실하다.

유교적 생명의 뿌리가 어디에 있는지를 되물어보면, 가장 근원적인 뿌리는 위로 하늘과 속으로 성품이라 할 수 있다. 하늘을 망각하고(滅天) 성품을 잃으면(失性) 뿌리가 뽑히는 것이요, 생명의 지속도 불가능하다.

"하늘이 내려주신 것을 '성품'이라 한다."(天命之謂性)라 했는데, 하늘이 나에게 명령하는 소리가 들리지 않으면 그 '성품'(性)이 제대로 각성되고 실현되는 '성품'일 수 있겠는가? 내 가슴 속에서 밝은 빛이 보이지 않으며, 나를 다구치는 소리가 들리지 않으면, 그 '성품'을 잃어버렸다고 하지 않을 수 있겠는가? 이항로(華西 李恒老)는 「제월대명」(霽月臺銘)에서 "한 점의 구름도 보내지 마라/ 맑은 빛을 얼룩지우게 되리니/ 지극히 비우고 지극히 밝게 하여/ 태양에 짝이 되게 하라"(莫遣微雲, 點綴練光, 極虛極明, 以配太陽)고 읊었던 말은 달과 태양이 짝하여 빛을 밝히듯이 근원의 하늘과 내 안의 성품이 짝이 되어 밝게 드러나도록 각성할 것을 요구하였다.

3) 예법(禮): 질서와 조화를 이룬 공동체를 회복해야.

유교가 관습적 형식에 빠져있다는 것은 '예법'(禮)의 껍질에 갇혀 생명을 잃어가고 있다는 사실을 보여준다. 가족법에 매달려 전통을 지켜가려 해보아도 생명을 잃으면 이미 죽은 것이요, 기능을 제대로 발휘할 수 없는 것이다. '예법'이 사람의 정감(人情)에서 나와 생명을 고동치게 하고 자랑스럽고 기쁘게 할 수 없다면 무슨 의미와 가치가 있겠는가?

공동체가 일체감을 이룰 때 가문(家門)과 가정(家庭)이 소중해지고 국가와 세계가 화평해질 수 있다. 조화를 이루지 못하고 나이를 따지며, 상하(上下)와 존비(尊卑)로 이질감(異質感)을 불러 일으키고, 부자(父子) 사이나 고부(姑婦) 사이의 화합이 이루어지지 않으며, 부부(夫婦) 사이가 끝없이 깨뜨려지는 현실의 심각성에 유교인이 예법을 상실한 책임을 통감해야 할 것이다.

'예법'이란 서로 공경할 때 '지아비와 지어미'(夫婦) 사이나 '윗사람과 아랫사람'(上下) 사이가 조화로울 것이요, 사회가 사양하는 가운데 질서를 이룰 수 있을 것이다. 염치를 잃고 이기심에 빠져 남을 배려하지 않는 사회는 '예법이 없는 나라'(無禮之國)가 되고, 공동체의 결속이 없이 파편화되어, 서로 끝없이 충돌하여 대립과 갈등만 초래하게 되고 만다.

4) 의리(義): 나와 남이 어울리는 규범을 세워야.

예법(禮)과 의리(義)는 나와 남이 어울려 공동체를 이루는 규범이다. '의리'(義)는 공동체를 정당하게 하는 힘이 되기에 그 공동체의 품격과 고귀함을 확보할 수 있게 한다. 힘으로 압박하는 폭력적 행태나 이익(利)과 권세(權)로 유인하는 조직이 결코 건강한 생명을 누릴 수 없을 것이다.

'의리'는 불의(不義)를 미워하고 비판하는 정신이다. 그러나 정의롭다는 것은 나를 먼저 바르게 함으로써 남을 바르게 할 수 있는 것이니, 의로움은 나와 남이 어울려야 하며, 한 마음이 되어 포용하는 '서'(恕)의 정신 위에서 올바르게 실현될 수 있다.

자기를 바로잡아 남을 다스리는 '수기치인'(修己治人)의 원리는 바로 남이 나를 정의롭다고 인정해줄 수 있을 때 그 의롭지 못함에 대한 비판도 정당성을 지닐 수 있다. 이기적 욕심이나 자기중심적 독선으로 거짓된 명분(名分)을 내세우면, 의리가 힘있는 사람의 폭력이 되고 만다.

충성(忠)과 효도(孝)와 삼강(三綱)의 규범이 상하의 질서 속에 지배의 논리가 되고, 순종을 강요하는 불의(不義)에 빠지고 말게 된다. 효도(孝)·우애(弟)·자애(慈)로 인(仁)을 실현하고, "'조상의 뜻을 이어가고, 그 사업을 펼쳐감'(繼志述事)으로 효도가 실현될 때 정의롭고 생명력 있는 사회규범이 살아날 것이다.

5) 지혜(智): 지켜야할 전통과 버려야할 전통을 구별해야.

건강하고 지혜로운 판단력은 지킬 것과 버릴 것을 제대로 분별하는 능력이다. 전통이 소중하다면 그만큼 전통의 생명력을 지속시키기 위해 마치 생체(生體)가 세포를 끊임없이 바꾸어가듯이 변혁(變革) 속에서 살려가야 한다.

허약해진 낡은 관습과 시대에 맞지 않고 기능을 제대로 발휘할 수 없는 전통의 제도를 과감하게 혁신(革新)해야 한다. "날로 새로워지고, 또 날로 새로워지며, 날로 날로 새로워진다"(日新又日新. 日日新.〈『대학』 2:1〉)고 거듭 강조한 '새로워짐'은 건강한 분별력 속에서만 가능하다. 가족주의, 문벌의식, 출세주의, 허례허식 및 체면치레 등 낡은 폐단에는 유교전통의 책임이 크다. 관혼상제(冠·婚·喪·祭)에서 허례허식에 빠진 낡은 관습을 버리고 현실에 맞는 새로운 예법(禮法)을 다시 정립해야 할 것이다. 나아가 '가족이기심'(家族利己心)이나 '집단이기심'(集團利己心)의 타성을 깨뜨리고 공동체의 화합을 이루기 위해, 모두 함께 화합하는 '일시동인'(一視同仁)의 '공정한 마음'(公心)을 회복하는 것이 유교의 전통을 우리시대에 다시 살리는 길이다.

남녀평등의식은 "여자에게는 '세 가지 따라야 하는 의리'(三從之義)가 있으니, '마음대로 할 수 없는 도리'(無專用之道)가 있다고 한다. 그래서 시집가기 전에는 어버이를 따라야 하고, 시집가서는 남편을 따라야 하고, 남편이 죽으면 아들을 따라야 한다."(婦人有三從之義, 無專用之道, 故未嫁從父, 旣嫁從夫, 夫死從子.〈『儀禮』, 喪服〉)고 하여, 여성의 자율성을 부정하는 것은 전근대적 여성 차별의 윤리가 아닐 수 없다. 이에 비해 "군자의 도리는 부부 사이에서 시작한다."(君子之道, 造端乎夫婦.〈『中庸』12:4〉)고 말한 것은 서로 공경하는 건강한 부부관(夫婦觀)이 건강한 인격형성의 도리임을 밝힌 것이요, 이처럼 부부의 서로 공경하고 화합하는 도리가 바로 오늘의 유교인이 실현해야할 과제라 하겠다.

6) 맺음: 오늘의 한국유교는 무엇을 해야 할 것인가?

"오늘날 한국사회에서 유교인이 어떤 마음가짐으로 무엇을 해야할 것인가?"라는 질문에 따른 실천과제를 살펴보는 것이 바로 우리시대가 요구하는 중요한 실천과제를 밝히는 길이다. 먼저 이 실천과제의 '기준'은 "초심(初心)으로 돌아가자"는 구호로 집약시켜볼 수 있을 것이다. 다음으로 유교인이 가져야할 마음의 '기본태도'를 안팎의 양면으로 규정한 다면, 안으로는 "자기반성에 철저하자"는 과오를 찾아 개혁하는 것이요, 밖으로는 서로 한 마음이 되어 포용하는 '서'(恕)의 "열린 마음을 가져야 한다"는 것으로 제시해볼 수 있다. 한마디로 유교정신은 나와 남 사이의 평등하고 상호적인 실현의 정신에 근거하는 것이라 할 수 있다. 이러한 기반 위에 유교정신을 실천하기 위한 '기본과제'는 "봉사하는 헌신적 자세를 갖자"고 제안해 보고 싶다. 한마디로 사로 공경하고 화합함을 추구하는 진정한 유교정신의 각성을 통해, 자신의 개혁과 사회적 관계의 재결합을 실현해야 한다. 이를 위해 남을 사랑하여 남을 위해 봉사하는 '인애'(仁愛)의 정신을 각성하여야 한다.

(1) 처음 먹은 마음(初心)으로 돌아가자: 오늘의 한국유교는 유교의 출발점인 공자의 가르침으로 돌아가 '인애'(仁愛)와 '예의'(禮義)의 정신을 우리시대의 현실 속에서 생동력을 지닌 모습으로 다시 살려내어야 한다. 타성화(惰性化)된 낡은 전통에서는 살려내어야 할 가치도 내포되어 있지만, 버리고 개혁해야 할 폐단이 뿌리깊이 얽혀있다. 따라서 공자의 가르침이 지닌 본래의 정신을 우리 시대의 현실에서 재해석하여 그 생명의 원천을 되살려내어야 할 필요가 절실하다. 공자의 정신을 살려내는가 잃어버리는가의 갈림길이 바로 유교가 살아날 것인가, 소멸할 것인가를 결정하는 갈림길이 될 것이다.

(2) 자기반성에 철저하자: 자신의 약점을 인식하고 자신의 과오를 반성한다는 것은 용기가 있어야 가능한 일이다. 공자가 "허물이 있으면 고치기를 꺼리지 않는다"(過則勿憚改)라 하고, 증자가 "나는 매일 나 자신을 세 가지로 반성한다"(吾日三省吾身〈『論語』1-4〉)고 하였던 것은, 바로 반성이 인간의 자기정화와 자기향상을 위한 필수적 조건임을 밝혀주

고 있다. 유교인은 우리 시대와 우리 사회의 문제점에 대해 남의 잘못을 들추고 있을 겨를이 없다. 현실의 그 모든 폐단은 유교의 책임으로 인식하고 유교인이 책임을 진다는 각오가 필요하다. 지난 시대를 주도했던 이념체계로서 유교가 과거의 과오와 실패를 인정하지 않는다면, 그 미래에 참여할 자격도 존립할 권리도 없다고 하겠다.

(3) 포용하는 열린 마음을 가져야 한다: 조선시대 유교전통이 일으킨 사회적 폐단의 가장 심각한 요소로는 정통주의의 폐쇄성과 당파주의의 배타성을 들 수 있다. 정통주의의 폐쇄성을 벗어나지 못하였으니, 다양성을 받아들이는 조화와 포용력을 상실하고 말았던 것이다. 여기서는 어떤 새로운 사유의 가능성이나 창의적 발휘도 억압되었으니, '주자'(朱子)라는 깃발에 따르기만 강요하는 획일적 권위의 노예로 만들고 말았다. 또한 당파주의의 배타성을 극복하지 못하였으니, 서로의 상호인정이나 협력이 불가능해지고 말았다. 당파적 이기심과 적대감으로 맹목화되어 화합할 줄을 모르고 끝없는 분파화로 분렬을 일으켜왔다. 이제는 나와 다른 견해를 이해하고 남을 받아들이며, 남과 어울리는 포용력의 열린 마음을 유교정신의 핵심으로 길러내는 것이 시급하다. 지역주의나 연고주의를 타파하고 이데올로기의 대립도 해소하며 남북의 화합을 이루기 위해서 포용력이 더욱 중시되어야할 필요가 절실해졌다.

(4) 봉사하는 헌신적 자세를 갖자: 유교인은 자기중심주의에 빠져 자기 자신, 자기 가족, 자기 나라까지는 생각할 수 있어도, 남, 다른 가족, 다른 나라에 대해서는 무관심하거나 배타적이었다는 사실에 폐단이 깊다. 나와 남이 어울려져 함께 살아야 사실상 나도 제대로 살 수 있다. 이렇게 나와 남이 어울리기 위해서는 남을 포용하는 자세와 더불어 남에게 봉사하는 정신이 필요하다. 남을 향하여 나를 열기 위해서는 남을 받아들

이는 것으로 그칠 것이 아니라, 자신을 낮추고 남에게 나아가 서로의 일체감을 확보해야 한다. 유교전통에서 곤궁한 처지의 이웃인 궁민(窮民)을 보살피는 임무를 중시하듯이, 빈곤이나 질병 등으로 곤란을 겪는 이웃을 위해 봉사하는 덕이 실현되지 않는다면 유교인이 우리 시대를 함께 살아가는 공동체에서 어떤 역할로도 참여할 자격을 지닐 수 없다. 봉사를 통한 화합과 일체화에서 '수기치인'(修己治人)의 유교적 기본원리도 실현될 수 있음을 깨달아야 한다.

9. 한국유교의 어제와 오늘

1) 문제의 성격

①현황: 한국유교의 전통은 역사 속에 끼친 공적도 많으나, 허물도 적지 않다. 근대화 과정에서는 유교전통의 폐단으로, 봉건적이고, 허례허식에 젖었으며, 당쟁으로 분열을 일삼았고, 사대주의에 빠져 자주의식을 상실했다는 등 혹독한 비판을 받아왔다. 그 결과 한국사회의 근대화는 전통의 뿌리를 잃고, 서양문물로 대치되고 말았다. 유교전통의 부정 위에 받아들여졌던 서양문물은, 한국사회의 발전에 크게 기여한 것은 사실이다. 그러나 도덕의식과 가치관의 혼란이 초래한 많은 문제를 일으켰던 것도 현실이다.

②개혁의 과제: 한국유교가 오늘의 한국사회의 성장과 안정에 기여할 수 있는 길은 전통의 폐단을 극복하고, 현실에 맞는 유교적 가치를 다시 찾아내는 것이다. 곧 유교전통의 가치를 오늘의 한국사회에서 다시 살려내기 위해서는 유교전통의 폐단을 철저히 개혁하고, 현대사회에서 새로운 활력으로 유용하게 기능할 수 있도록 유교정신의 재해석과 재창

조가 요구된다.

현대사회에 유용한 유교적 가치는 무엇보다 '인간품성의 배양'과, 나아가 '인간과 인간관계' 내지 '인간과 자연관계'의 조화로운 상생의 원리를 확보하는 것이라 하겠다. 오늘의 한국유교는 현대사회에서 욕망의 과도한 분출에 따라, 인간과 인간 사이의 심화된 갈등을 풀어내어 함께 어울리는 공동체를 이룰 수 있어야 하며, 동시에 자연파괴의 심각한 현실을 '인간과 자연'이 상생의 질서 속에 어울릴 수 있도록 이끌어 갈 수 있어야 한다.

2) 한국유교의 빛과 그늘

한국유교의 빛과 그늘의 양면을 도덕규범과 예법과 의리정신의 세 분야에서 확인해 볼 수 있다.

①도덕규범: 유교의 '도덕규범'이 발휘했던 가장 뚜렷한 공적은, 도덕의식을 고취시켜 풍속을 순화함으로써 사회적 품격을 높여, 세상을 밝게 비추어주었던 점이다. 또한 도덕규범의 정착은 오랜 세월동안 나름대로 사회적 안정을 유지시켜 주었던 공적을 이루었다.

그러나 그 공적의 빛 뒤에는 도덕규범에 심한 구속을 받아 개인의 자율성과 창의성을 잃게되는 심각한 폐단의 그늘을 드리웠던 것도 사실이다.

②예법: 조선시대 유교가 엄격한 '예법'을 실행한 것은 사회적 안정과 질서를 유지하는데 크게 기여하였으며, '동방예의지국'(東方禮義之國)이라 자부심을 지니게 하였던 점은 큰 공적이라 할 수 있다.

그러나 온갖 의례가 너무 번거롭고 형식주의에 사로잡히면서, 비생산적인 '번문욕례'(繁文縟禮)의 폐단에 빠지고 말았으니, 그 그늘이 깊었다. 또한 양반(兩班)과 상민(常民) 곧 '반상'(班常)으로 구별되는 조선사회의 신분적 차별은 가르치고 감화시키는 교화(敎化)의 본래 정신을 잃고, 억압과 착취의 수단으로 전락함으로써, 사회에 계층적 분열이 심화되고, 비인간적 학대가 자행되었던 폐단은 조선사회에서 유교체제가 저지른 가장 큰 과오의 하나라 하겠다.

③의리: 조선시대의 통치원리였던 도학(道學)이념의 핵심은 '의리'(義理)라 할 수 있다. 곧 조선시대 유교이념을 지탱하던 선비정신의 핵심은 바로 '의리정신'이었다. 선비들은 '의리'를 내걸고 사회의 온갖 불의(不義)를 배척함으로써 정당하고 깨끗한 사회를 실현하기 위해 노력했던 사실은 유교전통의 큰 공적이 아닐 수 없다. 따라서 청빈을 중시하고, 굳센 절개를 지키면서 불의와 타협을 거부하던 조선시대 선비들의 꿋꿋한 지조 곧 선비정신은 이 시대의 밝은 빛이 되었다.

그러나 도학자들이 '의리'를 '이익'과 대립시켜 '의리지변'(義利之辨)을 강조하면서, 의리정신은 당시 사회의 극심한 빈곤을 해결해야하는 과제를 외면하였으며, 대중을 탐관오리의 착취에 방치하고 말았던 점은 큰 과오였다. 또한 의리를 내세운 조선중기 도학자들의 비판정신은 포용력을 잃음으로써, 옳고 그름을 따지는 '시비지변'(是非之辨)을 강조하여, 의견의 대립을 당쟁(黨爭)으로 발전시켰으며, 조선후기에는 당쟁이 심화되어 당파의 분열이 사회의 분열과 국론의 분열을 일으키는 심각한 폐단을 초래하였다.

유교이념이 '중용'(中庸)의 포용과 융화 정신을 망각했을 때, 의리는 독선에 빠지고, 독선은 폐쇄를 심화시킬 수밖에 없었다. 사실 조선시대 도학의 '의리정신'은 '중용'을 망각하면서 대립과 분열의 깊은 늪에 빠져, 회복 불가능한 치명적 폐단을 남기고 말았다. 나아가 조선시대 도학자들은 도학정통을 순수하게 지키기 위해, 불교나 도교 등 온갖 신앙을 이단(異端)으로 배척하였고, 유교 안에서도 주자의 학설에 어긋나는 어떤 이론도 '사문난적'(斯文亂賊)으로 비판함으로써, 독선과 폐쇄에 빠졌던 폐단이 컸다.

선비의 의리정신이 불의를 비판하고, 외적의 침략에 맞서서 강인한 저항정신을 발휘하며 보여주었던 굳은 지조는 존중할만한 가치이다. 그러나 전통의 중화문화와 야만적인 오랑캐를 대립시키는 '화이지변'(華夷之辨)을 강조하면서, 외래의 사상과 종교나 문물을 오랑캐의 야만적인 것이라 격렬하게 배척하였던 사실은, 유교전통을 守舊의 폐쇄에 빠져 활력을 잃게 하였던 심각한 폐단을 초래했다.

곧 조선후기 도학자들은 새로 전래해온 천주교와 서양문물을 이단으로 혹독하게 배척하면서 폐쇄의 늪에 빠져, 근대화를 위한 개혁의 기회를 스스로 막아버렸던 과오를 저질렀다. 나아가 조선후기 도학자들이 청나라를 오랑캐로 배척하고, 이미 멸망한 명나라를 문명의 기준으로 숭상한 '숭명배청'(崇明排淸)의 의리는, 현실을 외면하고 과거에 집착하여 폐쇄에 빠지는 폐단을 저질렀다.

또한 조선말기 도학자들이 일제의 침략에 저항하여 전통의 예법과 의리를 수호하고 외래의 거짓된 사설(邪說)을 배척하려 하였던 '위정척사'(衛正斥邪)의 의리는 수구(守舊)의 폐쇄에 빠져, 나라를 지키는 힘을 잃고 말아, 역사에 씻을 수 없는 과오를 저질렀다. 그 결과 나라가 멸망하고 일제의 식민지배를 당했으며, 해방이후 외래문물의 홍수 앞에 유교전통이 여지없이 무너지고 말았다.

3) 개혁을 위한 시도와 좌절

①'개혁의 원리': 전통이란 시대마다 변혁해온 과정의 축적이지, 화석화된 규범이나 제도를 굳게 지키는 것이 아니다. 북송(北宋)의 정이천(程伊川)은 '역'(周易)을 공부하는 핵심이란, "때를 알고 대세를 인식하는 것"(知時識勢)이라 하였다. 유교가 시대현실을 외면하고 옛 관습을 고수하는 것은 말라죽은 껍질을 지키는 것일 뿐이지, 살아있는 생명을 키워가는 길이 아님을 밝혀주었다. 따라서 유교전통을 올바르게 지켜가는 일은 유교사상의 기본원리를 시대에 맞게 재해석하고 제도를 개혁해가는 일과 병행해야 하는 것임을 확인할 필요가 있다.

②실학의 개혁 시도: 조선후기에 와서 도학이 폐쇄성에 빠져 변화하는 시대의 현실을 외면하면서 많은 폐단을 일으키자, 소수의 유교지식인들이 도학전통에서 벗어나 현실문제를 적극적으로 해결하기 위한 방법을 모색하는 새로운 사상조류를 열어갔다. 조선후기의 새로 등장한 이 사상조류를 '도학'(道學)과 대비하여 '실학'(實學)이라 일컫는다. 17세기 이후 실학을 열어간 실학파의 선비들은 도학파의 선비들이 폐쇄와 허위에 빠져있음을 예리하게 비판하면서, 현실문제에 구체적 해결방법을 제시하거나, 당시 전래해온 서양문물을 수용하는 개방적 사유를 전개하기도 하고, 유교경전을 새롭게 해석하면서 개혁의 논리를 발굴하기도 하였다. 율곡(栗谷 李珥)은 16세기후반의 도학자이지만, '경장론'(更張論)을 제시하면서, "크게 변혁하면 크게 이롭고, 작게 변혁하면 작게 이롭다."(大變則大益, 小變則小益〈「擬陳時弊疏」〉)라 하여, 사회변혁을 강력히 요구하였으며, 선비들이 동인·서인으로 갈라져 당쟁을 일으키자, "양쪽에 모두 옳은 점과 그릇된 점이 있다."는 '양시양비론'(兩是兩非

論)을 제시하여 화합시키려고 힘썼던 일은 도학에서 실학으로 나가는 先河를 열어주었다.

17세기 실학자인 성호(星湖 李瀷)는 서양과학을 적극적으로 수용하였으며, 18세기에 들어와 북학파(北學派) 실학자인 홍대용(湛軒 洪大容)은 "바른 학문을 지키겠다는 것은 실상 자랑하는 마음에서 말미암았고, 사특한 이론을 배척한다는 것은 실상 이기려는 마음에서 말미암았다."(正學之扶, 實由矜心, 邪說之斥, 實由勝心.〈「毉山問答」〉)라 하여 도학의 정통주의가 허위에 빠져 있음을 신랄하게 비판하고 나섰다. 또한 정약용(茶山 丁若鏞)은 유교와 천주교의 융화를 이루는 입장에서 유교 경전을 주석하였으며, "나에게는 소망이 있으니, 온 나라 사람을 양반이 되게 하여, 온 나라에 양반이 없게 되는 것이다."(若余所望則有之, 使通一國而爲兩班, 即通一國而無兩班矣.〈「跋顧亭林生員論」〉)라 하여, 신분제도를 타파함으로써 '양반'이라는 특권계급을 없애야한다는 주장을 하고 있다.

③실학파와 개화파(開化派)의 좌절: 조선후기 실학자들의 노력에도 불구하고, 대세를 이루고 있는 보수적 도학자들에 밀려, 사회개혁이 좌절되었고, 국가의 멸망과 함께 도학도 몰락하고 말았다. 조선말기 개화파에 의한 경장(更張)의 개혁이 시도 되었지만, 일본의 침략이 가중되면서 개화파의 노력도 좌절되고, 조선왕조는 멸망하고 말았다.

일제의 침략에 한말 도학파 유림(儒林)들의 항일의병을 비롯한 저항운동이 격렬하자 일제는 초기부터 유림을 조직적으로 분쇄하였고, 국권을 탈취한 이후에도 유교전통을 단절시키는 작업을 철저하게 지속해갔다. 이때 저항정신을 내세웠던 도학전통 유림의 주류는 유교전통의 정신을 강화하고 재정비하려는 노력을 보였지만, 더욱 보수화에 집착하여 사회변화에 적응력을 잃어 자멸하고 말았다.

④20세기의 유교개혁론: 20세기 전반기에 박은식(白巖 朴殷植)은 「유교구신론」(儒敎求新論)에서 민중에 기반을 둔 유교의 현대적 개혁을 주장하였고, 이병헌(眞菴 李炳憲)은 『유교복원론』(儒敎復原論)에서 유교의 종교적 각성과 조직화를 통한 종교운동을 시도하였으나, 널리 호응을 받지 못하여 어둠속에 파묻히고 말았다. 당시 여러 인물들이 다양한 방법으로 유교를 현대사회에 적응시키려고 시도하였으나, 크게 확산도 지속도 되지 못해 사라져버리고 말았으니, 안타까운 일이다.

해방 후 근대화의 거센 물결에 밀려 유교전통은 붕괴가 가속화되면서 뿌리를 잃고 말았다. 그러나 오늘의 한국사회에 혼란이 확산되자, 1960년대부터 전통의 가치를 되살려야 한다는 요구가 일어났고, 유교전통에 대한 학자들의 연구가 활발해졌다. 그러나 유교는 이미 신념도 무너지고, 조직도 무기력하여, 유교의 생명력을 되찾을 수 있는 길을 찾지 못하고 있는 형편이다.

4) 현대사회에서 유교개혁의 과제

①현대의 상황: 20세기에 들어서면서부터 오늘날까지 서구문명의 급속한 전파로 한국사회는 변화의 격동을 겪어야 했고, 유교전통은 혹독한 비판을 받으며 심한 단절을 겪어야 했다. 오늘의 고도산업사회는 서구문명에 기반을 두고 있으며, 근대화와 산업화 과정에서 유교전통은 걸림돌로 인식되어 배제당해 왔다. 또한 오늘의 한국유교는 아직도 전통의 타성에 안주하여, 개혁의 방향을 찾지 못하고, 서구문명에 이끌

려가는 한국사회에서 서서히 사라져가고 있는 형편이다. 오늘날 "한국사회에 아직도 유교가 살아 있는가?"라는 의문이 제기되는 것은, 그만큼 한국유교가 신념도 활력도 잃고 있음을 말한다.

②개혁의 길: 서구문명이 한국사회에 또 다른 문제를 불러일으키자, 유교전통에 대한 관심이 다시 살아났지만, 과연 한국유교가 다시 살아날 수 있는 길이 무엇인지 묻지 않을 수 없다. 오직 유교전통의 과오를 철저히 개혁하고, 현실사회를 효과적으로 이끌어갈 수 있는 유교적 가치와 도덕규범을 찾아 실천하는 것만이 유교가 다시 살아나는 길이라 하겠다.

"허물이 있으면 고치기를 꺼리지 말라."(過則勿憚改,〈『논어』1-8〉)는 공자의 가르침을 따라, 반성과 혁신으로 자기향상을 쉬지 말아야한다. 전통의 모든 폐단은 유교의 책임임을 각성할 때 개혁의 길이 열릴 수 있다. 다만 시대에 따른 변혁은 지혜로운 판단력과 결단의 용기를 필요로 한다. 만약 한국유교가 개혁을 통해 현대사회에서 활발하게 살아난다면, 오늘의 한국사회가 안고 있는 문제들을 해결하는데 유교가 기여할 수 있는 길도 열려있을 것이다.

가장 큰 문제는 유교가 현대화하는 것이다. "시대를 따라 변혁해야 한다."(隨時變易,〈「伊川易傳序」〉)는 변혁논리는 유교의 기본원리이다. "진실로 날로 새로워져야 하고, 날로 날로 새로워져야 하며, 또 날로 새로워져야 한다."(苟日新, 日日新, 又日新,〈『대학』2:1〉)는 탕(湯)임금의 욕조에 새겨진 말씀의 가르침을 따라, 끊임없이 혁신함으로써만 유교의 생명력을 살려낼 수 있어야 한다. 유교적 가치를 오늘의 현실에 맞게 개혁한다면 한국사회의 건강한 발전에 유교가 적극적으로 기여할 수 있을 것이요, 또한 고도의 기술개발에 따라 사회의 불안정이 가중되고 있는 문제를 해결한다면, 유교적 가치는 사회적 안정에 기여할 수 있을 것으로 보인다.

③개혁의 과제: 유교전통의 개혁을 위한 구체적 과제를 찾아간다면, 무엇보다 먼저 포용하는 열린 마음을 회복하여야 한다. 조선시대 유교전통이 일으켰던 가장 심각한 폐단은 배타적 정통주의와 당파의 분열이라 할 수 있다. 배타적 정통주의는 다양성을 받아들이지 못하고, 당파의 분열은 화합과 협력을 불가능하게 한다. 화합할 줄을 모르는 분열현상은 오늘의 한국사회에서도 쉽게 찾아볼 수 있으니, 포용의 열린 마음이 유교의 건강한 생명을 지킬 수 있는 방법이라 하겠다.

유교에서 "이로움은 의로움과 조화를 이루는 것이다."(利者, 義之和也.〈『주역』, 乾卦, 文言〉)라 하며, 또 "이익을 만나면 의로움을 생각해야 한다."(見利思義〈『논어』14-12〉)고 하여, 진정한 이익은 의로움과 일치되어야 한다는 원칙을 각성함으로써, 유교도덕이 오늘의 경제활동을 건강하고 올바르게 이끌어 갈 수 있어야 한다. 현대사회의 대량생산과 대량소비는 인간의 욕망을 해방시켜 과도하게 분출하는 문제를 발생시켰다. 이에 비해 분배를 고르게 하고 사회를 안정시키는 것을 경제운영의 기준으로 삼았던 유교의 가치관은 현대사회의 병폐를 치료하는 역할을 할 수 있을 것으로 보인다.

또한 사람에게는 내면의 인격도 중요하지만, 사람과 사람이 서로 어울림으로써 온전한 삶을 이룰 수 있다. 현대사회에서 개인주의로 발생하는 고립화를 해소하는데 유교적 공동체 윤리가 기여할 수 있으며, 오늘의 산업사회에서 발생하는 인간소외와 자연파괴의 문제는 유교의 인도주의와 상생론이 풀어갈 수 있을 것으로 보인다. 유교의 의례와 제도는 윗사람 중심이나 남자 중심의 의례에서 벗어나, 모두가 함께 어울리는 평등사회의 의례로 개혁되어야 하며, 고통 받는 이웃을 보살피는 의례로 개혁되어야 하는 것이 유교 의례와 제도가 현대화로 가는 방향이다.

④새로운 유교정신: 오늘의 한국유교에 부여된 기본과제는 유교정신을 새롭게 각성하여 자신을 개혁하고 공동체의 화합을 실현하는 일이라 하겠다. 곧 '사랑'(仁愛)으로 남을 포용할 수 있어야 하고, 의리(義)로 인간과 사회를 정당하게 지킴으로써, 공동체의 강건함과 품격을 확보할 수 있어야 한다. 또한 유교는 '한마음'(恕)을 기반으로 '사랑'(仁)으로 서로 포용하고 화합하며, '믿음'(信)으로 갈등과 대립을 풀어가는 중요한 역할을 할 수 있어야 한다. 나아가 자연파괴가 극심한 오늘의 현실에서, 유교는 자연과 인간이 조화를 이루어 상생(相生)하는 길을 찾아내어야 한다

예의도 염치도 무시하고 이익만을 추구하는 오늘의 사회풍조에서, 유교는 '예법'과 '의리'를 새롭게 각성하여, 현대사회를 품위 있는 사회로 이끌어가야 할 임무가 있다. 현대사회에서 유교의 가장 시급한 임무는 건강한 도덕의식을 회복하고, 서로 화합하는 사회기풍을 살려내는 것이라 하겠다. 유교가 저지른 전날의 과오와 실패를 과감하게 개혁함이 바로 현대사회에로 나아가는 첫걸음이요, 역사에서 이루었던 유교의 공적도 살려내는 일이 될 수 있다.

5) 한국유교의 오늘과 내일

①중용(中庸)이 개혁의 원리: 한국유교가 개혁을 하거나 수호를 하거

나 유교정신의 기본원리는 '중용'임을 잊지 말아야 한다. '중용'은 양극단까지 포용하고, 시대현실 속에서 합리적으로 조화시키는 원리인 '시중'(時中)이다. 따라서 유교의 개혁과 활용이 '중용' 곧 '시중'의 원리를 벗어나면 폐단을 일으키게 되는 것이 사실이다. 개혁은 그 실현도 쉬운 일이 아니지만, 대중의 공감을 불러일으키는 것은 더욱 어려운 일이다.

②내일은 오늘의 토대 위에 열린다: 한국유교가 내일에 나아갈 방향을 올바르게 인식하기 위해서도 현실에 확고하게 뿌리를 내릴 수 있어야 한다. 한국유교의 내일을 얼마나 멀리 내다 볼 수 있는지는 어제의 역사적 경험을 얼마나 철저히 성찰하고, 오늘의 현실을 얼마나 효율적으로 활력 있게 이끌어 가느냐에 달렸다. 과거의 행적에 끝없이 변명이나 하고, 현재의 문제를 무기력하게 방관하는 유교는 이미 생명을 잃은 골동품이 되고 말았으니, 내일을 말할 자격이 없다고 하겠다.

제3부

다산 사상의 이해

1. 유교의 기본개념(心·性·天)에 대한 다산의 재해석

1) 문제

인간에게는 육신이 있고, 그 속에 있는 마음(心)과 성품(性)은 내면을 이루는 중요한 구성요소로 볼 수 있다. '육신'이야 우리가 볼 수 있고 만질 수 있으니, 구체적으로 알 수 있지만, 내면에 있는 '마음'을 제대로 알기는 참으로 어렵다. 더구나 우리가 태어나면서 '하늘'(天)로부터 부여받았다는 '성품'을 알기는 더욱 어렵다. 하물며 성품의 근원인 '하늘'을 알기가 너무 어렵다.

> "자기 마음을 다 하는 자는 자기 성품을 알고,
> 자기 성품을 알면 하늘을 안다."
>
> (盡其心者, 知其性也. 知其性, 則知天矣.〈『맹자』13-1:1〉)

'마음'(心) · '성품'(性) · '하늘'(天)에 관한 이해는 학자들의 해석에 따라 다양한 이론으로 나타나고 있다. 따라서 새로운 해석이나 이론이 끊임없이 등장하게 된다. 이처럼 하나의 실재에 대해 여러 가지 해석과 이론이 나오는 것은 그만큼 단순하게 이해하기가 어렵다는 사실을 보여준다. 비록 어떤 이론에 따라서 실재를 이해한다 하더라도, 그 해석이 절대적이고 유일한 진리라 고집하는 것은 독선이요, 올바른 자세라 할 수 없다. '마음'·'성품'·'하늘'에 대한 이해 가운데 가장 선명하게 대조를 이루는 두 가지 중요한 해석으로 남송(南宋)의 주자(朱子: 晦菴 朱熹)와 조선의 다산(茶山 丁若鏞)이 제시한 해석을 비교해서 검토하는 것도 의미있는 일이라 하겠다.

2) 마음(心)

먼저 인간의 내면인 '마음'(心)은 결코 알기 쉬운 문제가 아니다. 우리 속담에, "열 길 물속은 알아도, 한 길 사람 속은 알 수 없다."고 한 말에서도 잘 드러나고 있다. 사실 남의 마음을 알기가 어려울 뿐만 아니라, 자기 마음을 알기도 어려운 것은 마찬가지다.

'마음'에 대한 정의에서도 상당한 차이를 드러내고 있다. 먼저 주자는 '마음'을 '사람의 신명'(心者, 人之神明.〈『사서집주』, 孟子, 盡心上〉)이라 정의하여, '마음'과 '신명'을 일치시키고 있다. 이에 비해 순자(荀子)는 "신명의 주인이다."(神明之主也.〈『荀子』, 解蔽〉)라 하여, '마음'이 '신명'의 주인이라면 '마음'은 '신명'을 통제하는 주체라는 말이다. 나아가 다산은 '마음'을 "사람의 신명이 머무는 집이다."(吾人神明之所宅也.〈『孟子要義』〉)라 하여, '신명'이 주인이요, '마음'은 '신명'이 머무는 공간일 뿐이라 보고 있다.

여기서 '마음'과 '신명'의 관계에 대한 인식에서는 주자는 둘이 일치하는 것으로 보고, 순자는 '마음'을 주인으로 보는가 하면, 다산은 '신명'을 주인으로 보기도 하는 등, 상당한 차이를 드러내고 있는 사실이 주목된다. 곧 '신명'이 지각과 사유기능을 위주로 일컫는 것이라 보고, '마음'은 감각 · 지각 · 감정 · 의지 · 사유 등 의식의 작용 전체를 묶어서 가리키는 명칭이라 하여 마음과 신명을 동일한 것으로 보기도 하고.(주자) 이에 비해 마음이 '신명'을 통제하는 주체라 하여 마음을 신명 위에 올려놓기도 하고(순자), '신명'을 주인으로 인식하여 '마음' 위에 올려놓기도 한다.(다산). 이렇게 서로 다른 세 가지 견해 가운데 어떤 견해가 옳고 어떤 견해가 그른지를 판정하는 것은 의미가 없다. 다만 어떤 견해가 인간존재에서 '마음'을 어떻게 이해하고 있는지를 이해하는 것이 중요하다.

일반적으로 유교전통에서 사람이 살아있을 때의 '마음'을 죽은 뒤에는 '혼'(魂)이라 일컬어지며, 이 '혼'은 죽은 뒤에 일정기간 존속한다고 본다. 그러나 유교 전통에서 '마음'이 육신과 깊이 연결되어 있는 것으로 보는 견해와는 달리, 그리스도교 전통에서는 육신을 넘어서 존재하며 죽은 뒤에도 영원히 존속하는 '영혼'의 존재를 중시하고 있다. 다산이 말하는 '마음'의 주인으로서 '신명'은 그리스도교전통의 '영혼'개념과 매우 유사한 것으로 이해할 수 있다.

'마음을 다한다.'(盡心)는 말의 뜻에 대해서도, 주자는 '마음을 다 밝혀낸다'는 '궁구'(窮究)의 뜻으로 해석하지만, 다산은 '마음의 역량을 다 기울인다'(竭心力)는 '실현'의 뜻이라 해석하고 있다. 그만큼 '마음'을 인식의 대상으로 보는 관점과 실현의 대상으로보는 관점의 차이에 따라, '마음'을 이해하는 관심의 출발점에서부터 주자와 다산의 견해가 뚜렷하게 다르다는 사실을 인정하지 않을 수 없다.

3) 성품(性)

　다음으로 '성품'(性)을 이해하기 위해서는, '성품'과 '성품'이 깃들어 있는 '마음'이 어떻게 연결되고 있는 것인지를 살펴보아야 한다. 이와 더불어 '성품'과 '성품'이 근원하는 '하늘'이 어떠한 관계인지도 확인해볼 필요가 있다. 또한 '성품'이 밖으로 실현되었을 때 드러나는 '도리'(道)나 '덕성'(德)의 양상도 점검해 보고자 한다.

　『중용』의 첫머리에서 "하늘이 내려주신 것을 '성품'이라 하고, '성품'을 따르는 것을 '도리'라 한다."(天命之謂性, 率性之謂道)고 언급한 구절은 유교경전에서 '성품'을 이해하는데 가장 중요한 기준이 되고 있다. 곧 '성품'이란 하늘에서 부여받은 것이라 하였으니, 내재하는 '성품'(性)과 초월적인 '하늘'(天)은 본질적으로 일치하지만, 그 놓여있는 자리가 다르다 하겠다. 동일한 존재이지만, 인간을 초월하여 존재하는 것이 '하늘'이요, 인간의 마음속에 깃들어 있는 것이 '성품'이라는 말이다. 이와 더불어 '성품'을 따라 실현하면 '도리'(道)가 드러난다는 말은, 사람이 살아가면서 지켜야 하는 기준으로서 '도리'는 사람의 '성품'을 따르며, 동시에 '하늘'을 따르는 것임을 확인해준다.

　주자는, "마음이란 사람의 '신명'으로, 모든 이치(理)를 갖추어 있어서, 모든 일에 대응하는 것이요, 성품이란 마음에 갖추어져 있는 이치이다."(心者, 人之神明, 所以具衆理而應萬事者也, 性, 則心之所具之理.〈『사서집주』, 孟子, 盡心上〉)라 하였다. 곧 마음에 모든 '이치'(理)가 들어 있는데, '마음'에 갖추어져 있는 '이치'가 바로 '성품'이라는 말이다. 여기서 '성품'을 '이치'라 보는 까닭은 '하늘'이 '이치'라는 전제 위에서, '하늘'에서 부여된 '성품'도 '이치'임을 확인하고 있다. 주자는 '하늘'과 '성품'을 불변의 진리를 확보할 수 있는 근거로 '이치'를 찾아내고, 이를 자신의 철학적 기반으로 삼았던 것이다.

그러나 다산은 주자의 견해를 정면으로 비판하고 있다. 다산은 '성품'이란 "(선을 좋아하고 악을 싫어하는) 기호(嗜好)를 위주로 말한 것이다."(性者, 主於嗜好而言.〈『孟子要義』〉)고 하였다. 따라서 다산은 '성품'을 '마음'속에 갖추어져 있는 '이치'로 보는 주자의 견해를 전면적으로 거부하고, '마음'이 지닌 성질로서 선을 좋아하고 악을 싫어하는 '기호'(嗜好)를 '성품'으로 보았다. '성품'이 선을 좋아하고 악을 싫어하는 기호라면, 선을 실행할지 실행하지 않을지는 인간의 자유에 맡겨져 있지만, 선에로 향할 수 있는 마음의 경향성을 '성품'이라 한 것이다. 그만큼 인간과 하늘은 일체라는 인식이 아니라, 하늘의 초월성이 강조되는 것이다. 인간에게는 단지 하늘의 명령이 주어져 있을 뿐이요, 그 명령을 실행하였는지의 여부에 따라 하늘의 심판을 받을 수밖에 없는 처지에 놓여 있다고 본다.

'성품'을 '이치'로 볼 것인지, '기호'로 볼 것인지에 따라, 인간존재의 성격이 달라지고, 인간과 하늘의 관계가 달라지는 대전환이 일어나게 된다. 주자를 따라 '성품'을 '이치'로 보면, '하늘'과 '성품'이 동일한 '이치'이니, 그 '이치'를 밝히고 알아내는 '인식'이 인간의 근본과제가 될 수밖에 없다. 그러나 다산을 따라 '성품'을 '기호'로 본다면, 현실의 모든 일에서 선을 좋아하고 악을 싫어하는 '기호'인 '천명'을 실현하는 '실행'이 인간의 근본과제가 될 것이다.

4) 하늘(天)

'하늘'(天)이란 인간과 만물은 물론 공간과 시간도 초월한 지극히 크고 지극히 높은 궁극존재이다. 그러나 궁극존재로서 '하늘'이 지닌 성격을 이해하는 시각은 엄청난 차이를 드러내고 있는 것이 사실이다.

정자(程子)는 "마음과 성품과 하늘은 하나의 이치이다. 이치로부터 말하면 '하늘'이라 하고, 부여받음으로부터 말하면 '성품'이라 하고, 사람에 간직됨으로부터 말하면 '마음'이라 한다."(心也 · 性也 · 天也. 一理也. 自理而言謂之天. 自稟受而言謂之性. 自存諸人而言謂之心.〈胡炳文,『四書通』〉)고 하였다. 마음과 성품과 하늘이 다 같은 '이치'인데, 단지 이치 자체는 '하늘'이요, 이치가 인간의 마음에 부여되었다는 사실에서 '성품'이요, 인간이 이치인 '성품'을 간직하고 있다는 사실에서 '마음'이라고 구별하고 있다.

불변하는 진리의 기준으로서 '이치'가 하늘로부터 인간이 지닌 마음에 내려온 성품에 이르기까지 하나로 꿰뚫고 있다면, 이 세계는 정연한 질서를 세울 수 있는 근거가 확보되어 있음을 말해준다. 또한 선악의 가치 기준이 확고하게 수립되어, 개인이나 사회가 지향해 가야 할 하나의 방향이 분명하게 확인되고 있음을 말하고 있다. 진리와 가치의 기준이 수립될 수 있으면, 온갖 혼란과 무질서를 벗어날 수 있는 길이 열리게 된다는 사실을 말한다.

그러나 다산은 모든 것을 하나의 이치에 귀결시키려는 성리학의 기본 입장에 대해 선승(禪僧) 조주(趙州 從諗)의 '만법귀일설'(萬法歸一說)과 다름이 없다고 비판하였다. 여기서 다산은, "무릇 '이치'란 어떤 물건인가? '이치'에는 사랑과 미움이 없고, '이치'에는 기쁨과 노여움이 없으니, 텅비고 아득하며 이름도 없고 실체도 없는데, 우리 인간이 이를 부여받아 '성품'으로 받아서 지닌다고 말한다면, 역시 도리로 삼기에 어렵겠다."(夫理者何物.理無愛憎.理無喜怒.空空漠漠.無名無體.而謂吾人稟於此而受性.亦難乎其爲道矣.〈『孟子要義』〉)라 하여, 성리설을 비판하였다. 다산은 '이치'란 감정도 실체도 없는 막연한 관념적 존재이니, '하늘'이 될 수도 없고, '성품'이나 '마음'이 될 수도 없음을 강조함으로써, '하늘'과 '이치'를 일치시키는 논리를 단칼에 끊어내고자 하였다.

　　다산은 "'하늘'의 주재가 '상제'(上帝)인데, '하늘'이라 말하는 것은 '나라의 임금'을 '나라'로 일컫는 것과 같다."(天之主宰爲上帝.其謂之天者.猶國君之稱國.不敢斥言之意也.〈『孟子要義』〉)고 하여, '하늘'은 '상제'를 감히 직접 가리키지 못하고 그 계신 곳을 가리키는 것이라 확인하고 있다. 이러한 언급은 마테오 리치의 『천주실의』에서 그대로 끌어온 말이다. 또한 다산은 "천하에 영명(靈明)함이 없는 사물은 주재가 될 수 없다.…하물며 텅 비어 아득한 '태허'(太虛)나 '하나의 이치'(一理)가 천지만물의 주재와 근본이 되어 천지 사이의 일을 구제할 수 있겠는가."(凡天下無靈之物.不能爲主宰.…況以空蕩蕩之太虛一理.爲天地萬物主宰根本.天地間事.其有濟乎.〈『孟子要義』〉)라 하여, 주재자인 '상제'는 영명한 지각능력과 감정이 있는 인격신적 존재요, 영명함이 없는 '태허'나 '이치'는 주재자가 될 수 없음을 분명하게 밝히고 있다.

5) 이치로서의 마음과 신앙적 마음

결론적으로 말하면, 하늘과 성품과 마음을 하나의 이치로 관철하고 있는 성리학에서는 하나의 질서와 가치기준으로 정립된 합리적 세계관을 제시하고 있다. 이에 비해 다산은 하늘(上帝)을 영명한 주재자로, 마음은 하늘의 주재를 따를 수도 있고 거스를 수도 있는 의지의 자율성으로 인식하며, 성품은 하늘에서 마음에 부여한 선을 좋아하고 악을 싫어하는 마음의 경향성으로 제시하였다. 따라서 인간이 하늘을 주재자로 받들어 섬겨야 하는 신앙적 세계관을 제시하고 있다. 여기서 성리학의 견해와 다산의 견해 가운데 어느 쪽이 옳다고 선택할 문제는 아니다. 각각의 특성을 이해하는 것이 중요한 과제라 하겠다.

'이치'를 근원으로 삼아 전체를 관통하는 세계관은, 변동을 억제하고 안정을 지향하는 정적(靜的) 세계관이라 할 수 있다. 이에 비해 하늘의 주재 아래 마음의 자율성을 전제로 하는 신앙적 세계관에서는 모든 가치가 행동을 통해 실현되는 것으로 보는 동적(動的) 세계관이라 할 수 있다. 물론 '이치'를 기준으로 하는 합리적 세계관에도 장점이 있고, 단점이 있는 것처럼, '상제'를 두려워하는 신앙을 기준으로 하는 신앙적 세계관에도 또 다른 장점이 있고 단점이 있기는 마찬가지라 하겠다.

합리적이고 이성적인 세계관과 정감적이고 신앙적인 세계관이 어느 한 쪽으로 고착될 때 더욱 심한 폐단이 발생하게 된다는 사실은 역사를 통해 실증되었던 것이라 하겠다. 그렇다면 바람직한 것은 합리적 세계관과 신앙적 세계관이 균형을 이루고, 서로 소통하며 상호보완 기능을 발휘할 수 있을 때 가장 바람직한 삶의 가치와 세계의 질서가 실현될 수 있을 것이라 보인다.

2. 다산(茶山)과 오규소라이(荻生徂徠)의 『중용』 이해

1) 들어가며-한국과 일본의 유교사상 교류

한국사상사의 시야에서 보면, 병자수호조약(丙子修護條約, 1876) 이전 한국과 일본 사이에 유교사상의 교류는 세 번의 중요한 계기가 있었던 것으로 보인다. 첫 번째는 4세기에 백제(百濟)의 왕인(王仁)이 유교 내지 한학(漢學)을 일본에 전수했다는 사실이요, 두 번째는 17세기 이후 퇴계(退溪 李滉)의 도학(道學: 朱子學)사상이 일본유학자들 사이에 받아들여져 중시되었다는 사실이며, 세 번째는 19세기 초에 다산(茶山 丁若鏞)이 오규 소라이(荻生徂徠)를 비롯한 일본 고학파(古學派)의 경전 해석을 비판적으로 검토하면서 높이 평가했다는 사실이다.

(1) 왕인의 도일(渡日):

백제 제13대 근초고왕(近肖古王, 재위 346-375)의 사신으로 아직기(阿直岐)가 일본에 가자, 당시 일본의 응신천황(應神天皇)은 그가 경전에 밝은 사실을 알고 태자(太子: 菟道稚郎子)의 스승으로 삼았다 한다. 그후 아직기는 태자의 스승으로 백제의 오경박사(五經博士) 왕인을 추천하였고, 일본의 요청에 따라 근초고왕은 왕인을 일본에 파견하여, 태자의 스승이 되게 했다 한다. 32세의 왕인은 일본에 건너갈 때 『논어』10권과 『천자문』1권을 가지고 갔으며, 일본천황의 요청으로 군신(君臣)들에게 경서와 역사를 가르쳤고, 그의 자손들은 대대로 일본 하내(河內)에 살면서 역사기록을 맡았다 한다.

왕인의 사적(事跡)은 한국의 역사서에 기록이 없고, 일본의 『고사기』(古事記: 왕인을 화이길사[和邇吉師]라 기록함)와 『일본서기』(日本書記)에 기록이 남아있다. 일본에서는 예로부터 박사 왕인을 높여 왔으며, 1937년 동경 우에노(上野)공원에 '박사왕인비'(博士王仁碑)를 세웠는데, 이 비문에 "박사 왕인은 공자가 죽은 지 760년후 조선 땅에서 태어나 일본 황실의 태자들에게 충신효제(忠信孝悌)의 도리를 가르쳐 널리 일본국내에 전수하여 1653년간 계승시켜 오고 있다."고 적혀 있다 한다. 근래에 한국에서도 왕인을 높여 영암군(靈巖郡)에는 그 족적(足跡)이 확인되고 제향(祭享)도 드려지고 있다.

(2) 퇴계의 영향:

퇴계의 유학사상이 일본에 미친 영향은 다양하게 나타나고 있다. 일본의 주자학자로 하야시 라잔(林羅山, 1582-1657)은 『이정치교록』(二程治敎錄)을 짓고, 그 발문(跋文)에서 퇴계의 견해를 끌어들여 자신의 주장을 뒷받침하였다 한다.(權相一의 『觀書錄』) 또한 1719년 사신의 일행으로 일본에 갔던 신유한(申維翰)이 일본에서 퇴계를 가장 높이고 있는 사실과『퇴계집』(退溪集)이 오오사카(大坂)에서 새로 간행되어 많은 사람들이 강론하고 있는 사실이나, 유생(儒生)들과 필담(筆談)을 할 때에 질문의 항목이 반드시『퇴계집』속의 말을 최고의 이치로 삼고 있는 사실을 언급하였음을 소개하였다., 또 일본의 승려 임정(林靜)이『퇴계집』을 읽고 지은 시(詩)에서 "충(忠)과 서(恕), 명(明)과 성(誠)을 그대 이미 통달했으니/ 해동 천지에 제일의 장부라네"(忠恕明誠公已達, 海東天地一男兒)라고 읊어 극진하게 찬양하고 있음을 보여준다.

나아가 일본의 퇴계학자라 할 수 있는 야마자키 안사이(山崎闇齋, 1618-1682)의 학맥에 속하는 스구리 교쿠스이(村士玉水, 1728?-1776)가 퇴계의 편지를 가려뽑은『퇴계서초』(退溪書抄)를 편찬하였고, 역시 야마자키 안사이 학맥에 속하는 고가 세이리(古賀精里, 1749-1817)는『퇴계서초』의 서문에서 오랫동안 퇴계의 저술을 구하려고 애쓰다가 일본에서 간행된 퇴계의『자성록』(自省錄),『주서절요』(朱書節要),『성학십도』(聖學十圖)만 보았는데, 마침내 베껴 쓴『퇴계집』을 읽고서는, "그 학문의 순수함과 노력의 친절함에 감탄하며, 참으로 스승으로 삼을 만하다. 그 겸허하고 깊으며 정밀하고 순수한 기상이 종이와 먹 사이에 가득 넘쳐흘러서, 비루하고 인색하고 교만한 병통에 넉넉히 침을 놓아주니, 두려워하여 얼굴빛을 고치지 않을 수 없었다."고 하여,『퇴계집』에서 받은 깊은 감동을 표현하고 있다.

또한 이 서문에서 "선생(退溪)이『주서절요』를 편집하여 주자의 마음을 얻을 수 있어서 다행히 후학을 가르칠 수 있었으며, 이제 이 책(『退溪書抄』)은 이를 본받은 것이요, 교쿠스이옹(玉水翁)이 선생을 믿는 것은 선생이 주자를 믿는 것과 같은 것이다."라 하여, 퇴계가 주자를 계승하고, 스구리 교쿠스이는 퇴계를 계승하는 학풍의 연속성을 확인하고 있

다. 이처럼 일본에서 퇴계는 주자학으로 들어가는 길잡이요 기준으로
존중되었던 사실을 확인할 수 있다.

(3) 다산의 일본 고학(古學)인식:

조선후기 실학을 집대성한 학자로 일컬어지는 다산(茶山 丁若鏞,
1762-1836)은 당시 조선 지식인들 사이에 관심에서 배제되다시피 했던
일본 유학사상에 적극적인 관심과 이해를 보여준 사실이 주목된다. 다
산이 접할 수 있었던 일본유학자의 사상은 일본 고학파(古學派) 거장인
오규 소라이(荻生徂徠, 1666-1728)의 견해로, 그의 제자 타자이 슌(太
宰純)의『논어고훈외전』(論語古訓外傳)에서 인용된 부분에 제한된 것
이다.

다산의 일본 유학사상에 대한 인식은 비록 매우 한정된 자료에 불과
하지만, 깊은 통찰력을 보여주었다는 점에서 중요한 의미가 있다. 또한
다산의 일본 유학사상에 대한 인식이 조선사회에 알려지지 못했지만,
다산이라는 비중 큰 학자가 일본 고학(古學)에 깊은 인식을 보여주었다
는 사실은 중대한 의미가 있다.

여기서는『중용』(中庸) 이해를 통해 다산과 오규 소라이의 유교사상
인식의 특성과 차이를 보다 뚜렷하게 확인하고자 시도해 보았다. 비록
다산이 오규 소라이의 주석인『중용해』(中庸解)를 전혀 언급한 일이 없
지만, 그 사유의 유사성과 차이에서 좋은 대조를 이루기 때문에 두 사상
가의 경학적 성격을 해명하는데 좋은 경우라 보인다.

2) '도'(道)의 근원으로서 '천'(天)과 '성'(性)의 인식
–다산과 오규 소라이의 『중용』이해(1):

(1)『중용』에 대한 기본적 인식태도;

먼저 다산은 『중용』에서 '성인의 마음속에 쌓인 도덕'을 파악할 것을 제시함으로써, 내면적 도덕성을 강조하고 있다. 그런데 오규 소라이는 『중용』이 노장(老莊)에 의해 어지럽혀진 성인의 '도'를 방어하기 위한 저술로 규정하면서, "선왕(先王)의 '도'는 천하를 편안하게 하는 것이다."(夫先王之道, 所以安天下也)라는 언급에서처럼, 천하를 다스리는 치도(治道)를 중시하였으며, 동시에 이러한 성인의 '도'를 제도로 인식하고 있다. 이러한 『중용』의 기본성격에 대한 인식의 차이는 다산과 오규 소라이의 『중용』해석의 전반에서 드러나는 사실임을 주목해야할 것이다.

(2) "하늘이 부여한 것을 성품이라 한다."(天命之謂性.<『중용』1;1>)에 대한 인식:

다산은 "'성'(性)은 '심'(心)이 기호(嗜好)하는 것이다. …인간이 잉태되면 하늘은 영명(靈明)하고 무형(無形)한 실체를 부여하며, 이것은 선(善)을 좋아하고 악(惡)을 미워하며, 덕을 좋아하고 오욕(汚辱)을 부끄러워하니, 이것을 '성'이라 하고, 이것을 '성선'(性善)이라 한다"(據性字本義而言之, 則性者心之所嗜好也. …蓋人之胚胎旣成, 天則賦之以靈明無形之體, 而其爲物也, 樂善而惡惡, 好德而恥汚, 斯之謂性也, 斯之謂性

善也.(『中庸自箴』))라 '성'을 정의하였다. 곧 하늘이 인간에게 부여한 '영명하고 무형한 실체'(靈體: 心)가 지닌 선을 좋아하고 악을 미워하는 성향의 기호를 '성'으로 확인하였다. 따라서 그는 '성'을 이치(理)로 해석하는 성리학의 견해를 정면으로 거부하고 있다.

이에 비해 오규 소라이는 "'성'이란 성질이요, 사람의 성질은 하늘이 내려주셨으니, 그래서 '하늘이 명(命)한 것을 성이라 한다'고 말한다."(性者, 性質也, 人之性質, 上天所畀, 故曰天命之謂性.〈『中庸解』〉)고 하였다. 또한 소라이는 '성'을 '성질'이요 특히 '사람의 성질'은 태어나면서 부여되었다는 뜻에서 하늘로부터 받은 것으로 확인한다. 다산이 '성'을 '기호'라 규정한 것과 소라이가 '성'을 '性質'이라 규정한 것은, 주자처럼 '성'을 '이치'(理)라 규정하지 않은 점에서 공통된다. 다만 다산은 주자와 차이를 선명하게 드러내지만, 소라이는 노장(老莊)의 자연주의적 사유와 상반됨을 강조하는 특징을 드러내고 있다.

그런데 소라이는 '천'(天)의 존재에 대해 매우 소극적 태도를 보여준다. 곧 "'천'에 근본하고 '성'에 근본한다는 것은 '중용'의 덕이 인정에서 멀리 떨어진 것이 아님을 말하여 거짓되지 않음을 밝히는 것이다."(祇本天本性, 言中庸之德不遠人情, 以明其非僞.〈『中庸解』〉)라 언급하였다. 이처럼 소라이에서 '천'은 '인정'(人情)의 진실성을 담보하는 근거로 보고 있다. 이에 비해 다산에서 '천'은 인간을 감시하고 상벌을 내리는 '인격신'으로 인식하고 있다.

또한 다산은 '성을 따른다'(率性)는 의미도 '성'이 '천'에서 부여된 것임을 강조하여,. "이 '성'이 하고자 하는 것을 어기고 이 '성'이 부끄러워하는 것을 행하는 것은 이것이 '천명'을 태만히 하고 '천명'을 거스르는 것이니, 죄가 하늘에 통한다."(違此性之所欲, 行此性之所愧, 此是慢天命

逆天命, 罪通于天矣.『〈中庸自箴』)고 지적하였다. 따라서 '성'을 따르지 않는 것은 바로 '천'에 죄를 짓는 것이라 봄으로써, '성'을 통해 '천'에 순응함을 도리의 기준으로 확인하고 있다.

이에 비해 소라이는 "세상을 권유하는 말은 한 가지 실체에 밝지만 두루 미치지 못하고, 이치가 두루 미치면 그 말이 엄격하고 간결할 수가 없다. 엄격하고 간결하지 못한 말은 대중이 듣도록 권장하기에 부족하다. 이것은 그 말이 한쪽으로 치우침을 면치 못하는 것이니 순자(荀子)의 비난을 불러왔다."(勸世之言, 晰乎一體而未周焉, 理周者其言不峻潔焉, 不峻潔者不足以聳衆聽焉. 此其言所以未免失乎一偏, 而來荀子之譏也.〈『中庸解』)고 하였다. 따라서『중용』을 지은 자사(子思)가 성인의 '도'를 변호하기 위해 부득이 '천'과 '성'에 근본하여 세상을 권유하는 말을 하지만, 그것은 처음부터 한계가 있음을 지적하면서, 순자가『중용』을 지은 자사를 비판했던 사실을 끌어들이고 있다. 이점에서『중용』을 철저히 신봉하는 다산의 태도와는 좋은 대조를 이루고 있다.

3)『중용』의 '치도'(治道)에 대한 인식

--다산과 오규 소라이의『중용』이해(2):『중용』의 '치도'는 크게 보면 ①'치도'의 원리를 파악하는 문제와, ②'치도'의 실천과제를 밝히는 문제의 두 단계로 해명해볼 수 있다.

(1) '치도'의 원리:

소라이는 '도'를 정의하여, "옛 성왕(聖王)이 세운 것으로 천하 후세의 사람으로 하여금 이를 말미암아 행하게 하고, 자기도 이를 말미암아 행한다.…'효제'(孝悌)와 '인의'(仁義)로부터 '예악'(禮樂)과 '형정'(刑政)에 이르기 까지 합하여 이름붙였으므로 통합한 명칭이다."〈『辨名』, 道〉라고 하여, 성왕(聖王: 聖人)이 세운 실행해야할 법도로 제시하였다. 그만큼 '도'는 '효제'와 '인의'의 도덕규범으로서의 성격과 더불어 '예악'과 '형정'이라는 '치도'로서의 성격을 분명하게 확인하고 있다.

　이에 비해 다산은 "'중용의 도'를 행하고자 한다면 '서'(恕)가 아니면 할 수가 없으니, 하나의 '서'자로 만사와 만물을 꿰뚫을 수 있다."〈『中庸自箴』〉라 하고, '서'의 원리를 구체적으로 제시하여 '사람으로써 사람을 다스린다'(以人治人)는 것이라 언급하였다. 또한 다산은 '사람으로써 사람을 다스린다'는 말에서 '다스림'(治)'이란 백성을 다스림(治民)이나, 죄를 다스림(治罪)의 경우처럼 '다스린다'는 뜻이 아니라, 직무를 담당함(治職)이나 일을 처리함(治事)의 경우처럼 '담당한다' 혹은 '처리한다'는 뜻으로 보았다. 따라서 그는 어버이를 섬기고 임금을 섬기는 일도 모두 '치인'(治人)하는 것이라 하여, '치인'을 '사람을 다스린다'는 뜻이 아니라 '사람을 섬긴다'(事人)는 뜻으로 해석하고 있다.〈『中庸講義補』〉 그만큼 '치도'(治道)는 대상으로서 사람 혹은 백성을 어떻게 다스릴 것인가의 문제에 앞서서 나의 주체적 태도를 어떻게 정립할 것인가 하는 문제에 철저한 주의를 기울이고 있음을 보여준다.

　이처럼 다산이 '도'를 '사람의 도'(人道)로서 나에게 있다하여, '도'의 근거를 주체로 인식하는 것과 달리, 소라이는 '도'를 '선왕의 도'라 규정하여, '도'의 기준을 객관적 법제에서 찾고 있는 차이를 보여준다.

(2) '치도'(治道)의 실천과제:

　'치도'의 실현을 위해 『중용』(29:3)에서는 '자신에 근본하고'(本諸身), '서민에 징험한다'(徵諸庶民)는 것을 '치도'의 확립방법으로 제시하고 있다. 여기서 다산은 '서민에 징험한다'는 것을 "천하의 사람은 그 성품이 모두 같으므로, 자신의 성품을 다 실현하는 자는 남의 성품을 다 실현할 수 있으니, 한 사람 한 사람이 모두 천명을 받았음을 알 수 있다."〈『中庸自箴』〉고 해석하였다. 곧 나와 남이 모두 '천명'을 부여받은 같은 '성품'을 지닌 존재이므로, 백성들 속에 '도'를 징험할 수 있다는 것이다. 이에 비해 오규 소라이는 '서민에 징험한다'는 것은 "백성에 시행하여 교화(敎化)에 효험이 있는 것을 말한다."〈『中庸解』〉고 규정한다. 여기서 다산은 '치도'의 근거가 '천명'을 받은 '성품'이라는 인간 심성의 보편성에서 확립하고자 한다면, 소라이는 덕을 백성에 실행하여 거두는 교화의 제도적 효과에서 찾는다는 차이를 확인할 수 있다. 이처럼 다산은 '치도'를 '천"과 '성'에 근원시킴으로써 백성이 믿고 따르는 교화의 토대를 확보할 수 있다고 보았다면, 소라이는 치자(治者)의 덕(德)이 백성에게 실현되어 거두는 교화의 효과에서 '치도'의 타당성을 징험하고자 하는 것이다.

　『중용』의 '치도'에 대한 인식에서 다산은 '치도'의 현실적 문제를 접근하면서도 인간주체의 인격성을 중심으로 정립하고 그 근원인 하늘과 그 실현인 사회현실의 양극적 세계를 통일시키는데 주의를 집중하고 있다. 따라서 어떤 현실의 구체적 문제도 그 근원으로서 인격적 주체성과 하늘의 궁극성에까지 연결되고 있음을 끊임없이 재확인하게 된다. 이러한 점에서 성왕(聖王)의 '도'로서 권위화된 '덕'이나 '예'(禮)를 기반으로 하여 '치도'의 제도적 실현에 초점을 맞추는 소라이의 입장과 견해를 달리

한다.

4) 나가며--'치도'에 대한 이해의 차이와 다산의 일본관 (日本觀)

(1) '치도'에 대한 이해의 차이:

『중용』에 대한 해석에서 다산과 오규 소라이는 공통성과 차이점을 양면으로 드러내 주고 있다. 곧 주자학의 해석틀을 비판하여 극복한다는 입장과 현실 속에서 실현방법을 적극적으로 추구하고 있다는 방향에서 관심의 공통기반을 폭넓게 지니고 있다. 그러나 '도'의 원리와 '치도'의 방법 사이의 상관관계에 대한 이해에서는 상당한 차이를 드러내고 있는 사실이 주목된다.

특히 다산은 '도'의 내면적이고 초월적인 근원을 중시하면서 사회적 실현의 구체적 문제와 연관성을 찾아가고 있는 것이 기본입장이라면, 소라이는 '천하를 편안하게 하는 것'(安天下)으로 '도'의 사회적 실현효과에 초점을 맞추고 있는 것이 기본입장이다.

다산은 초월적 존재인 '천'이 '도심'(道心)을 통해 인간에서 순간순간 명령하는 사실을 강조하며, 이것을 '성인이 하늘을 힘써 섬기는 학문'(聖人昭事之學)이라고 제시하기도 한다. 이처럼 다산은 『중용』을 통해 성인의 신앙적 세계를 확인하고 있다. 따라서 주자의 성리학이 지닌 관념적 세계를 벗어나면서도 심성의 근원을 중시하는 다산과 '치도'의 사회적 실현을 중시하는 소라이가 서로 다른 방향에 중심을 둠으로써, 주자-

다산-오규 소라이가 '심성'(心性: 修養)-'사천'(事天)-'치도'(治道)라는 삼각형의 세 정점을 차지하고 있는 양상을 보여준다.

다산이 실학적 현실문제에 대한 관심을 놓치지 않으면서도 '천'과 '성'의 근원에 대한 신앙적 각성을 중시하고 있는 것은 그가 『중용강의』를 처음 저술하던 23세때의 사상형성과정에서 천주교교리의 영향이 깊이 침투되었던 사실을 외면할 수 없다. 바로 이 점에서 주자를 벗어나 공자에로 돌아가려는 다산의 수사학적(洙泗學的) 관심이나 오규 소라이의 고학적(古學的) 관심이 여러 면에서 일치점과 유사성을 지니고 있으면서도, 내면의 근원성을 중시하는 다산과 외면의 법도를 중시하는 오규 소라이의 관심이 달라지지 않을 수 없었던 것으로 보인다.

(2) 다산의 오규 소라이 이해와 일본관(日本觀);

다산은 소라이와 경전해석의 많은 부분에서 견해의 차이를 분명하게 드러내지만, 전반적으로 소라이의 유교경전 인식을 매우 높게 평가함으로써, 당시 일본의 유학사상 수준을 크게 인정하였다. 이에 따라 다산은 조선이 더 이상 일본의 침략을 받을 근심이 없다는 확신을 밝히고 있다. 곧 "이제는 일본에 대해 걱정할 것이 없다. 내가 이른바 고학(古學)선생 이토 진사이(伊藤仁齋)가 지은 글과 오규 소라이(荻生徂徠)선생과 타자이 슌(太宰純) 등이 논한 경의(經義)를 읽어보니, 모두 문채가 찬란하여, 이로써 일본은 이제 걱정할 것이 없음을 알겠다."(〈「日本論一」〉)고 언급하였다.

다산은 19세기 초에 일본 유학자 몇 사람의 경전해석을 접하고서, 매우 높은 수준에 올라온 사실을 확인하자, 일본이 더 이상 잔혹한 침략국가가 아니라, 예법으로 순치된 문화국가임을 확신하였던 것이다. 일본의 침략으로 전국토가 유린당한 임진왜란(壬辰倭亂, 1592-1598)을 겪고나서 200여년이 지나는 동안 일본에 대한 경계심을 잃지 않았는데, 소라이 등 일본 유학자들 몇 사람의 경학수준을 인정하고서, 더 이상 일본의 침략을 걱정하지 않아도 된다는 안도감을 보여주었다. 다산의 이러한 일본에 대한 믿음은 19세기 말에 여지없이 깨어져 다시 일본의 침략으로 조선은 무너지고 말았지만, 적어도 도쿠가와막부(德川幕府) 시대까지는 유효한 판단이었던 것이 사실이다.

3. 다산의 신앙고백

　다산(茶山 丁若鏞, 1762-1836)이 태학생 시절인 23세때(1784) 천주
교신앙에 빠져들었던 일은 그의 일생에 큰 영향을 미친 사건일 뿐만 아
니라, 한국사상사에서도 중대한 사건이다. 그는 자신이 처음 천주교교리
를 접하게 되었던 계기는 그해 4월 고향집(현 경기도 南楊州市 鳥安面
陵內里 馬峴부락)에서 큰 형수(李檗의 누님) 제사를 지내고 서울로 돌
아올 때, 다산은 두 형(若銓 · 若鍾)과 함께 제사에 참석했던 이벽(曠菴
李檗)과 같은 배를 탔는데, 배안에서 이벽으로부터 천주교교리를 듣고
서 깊이 감동하여, "천지가 조화(造化)하는 시초나 육신과 정신이 죽고
사는 이치를 들으니, 황홀하고 놀라워 마치 은하수가 끝이 없는 것 같았
다."(「先仲氏墓誌銘」)고 털어놓았던 일이 있다.

　이때부터 그는 이벽에게서 빌려온 마테오 리치(Matteo Ricci: 利瑪竇)
의 『천주실의』(天主實義)와 판토하(Pantoja: 龐迪我)의 『칠극』(七克) 등
몇 권의 천주교 교리서를 읽고서 천주교에 입교하였고, '요한'이라는 세
례명을 받기도 했다. 그후 정약용 형제의 영향을 받아 천주교에 입교한
외사촌 윤지충(尹持忠)과 그의 외사촌 권상연(權尙然) 두 사람이 1791

년 당시 교회의 지시에 따라 제사를 폐지하고 신주(神主)를 불태운 일로 처형당한 '진산의 변고'(辛亥珍山之變)가 일어났고, 정부에서도 천주교에 대한 금교령(禁敎令)이 내려졌다. 다산 자신은 "정미년(1787)이후로 4,5년 동안 (천주교 신앙에) 자못 마음을 기울였는데, 신해년(1791) 이래로 나라의 금지령이 엄중하여 마침내 생각을 끊어버렸다"(「自撰墓誌銘(壙中本)」)고 언급한 것으로 보면, 그는 30세때(1791년) 금교령이 내려진 이후 신앙활동에서 이탈하였던 것으로 보인다.

그러나 천주교 신앙집단의 핵심인물인 이벽 · 이승훈(李承薰) · 정약종(丁若鍾) · 황사영(黃嗣永) 등이 모두가 그의 친인척이었으니, 당시 천주교를 배척하는 세력에서는 그를 천주교신도의 핵심인물로 지목하여 공격하였고, 이에 따라 34세때(1795) 우부승지(右副承旨, 正3品)에서 충청도 금정역 찰방(金井驛 察訪, 從6品)으로 좌천되었던 일이 있었다. 이때 그는 내포(內浦)지역의 천주교도를 타일러 깨우치는데 공을 세웠다고 하지만, 금정에서 가까이 지냈던 처사 이도명(李道溟)으로부터 천주교에 대한 그의 태도가 애매하다는 지적을 받기도 했다. 실제로 그가 천주교 신앙 활동에서 발을 뺐다는 사실과 그의 의식 속에 천주교 신앙이 살아있다는 사실은 별개의 문제라 보아야 할 것이다.

다산이 천주교 신앙을 버린 배교자(背敎者)라는 견해와, 그 반대로 달레(Ch. Dallet)의 『한국천주교회사』(Histoire des L'Eglise de Coree)에서처럼, 다산이 강진(康津) 유배지에서 신앙생활을 다시 시작했고, 죽음을 앞두고 중국인 유방제(劉方濟)신부에게서 종부성사(終傅聖事)를 받음으로써, 천주교 신자로 죽었다고 보는 견해가 팽팽하게 맞서고 있다. 그러나 다산의 천주교신앙 문제는 어느 쪽으로도 단정할 수 없지만, 교단의 소속 여부에 문제의 핵심이 있는 것이 아니라, 다산의 평생 동안 천주교교리에서 깨우쳤던 천관(天觀: 天主觀)과 영혼관(靈魂觀)이 그의 의식 속에 살아있었던 사실을 확인하는 것은 그리 어려운 일이 아니다.

다산이 막 천주교 신앙에 들어섰던 24세때 저술한 『중용강의』(中庸講義)는 물론이요, 그의 평생을 통한 경전해석의 방대한 저술 속에는 유교의 경전세계를 천주교교리의 빛으로 조명하고 있는 사실을 곳곳에서 확인할 수 있다. 바로 이 점에서 그의 유교경전 해석은 그동안 경전 해석에서 은폐되었던 천(天-上帝)존재의 성격과 인간 심성(心性)의 의미를 새로운 빛으로 드러내었던 독창적 해석임을 확인할 수 있다.

다산에게 천주교 신앙은 그 시대의 현실에서 보면, 평생을 통해 절대로 드러내 놓고 말할 수 없는 처지였으니, 서정주의 시「신록」(新綠)에서 읊은, "꾀꼬리처럼 울지도 못할 기찬 사랑을 혼자서 가졌어라."라는 구절이 어쩌면 그의 마음을 절실히 알아주는 말이 아니었을까 하는 생각이 든다. 그런데 다산은 회갑을 맞이하던 해(1822) 자신의 무덤에 새겨넣을 글인 '묘지명'(墓誌銘)을 스스로 지었던 일이 있다. 자신의 파란만장했던 평생을 돌아보고 제대로 적으려면 남에게 맡길 수 없었으니, 직접 지었던 것으로 보인다. 이「자찬 묘지명」(自撰墓誌銘)은 두 가지인데, 하나는 자신의 문집(文集) 속에 활자로 남겨 놓아 누구나 볼 수 있는〈집중본〉(集中本)이요, 다른 하나는 지석(誌石)에 새겨서 무덤 속에 넣어둘 것으로〈광중본〉(壙中本)이 있다.

공개될 것을 전제로 한「자찬 묘지명, 집중본」에서는 그 끝의 명(銘)에서, "네 번다함을 거두고, 네 미친듯 날뛰기를 그쳐라. 머리숙여 상제(上帝)를 힘써 섬겨야, 마침내 경사가 있으리라."(斂爾紛紜, 戢爾猖狂, 俛焉昭事, 乃終有慶)고 하였다. 그가 평생에 이루었던 그 많은 저술의 업적이나 온갖 관심과 활동을 다 덮어버리고, 오직 하늘을 힘써 부지런히 섬겨서 얻고자 한 마지막의 경사스러움은 죽은 다음에 얻는 것은 아닐까. 만년에 다산이 드러낸 최대의 관심은 하늘을 섬기는 일임을 고백하고 있는 것으로 보인다.

또한 「자찬 묘지명, 광중본」에서는 "평생에 죄가 하도 많아, 허물과 뉘우침이 마음속에 쌓였었다.…마침내 요긴하지 않은 일을 씻어버리고 밤낮으로 성찰하여 하늘의 명령인 성품을 회복한다면 지금부터 죽을 때까지는 거의 어그러짐이 없을 것이리."(夫平生罪孽極多, 尤悔積於中,… 遂滌除閑務, 蚤夜省察, 以復乎天命之性, 自今至死, 庶弗畔矣.)고 하였다, 이 말은 먼저 자신의 평생에 쌓인 죄를 찾아서 회개하는 것이요, 이어서 성찰하여 천명으로 간직한 자신의 성품을 온전하게 하겠다는 신앙고백이 아닌가.

다산이 스스로 세상에서 실행하고 이루었던 모든 일을 젖혀두고 '하늘을 섬길 것'을 가장 중대한 일로 확인하는 것은 그것이 유교의 '하늘'(天: 上帝)이건, 천주교의 '하늘'(天主: 上帝)이건, 그의 신앙고백인 것은 분명하다. 다만 그의 가슴 속 신앙에서는 유교의 '하늘'과 천주교의 '하늘'을 두 개로 갈라놓지는 않았을 것이라 짐작된다. 어쩌면 천주교 신앙의 물줄기를 받아들여 매말라 시들었던 유교의 '하늘'을 살려낸 것이요, 유교의 '하늘'이 천주교의 '하늘'과 하나로 통하는 신앙의 세계를 찾아낸 것이라는 생각을 하게 된다.

4. 다산의 통찰력과 착각

　바느질 바구니 속에 들어 있는 실타래가 한 번 뒤엉키면, 그 실마리를 찾아 잘 풀어서 실패에 제대로 감아놓기란 여간 어려운 일이 아니다. 그렇지만 참을성과 조심성이 있으면 누구나 끝내는 해낼 수 있다. 그런데 인간이 사는 세상이 복잡하고 험난하기는 엉킨 실타래에 견주어질 수 있는 정도가 아닌가 보다. 내로라하는 유능한 인재들이 나랏일을 하겠다고 모두 나서서 끝없이 법을 바꾸고 제도를 개혁해 가는데도, 여전히 문제는 뒤엉켜 있고 새로운 문제가 잇달아 터져 나오고 있는 실정이 아닌가.

　가끔 다산선생이 지금 우리 시대에 다시 나온다면 어떤 해결방책을 제시할까 하고, 허황한 공상을 해보기도 한다. 다산은 우리 사회의 문제에 근본이 무엇이고 말단이 무엇인지를 환하게 짚어주고, 일에 착수할 곳이 어디고 마무리 할 곳이 어딘지 분명하게 가리켜줄 수 있지는 않을까?

　다산의 둘째 형 손암(巽菴 丁若銓)은 다산이 저술한 『악서고존』(樂書孤存)을 읽고 나서, "2천년 동안이나 계속된 긴 밤의 꿈속에서 헤매던

(유교의) 음악이 지금에서야 정신이 들었도다.”하고 극진하게 칭찬하였으니, 다산의 통찰력이 얼마나 명석하고 투철하였는지 엿볼 수 있게 한다. 다산 자신은 『춘추고징』(春秋考徵)의 저술에서, “위로 진(秦) · 한(漢)으로부터 아래로 명(明) · 청(淸)에 이르기 까지 ‘교’(郊)제사의 의례는 이렇게 속여 왔으니, ‘상제’께서 흠향(歆饗)하였겠는가?”라 문제를 제기하였다.

다산은 중국 역사를 통해 2천년 동안 하늘에 드려왔던 제사(祭天)의 례인 ‘교’(郊)제사에 대해, 그릇되고 비뚤어진 것을 모두 바로잡아, 본래의 정신과 참된 원형을 밝혀내려고 하였다. 이로써 그 많은 학자들이 빠져들었던 어지럽게 얽힌 이론들의 오류를 쾌도난마(快刀亂麻)처럼 명쾌하게 비판하여 쓸어내는 다산의 능란한 솜씨에 절로 감탄하지 않을 수 없다. 이에 따라 중국의 역대 황제들이 하늘에 올린 제사가 모두 거짓에 빠진 것으로, 상제가 흠향하지도 않는 ‘헛 제사’를 지낸 것이라 단호하게 선언하였다. 여기서 그의 명석한 통찰력과 정밀한 고증과 정대한 기상을 다시 한 번 실감할 수 있게 된다.

과거의 사실에 대해 정밀하게 고증하는 데는 그렇게 투명한 통찰력을 보여주었던 다산도 미래를 내다보는 데는 그 자신도 착각을 하였던 사실을 엿볼 수 있게 하는 대목이 있다. 다산은 「일본론」(日本論)에서 “지금은 일본에 대해 걱정할 것이 없다.”고 선언하였던 대목이다. 그는 일본 유학자 이토 진사이(伊藤仁齋) · 오규 소라이(荻生徂徠) · 타자이 쥰(太宰純) 세 사람의 글을 읽어보고 나서, 그 문채의 찬란함에 깊은 인상을 받았던가 보다. 그래서 일본은 이제 오랑캐에서 벗어나 문물(文物: 文明)이 갖추어졌으니 침략전쟁을 일으키지 않을 것이라 판단했던 것으로 보인다.

임진왜란 이후 200년 동안 일본의 침략이 없었다는 사실도 그를 크게 안심시키는 요인의 하나였을 것이다. 그런데 다산이 걱정할 것이 없다고 깊은 안도감과 신뢰감을 보였던 일본은 그 후 100년도 안 되어 다시 침략해왔고, 마침내 조선왕조를 멸망시키고 식민 지배를 하였으니, 그의 신뢰는 완전히 빗나가고 말았던 것이 사실이다. 일본이 내밀어 보여준 한 송이 국화꽃을 보고 감동하여 그 등 뒤에 숨겨져 있는 예리한 칼날을 못 보았던가 보다.

한 잎의 낙엽이 떨어지는 것을 보고도 천하에 가을이 오는 것을 알 수 있다고 말하지만, 그것은 이미 가을을 여러 번 경험했기 때문에 가능한 판단이다. 한 모서리를 들어주면 세 모서리로 응답해야 한다고 말하지만, 그것은 하나의 연관구조 안에서 유추하는 것이다. 그러나 인간 사회의 미래를 판단하는 것은 경험해본 일도 없고 고정된 틀 안에서 움지이는 것도 아니다. 너무 유동적이고 복합적인 것인데, 부분을 보고 전체를 판단하여 미래를 예측한다는 것은 지극히 불완전하고 위험한 일이 아닐 수 없다.

그렇게도 명석하고 통찰력이 탁월한 다산도 미래를 너무 단순화시키거나 낙관적으로 파악하는 착오를 저지르고 말았던 것으로 보인다. 어디에나 상반된 양면이 있다. 우방이라고 미국을 너무 믿을 수도 없고, '옛 친구'(老朋友)라는 정다운 말 한마디에 중국을 짝사랑하는 것도 위험이 도사리고 있음을 유의할 필요가 있을 것이다.

최근에 국사교육의 중요성이 다시 강조되고 있는 것은 지극히 당연하고 옳은 일이다. 그러나 우리 역사를 인식하는 역사관이 먼저 바로 잡히지 않으면 국사교육의 효과도 제대로 확보할 수 없고, 또 다른 문제점을 일으킬 수 있다는 사실을 유의할 필요가 있다. 꼭 필요한 약에도 부작용이 따르는 법인데, 한 쪽 면만 보고 다른 쪽 면을 소홀히 하다가 전체의 균형을 잃는다면, 언제 어디서나 착오를 일으키지 않을 수 있겠는가?

5. 다산사상의 발전적 계승을 위하여

1) 다산사상과 다산정신의 계승

18세기말과 19세기초의 조선사회는 유교전통의 폐쇄된 사회체제에 서학(西學)이라는 새로운 사상조류가 밀려오자, 거대한 지각변동이 시작하는 상황이었다. 바로 이 시대에 다산은 서학의 서양과학기술과 천주교교리를 받아들이면서 유교경전을 새로운 빛으로 해석하여, 동양과 서양의 서로 다른 세계관을 소통시키는 작업을 수행하였다. 그만큼 그는 유교사상을 전면적으로 재해석하고 사회적 이상을 미래에서 찾는 개혁사상가라 할 수 있다.

다산사상과 다산정신의 계승은 그대로 묵수하는 것이 아니다. 우리시대의 현실에서 적용하고 활용하는 것이라야 한다. 바로 그 시대에 맞게 활용하는 것이 다산정신의 진정한 발전적 계승의 길이 될 수 있을 것이다. 우리가 현실을 둘러보고 미래를 내다보면서, 과연 다산의 학문정신에서 계승해야할 과제가 무엇인지 돌아보면, '인간에 대한 사랑'과 '사회를 위한 봉사정신'과, '다른 것을 받아들이는 포용정신'의 세가지 과제로 집약시켜볼 수 있을 것 같다.

2) 인간에 대한 사랑

　다산은 '인'(仁)의 덕을 설명하면서 '사람을 향한 사랑'이라 하고, '인간과 인간이 서로 향해 따스하게 사랑하는 것'이라 하였다. 가정에서는 위로 부모를 사랑하고, 아래로 자식을 사랑하고, 좌우로 형제가 서로 사랑하는 것이 사랑을 실현하는 기틀이 된다. 이 사랑의 실천을 이웃으로 나라로 천하로 확장해가면, 사랑으로 충만한 세상을 이루어, 온갖 대립과 충돌을 해소하고 화합을 이룰 수 있다는 것이다.

　동서고금에 '사랑'을 가르친 성인들은 많은데, 너무 당연하고 옳은 말씀이라 모두가 수긍하지만 실지로는 별다른 성과를 거두지는 못하는 실정이다. 그러나 인간의 탐욕과 이기심이 통제력을 잃고 폭발적으로 분출되면서, 인간관계의 화합이 파괴되고 서로에 대한 증오심과 갈등을 일으키는 현실을 방치해둘 수는 없다. 여기서 다산은 인간이 살아가는 도리(道)의 기준으로 '인간에 대한 사랑'을 확인하였다. 나아가 그는 사랑의 도리를 실천하는 방법을 자세하게 분석하며, 또한 구체적 현실에서 실천의 모범을 보여주는 치밀한 체계를 제시하였다. 그렇다면 다산이 제시한 인간의 탐욕과 이기심을 통제하는 방법과 '인간에 대한 사랑'을 실행하고 교육하는 방법을 우리시대의 현실에서 적합하게 해석하여 활용하는 것이 다산정신의 계승과 발전을 위한 중요한 과제가 될 수 있을 것이다.

3) 사회를 위한 봉사정신

다산은 봉건사회의 체제 속에서도 수령(牧)이 백성을 위해 존재하는 것임을 역설하여, 수령이 지위를 이용해서 권세를 누리고 욕심을 채우는 불의와 부패를 고발하고, 동시에 백성과 나라를 섬기는 봉사자세를 강조하였다. 또한 그는 사람을 다스린다는 것은 '남에게 요구하는 것으로 남을 섬기는 것'이요, '다스린다'(治)는 말은 바로 '섬긴다'(事)는 뜻임을 밝혔다.

다산은 모든 사람을 다 함께 잘살게 해주지 못한다면 임금과 수령으로서 자기 임무를 저버린 것이라 질책하였다. 공직자들의 부패와 탐욕이 백성들의 삶을 박탈하고 고통스럽게 하는 것은 다산이 살았던 시대의 탐관오리들만이 아니다. 오늘날 우리 사회에서도 정치인이나 공직자나 교육자 등이 자신의 직무에 봉사하겠다는 자세로 임하는 사람이 얼마나 되는지, 과연 남을 섬기겠다는 자세를 꿈에라도 가져보았는지 반성해볼 필요가 있을 것이다.

4) 다른 것을 받아들이는 포용정신

조선시대는 주자학을 정통이념으로 확립하면서 정통에 조금이라도 어긋나면 모두 '이단'으로 단호하게 배척하였다. 그러나 다산은 '이단'을 비판하면서도 그 속에 내포된 정당성을 인정하여 포용하였다. 다산 자신이 그 시대에 '이단'으로 혹독하게 배척받았던 천주교신앙을 수용하였다는 죄목으로 오랜 유배생활을 하기도 하였다. 퇴계와 율곡의 성리설이 갈라지면서 수백년 대립하여 논쟁을 벌였지만, 다산은 퇴계와 율곡 후학들의 성리설논쟁이 용어를 이해하는 시각이 달라지는데 따른 논쟁임을 지적하여, 양자를 종합하는 획기적 관점을 제시하였던 일도 있었다. 당파의 대립과 학설의 대립으로 끊임없는 대립과 갈등을 벌이는 망국적 분열의 시대에 통합의 논리를 밝힘으로써 상호교류와 화합의 풍토를 추구하였던 것이다.

오늘의 우리사회에서도 정치적 대립이나 이념적 대립은 서로에 대한 이해와 토론의 기반을 상실하고, 극단적 대결구도로 치닫고 있다. 이러한 분열과 대립은 자기만 옳다는 독선에 뿌리를 두고 있으며, 자기 당파나 자기 이념을 방어하겠다는 폐쇄적 의식에 매몰되고 있다. 그 결과 마침내는 국민도 국가도 보이지 않고, 미래도 보이지 않는 맹목화에 빠져 있음을 보여준다. 이러한 분열과 대립은 빠른 시일 안에 치료하지 않으면 국가존립에 치명적인 해독을 끼칠 것은 불을 보듯 뻔한 일이다. 다신이 우리 시대에 우리의 미래를 위해 던져주는 가장 중요한 가르침의 하나는 바로 자신에 대한 비판적 성찰과 타자에 대한 포용적 이해의 균형을 어떻게 잡아가는지, 그 방법과 논리에 주의를 기울일 필요가 있을 것이다.

6. 정약용과『다산시선』(송재소 편)

　　다산 정약용(1762-1836)은 당시 도학(道學: 朱子學)에 기반하는 유교사상의 공허한 관념과 현실사회의 모순을 극복하기 위한 대책을 추구했던 조선후기 실학의 대표적 인물이다. 그의 저술은 500권이나 되는 방대한 것으로, 그 내용은 유교경전을 해석한 '경학'과 국가경영의 방법을 제시한 '경세학'을 두 축으로 문학 · 역사 · 지리 · 의례 · 음악 · 풍속 · 의학 등 다양한 영역을 포함한다.

　　1930년대에 신조선사(新朝鮮社)에서 한문판『여유당전서』(與猶堂全書)가 간행된 이후 그동안 많은 번역서와 선집 및 연구서가 나왔다. 먼저 번역서로는 민족문화추진회에서 그의 시와 산문 · 논설 등을 번역한『국역 다산시문집』(9권)이 있고, 경학 저술로는 전주대학 호남학연구소에서『대학』·『중용』·『논어』에 관한 주석이 번역되었다. 이지형(李篪衡)의『맹자』와『시경』에 관한 주석의 번역도 믿을만하다. 경세학의 저술로는 다산연구회의『목민심서』번역이 가장 충실하고, 민족문화추진회의『경세유표』번역과 박석무 · 정해렴의『흠흠신서 번역이 있다.

　　정약용의 저술이 워낙 방대하다보니 좀 더 쉽게 접근하기 위해서는 그의 저술에서 가려 뽑아 번역한 선집을 읽는 게 도움이 된다. 그의 시를 선집한 것으로 송재소교수의 『다산시선』이 있다. 또 편지나 산문과 논설을 번역한 선집으로 박석무의 『유배지에서 보낸 편지』·『다산산문선』·『다산논설선집』과, 이익성의 『다산논총』이 있다. 그러나 정약용의 학문세계를 균형있게 이해하기 위해서는 전체적 체계에 맞는 『다산문선』의 새로운 편찬이 필요하다.

송재소의 『다산시선』은 정약용의 문학적 세계만이 아니라, 그의 인간적 고뇌를 절실하게 느낄 수 있고, 그의 실학 정신을 구체적으로 엿볼 수 있는 좋은 선집으로 꼽을 수 있다. 정약용의 시에서는 서정적 감흥이나 자연에 대한 정취도 다양하고 풍부하게 제시된다. 그러나 그의 실학정신을 가장 잘 보여주는 대목은 당시 우리 서민생활과 풍속 및 노동의 풍경을 생생하게 그려내고 있는, 이른바 '조선시'(朝鮮詩)의 세계와, 당시 빈곤한 백성의 참혹한 생활모습과 착취 속에 고통받는 비참한 현실을 처절하게 고발하는 '사회시'(社會詩)의 세계라 할 수 있다.

『다산시선』은 정약용의 많은 시 가운데서 그의 인간과 사회의식과 시대정신을 가장 뚜렷하게 드러내는 시를 잘 골라서 주석과 해설을 붙여 쉽게 이해하도록 도와준다. 정약용 자신이 선언한 '조선시'는 농촌과 어촌의 서민생활을 묘사하면서 특히 토속언어를 그대로 살려 우리의 정서와 현장을 생동감있게 전달해준다.

이러한 '조선시'는 바로 그가 우리의 역사 · 지리 · 언어 · 풍속에 관해 폭넓은 관심으로 조사하고 발굴함으로써 국학(國學)을 일으키고 이를 통해 민족의식을 각성할 수 있는 기반을 닦아갔던 것과 같은 맥락이다.

또한 그의 '사회시'는 고통받는 백성의 현실을 고발하면서 백성에게는 인간다운 삶의 권리가 있고, 관리에게는 백성의 삶을 지켜주어야 할 책임이 있음을 절실하게 확인시켜준다. 그것은『목민심서』를 비롯한 그의 경세학 저술에서 백성에 대한 사랑과 공직에 대한 봉사의무를 강조하고, 합리적이며 평등한 사회적 이상을 추구하는 사회개혁의 이론과 통하는 사회사상을 보여주는 것이기도 하다.

7. 다산학 개척자 이을호(李乙浩)

　이을호(3, 1910-1998)선생은 20세기 후반에 활동하였던 현대의 한국철학자로서 다산학과 실학사상연구에 큰 업적을 이룬 인물이다. 전남 영광출신으로 관향은 전주요, 호는 현암(玄菴)이다. 어릴 때 서당에서 한문을 수학하였고, 영광중학과 경성중앙고등보통학교를 졸업하였다. 19세때 서울에서 최승달(海初 崔承達)의 문하에서 이제마(東武 李濟馬)의 『동의수세보원』(東醫壽世保元)을 배워 한의학(漢醫學)에 입문하였으며, 20세초반에 경성약학전문학교(京城藥學專門學校)를 졸업하였다.

　그의 활동은 40대중반까지의 한의학연구시기와 40대중반이후의 다산실학연구시기로 구분해볼 수 있다. 먼저 한의학연구시기로서, 그는 23세 때부터 해방을 맞던 35세 때까지 고향 영광에 호연당(浩然堂)약국을 열었고, 이 무렵 조헌영(趙憲泳)이 주간하는 『동양의약』(東洋醫藥)의 간행에 참여하였다. 영광에서 민족운동을 위한 청년단체로서 '영광갑술구락부' 및 '체육단'(體育團)에 가담하였던 일로 인해, 일본경찰에 체포되어 1년 반 동안 수감되기도 하였다. 이때 그는 옥중에서 유교경전을 읽고 동양철학에 입문하였다고 한다.

해방 후 영광남녀중학교를 설립하여 초대교장을 지냈으며, 38세 때 광주의과대학 부속병원의 약국장이 되었고, 42세 때부터 광주의과대학의 강사로 약제학을 강의하였다. 이 시기에 외형적으로는 서양의 약학(藥學)분야에서 활동하였지만, 실질적으로는 이제마의 사상의학(四象醫學)을 중심으로 한의학에 깊은 관심을 기울여 한의학에 조예가 깊었고, 새로 입문한 동양철학에도 정진하여 큰 성과를 이루었음을 알 수 있다.

다음으로 다산실학연구 시기로서, 그는 45세 때(1955) 전남대학교 문리과대학 교수로 취임하여 동양철학과 다산학을 강의하기 시작하였다. 그는 전남대학에 재직하는 동안 대학 안에서 박물관장, 문리과대학장을 역임하였고, 대학 바깥에서도 광주시교육회장, 한국철학연구회장에 선출되어 폭넓게 활동하였음을 보여준다. 57세 때(1967) 서울대학교에서 『다산경학사상연구』(茶山經學思想硏究)로 철학박사 학위를 취득하였다. 68세 때부터 79세 때까지(1978-1989) 국립광주박물관장을 지냈고, 다산학연구원 원장 등으로 활동하였다.

그의 대표적 업적인 『다산경학사상연구』(1966)에서 이미 그는 다산의 경학체계가 내포한 핵심주제와 사유구조를 정밀하게 분석함으로써, 다산사상의 경학적 내지 철학적 영역을 개척하였다. 이어서 그는 『다산학의 이해』(1975) · 『정다산의 생애와 사상』(1979) · 『다산학입문』(1983) · 『다산의 역학(易學)』(1991) 등 다산 경학을 정밀하게 분석하고, 다산사상을 체계화함으로써 '다산학'을 개척하고 정립하는데 평생의 심혈을 기울였다. 또한 그는 『한국개신유학사시론』(韓國改新儒學史試論, 1980)에서 조선후기 실학사상사 전반에 관한 해석을 시도하였다. 다산학에서 실학전반으로 관심을 확장하면서, '실학'을 '개신유학'의 개념으로 인식하는 시각을 제시하였다.

그는 다산의 『목민심서』(牧民心書)와 이제마의 『사상의학원론』(四象醫學原論) 등 다수의 한문고전을 우리말로 번역하는 작업에도 관심을 기울였다. 후학들이 고전이해에 보다 쉽게 접근하는 길을 열어주기 위한 노력이었다고 할 수 있다.

그는 다산경학연구의 개척자로서 한국사상사분야에서 큰 업적을 이루었으며, 특히 다산의 실학사상을 '수사학'(洙泗學)으로 인식하여, 주자학으로부터 벗어난 성격을 뚜렷하게 제시하였다. 나아가 그는 '실학'(實學)을 '개신유학'(改新儒學)으로 명명(命名)하고 해석하는 관점을 제시하였으며, 당시에 활발하게 일어났던 '실학'의 개념논쟁에 대한 검토를 하는 연구논문을 발표하기도 하였다. 한의학과 관련하여 이제마의 '사상의학'(四象醫學)에 관한 여러 편의 논문을 통해 '사상의학'을 한의학의 고전으로 자리잡게 하고, 나아가 유학사상과 연결시키는데도 세심한 주의를 기울였다.

전반적으로 돌아보면 이을호선생의 가장 큰 학문적 업적은 해방후 황폐한 학문적 풍토에서 다산학의 세계를 개척하여 후학들이 활발히 연구할 수 있는 길을 열어주었다는 점을 주목할 필요가 있다.

8.『다산학사전』(茶山學事典)의 출간

1)『다산학사전』의 성격

⑴ 사전편찬의 연구 기반:

『다산학사전』을 편집하여 간행하게 된 사실은 21세기초 우리나라 학술계에 하나의 중요한 이정표(里程標)를 제시한다는 점에서 소중한 의미를 지니는 것이라 생각한다. 이 사전이 세상에 나올 수 있는 것은 우리학계의 무수한 학자들이 어려운 여건 속에서도 연구에 심혈을 기울여이루어낸 연구성과가 토대가 되었기 때문이다.

1936년 다산 서거(逝去) 100주기를 계기로『여유당전서』(與猶堂全書: 新朝鮮社本)가 간행되고, 다산사상에 대한 관심이 언론을 통해 고조되었던 이후로, 해방이후 다산사상에 관한 연구가 활기를 찾기 시작하였다. 곧 최익한의『실학파와 정다산』(1955), 홍이섭의『정약용의 정치경제사상 연구』(1959), 이을호의『다산 경학사상연구』(1966)가 선하(先河)를 열어주었고, 그 이후 연구의 활기에 해마다 가속도가 붙어, 다산학에 관한 저술과 연구논문이 엄청난 분량으로 축적되었다. 이렇게 60년 동안 연구의 축적이 있었고, 많은 다산학연구자들이 배양되었기에,『다산학사전』의 편찬이 가능했다는 사실을 인식한다면, 오늘의 시기가 바로 이 사전의 편찬을 가능하게 했을 뿐만 아니라, 이 사전 편찬을 통해 다산학연구의 성과를 정리해둘 필요가 우리 학계에 제기되고 있었음을 인정하지 않을 수 없다. 곧 이 사전의 편찬을 통해 지난 시대의 연구성과가 정리되어 독자에게 전달됨으로써 지난시대의 연구성과가 살아날 수 있고, 다음 시대에 새로운 시야를 열어 가는데 기초가 될 수 있을 것으로 본다.

하나의 '전문사전'이 나올 수 있는 것은 그 분야의 학문적 연구업적이 충분히 축적되고, 연구의 성숙한 결실이 풍족하게 이루어졌을 때 가능한 일이요, 필요한 일이라 할 수 있다. 그렇다면『다산학사전』이 지금 나오게 된 것은 우리 학계라는 들판에 다산학연구가 황금빛 결실의 가을을 맞았음을 의미하는 일이다. 이렇게 다산학연구의 결실이 한 차례 처음으로 수확되면, 이를 발판으로 다음 단계의 도약과 발전이 가능할 것이요, 언젠가 다음 단계의 수확이 가능할 것이다. 그러므로 이 사전이 좁게는 앞으로 다산학연구의 방향을 찾는 일에서, 또 넓게는 한국사상사 연구의 방향을 찾는 일에서 이정표의 역할을 할 것이요, 동시에 도약의 발판으로 역할 할 것이라 믿는다.

(2) 백과사전으로서의 성격:

『다산학사전』은 '일반 백과사전'이 아닐 뿐만 아니라, 단순한 '용어사전'도 아니다. 다산학이라는 특정 영역에 내포된 여러 분야의 지식을 총망라하여 연구성과를 집약한 '전문사전'이다. 이런 의미에서 이 사전은 다산학에 관한 많은 지식을 쌓아놓은 집적(compilation)이라기 보다는, 다산학연구의 여러 영역을 총망라하여 체계화한 지식의 총집결이라는 의미에서 '다산학 백과사전'이라 해도 될 수 있을 것으로 본다. 본래 '백과사전'(encyclopedia)이라는 말은 그 어원이 '완전한 가르침'을 의미하는 고대 그리스어의 'ἐγκύκλιος παιδεία'(enkyklios paideia)라는 말에서 왔다고 한다. 이런 의미에서 이 사전은 다산학에 관해 우리 시대에서 제공할 수 있는 '완전한 가르침'을 제시하고자 시도하였던 것이며, 따라서 '다산학의 백과사전'이라는 사전적 성격을 지니는 것이라 해도 아무런 문제가 없으리라 본다.

각 분야의 전문가들이 기고한 최초의 백과사전은 프랑스의 계몽사상가들에 의해 이루어졌다. 곧 18세기 프랑스의 계몽사상가로서 '백과전서학파'로 일컬어지는 인물인 디드로(Denis Diderot, 1713~1784)가 책임편집자로서 간행한 『백과전서 혹은 과학, 예술, 기술에 관한 체계적인 사전』(1751 제1권~1772 제35권)이 나옴으로써, 그 시대 지성의 수준을 확인해주고 다음 시대에 나아갈 방향을 제시해주었다.

달랑베르(D'Alembert, 1717~1783)가 디드로의 『백과전서』에 붙인 서설(Preliminary Discourse)의 한 대목으로 백과사전의 지식배열이 지닌 성격에 관한 서술을 보면, "주요 나라들의 위치와 상호 의존관계, 나라들 간의 연결 도로 등을 보여주는 세계지도의 일종이다. 각 나라를 연결하는 도로는 주민이나 여행자들에게만 알려진 무수한 장애물로 막혀있고, 이런 장애물은 각각의 세부지도에만 표시될 수 있다. 이때 각각의 세부지도가 백과사전의 개별 항목이고, 지식의 구조 도표나 분류체계 도표는 세계지도에 해당할 것이다."라고 언급하였다.

이처럼 백과사전은 다양한 지식들을 집합해 놓기만 한 것이 아니다. 지식의 여러 분과들이 어디서 서로 갈라지거나 어떻게 서로 통합 또는 연결되는지를 한눈에 볼 수 있도록 해주는 것임을 강조하고 있다. 『다산학사전』도 다산학의 여러 분과를 층층이 분류하여, 다산학의 전체 지식 체계가 세계지도를 들여다보듯 한 눈에 보이도록 하고, 동시에 소분류를 통해 지식의 분리와 연결이 어떻게 이루어지고 있는지를 밝히는 데 주의를 기울였다. 바로 이 점에서 『다산학사전』은 '다산학의 백과사전'으로서 그 기능을 제대로 할 수 있을 것임을 보여준다.

사실 다산학의 전체를 조망할 수 있는 시야를 잃는다면, 이 사전은 다산학에 관한 지식의 단순한 집적을 벗어나지 못할 것이라는 점을 깊이 경계하고 주의를 기울였다. 전체의 조망과 거미줄처럼 얽힌 작은 골목까지 쉽게 찾아갈 수 있게 하였다. 그뿐만 아니라, 큰 거리와 작은 골목과 하나하나의 집들을 그 위치와 상응관계와 속까지 선명하게 보여주기 위해 세심한 주의를 기울였다.

2) 편찬의 원칙과 체제

(1) 편찬의 원칙

**『다산학사전』 편찬의 대원칙은 이 시대 다산학연구 성과의 전체적 수용을 통한 집대성을 추구하는 것이다.

이를 실현하기 위해 무엇보다 먼저 지식의 분류체계와 항목의 선정이나 집필자와 교열자의 추천을 위해 권위있는 전문가들이 여러 차례 회의를 통해 결정하도록 하였다. 또한 모든 항목에서 연구분야의 전문성과 일치하는 집필자를 찾아서 의뢰하도록 하였다. 집필자의 전문성이 연구수준을 온전하게 반영할 수 있도록 하는 필수적 조건임을 중시했던 것이다.

나아가 집필자의 개인적 편향성을 벗어나기 위해, 모든 집필에 대해 다른 전문연구자의 교열을 거치도록 함으로써 보완할 수 있게 하였다. 이러한 편찬원칙을 지킴으로써, 이 사전이 우리시대 다산학의 연구성과를 반영하고 연구수준을 밝혀주고 있음을 확신한다.

**다산학의 전체규모와 구체적 내용을 선명하게 드러내기 위해 균형 있고 정밀한 분류체계를 수립하는 것이 첫 번째 기본원칙이다.

서로 연결되어 복잡하게 얽혀있는 많은 항목들을 합리적으로 구축된 분류체계에 따라 분배되도록 하였다. 또한 내용과 중요성에 따라 대항목 중항목 소항목으로 분류하여, 그 비중에 적합하게 서술되도록 하였다. 이에 따라 다산학 전체가 하나의 큰 지도 안에서 어느 도시의 작은 골목까지 찾아갈 수 있게 하는 전체적 균형을 이루도록 한 것이다.

항목 사이에 균형을 이루도록 하였다는 것은 비중이 큰 항목이 소홀하게 다루어지거나 비중이 작은 항목이 너무 자세하게 다루어지는 불균형에 빠지지 않도록 세심하게 주의를 기울이는 일이다. 그 크기가 제 몫에 맞을 때, 전체의 판 속에 한 치의 어긋남도 없이 제 자리를 차지한 균형이 이루어질 수 있다. 따라서 일반 독자들이나 연구자들은 관심에 따라 어느 항목들 속에 빠져들었더라도 전체의 시야를 유지할 수 있고, 어느 항목을 찾아가더라도 길을 잃지 않을 수 있을 것이다.

**모든 항목의 서술에서 다산학의 성격이 분명하게 드러날 수 있도록 해야 한다는 것이 편집상 기본원칙의 첫째 조목이다.

배경설명이 지나치게 장황해지고, 이에 비해 다산의 견해가 불충분하거나 너무 간략하게 다루어지는 현상은 다산학에 관한 사전으로서의 가치를 떨어뜨리는 심각한 문제를 일으키게 된다. 이런 현상은 특히 충분히 연구가 되지 않은 분야의 주제들에서 흔히 일어나게 되는 것이 현실이다. 이를 극복하기 위해 배경설명을 간결하게 압축함으로써 균형을 잃지 않게 하거나, 더 바람직한 방법은 다산의 견해를 보다 심도있게 연구히여 서술하는 것이다.

항목의 서술에서 상식적 배경지식이 길게 나열되고, 정작 다산학에 관한 지식은 지극히 빈약한 서술로 그친다면 그것은 전문사전으로서 그 의미를 잃어버리게 되고 말 것이다. 이런 경우 원고를 폐기하거나 재집필을 하는 등의 노력을 기울여 왔다.

**항목의 서술이 명확하고 평이하면서 문체의 통일성을 추구하는 것이 편집상 기본원칙의 둘째 조목이다.

『다산학사전』은 전문연구자 뿐만 아니라, 다산학에 관심을 가진 일반 교양인들도 쉽게 접근할 수 있도록, 지식의 서술이 명확하고 문장이 평이해야 함을 사전의 생명으로 삼았다. 그러나 많은 항목을 여러 집필자에게 의뢰해야 하는 현실에서, 집필자마다 문체나 서술형식이 달라지면, 사전으로서 통일성을 잃어버릴 위험에 놓이게 되는 문제점이 발생하게 된다. 이를 해결하기 위해 편집진에서 항목의 14유형(개념용어/ 인물/ 지명/ 문헌/ 작품/ 관직제도/ 사건/ 단체/ 의식/ 유물/ 유적/ 물품/ 동식물/ 놀이)에 따라 서술의 형식과 모범문형을 제시하여 〈다산학사전 원고 집필 지침〉을 주지시킴으로써 집필자가 참고할 수 있도록 하였다.

(2) 편찬의 체제

『다산학사전』의 생명은 다산학의 다양한 영역과 무수한 주체들을 하나의 통일된 지식체계로 분류하여 편찬체제를 확립하는 일이다. 처음 시안이 제시된 이후 여러 차례 회의를 통해 검토하는 과정에서 많은 수정과 보완을 거친 다음 최종적으로 정착된 분류체계는 다음과 같다.(세분류 및 항목은 제외)

〈다산학사전 분야별 체계표〉

1. 다산학 일반
   1) 정약용 연보 및 가계
   2) 정약용의 학문 및 저술 전반
   3) 정약용 관련 인물 및 집단
   4) 정약용 관련 사건 행사
   5) 정약용 생애 관련 지역
   6) 정약용 관련 유적지
2. 경학
   1) 경학 관련 단편 해제
   2) 사서
   3) 삼경 (1)시경, (2)상서, (3)주역
   4) 다산 경학의 개념 · 용어 등
   5) 다산 경학 관련 중요 문헌

3. 예학

1) 예학 저술 해제

2) 다산 예학 기본 개념과 용어

3) 다산 예학 관련 중요 문헌

4. 문학

1) 다산의 시(詩)·문(文) 해제

2) 시(詩)

3) 문(文) (1)기(記)/ (2)기사(記事)·유사(遺事)·행장(行狀)/ (3) 논(論)·설(說)/

(4)대책(對策)·변(辨)·원(原)·의(議)/

(5)묘지명(墓誌銘)·묘표(墓表)·비명(碑銘)/ (6)발(跋)·서 (序)·제(題)·발(跋)/

(7)서(書)·증언(贈言)·가계(家誡)/ (8)소(疏)/ (9)일기(日 記)·만필(漫筆)/

(10)잡기(雜記)·잡문(雜文)·잡평(雜評)/ (11)잠(箴)·찬(贊)/

(12)전(傳).

4) 어학(語學)·자서(字書)

5) 문학·어학 관련 문헌

5. 경세학

1) 경세학 관련 단편 해제

2) 경세유표

3) 목민심서

4) 흠흠신서

5) 사대고례

6) 경세학 관련 용어

7) 경세학 관련 중요 문헌

8) 경세학_교육[기존 독립영역에서 경세학으로 편입함: 경학 하위로 넣을지?]

*〈교육은 상위 독립영역(7.교육)으로 해야 좋을 것으로 봄. 따라서 6음악~9근현대 연구자 및 기관의 순서와 번호를 수정해야 할 것〉

6. 역사(歷史) · 지리학(地理學)

1) 단편 해제

2) 대동수경

3) 아방강역고

4) 역사지리 논고

5) 고대 왕조 · 민족

6) 고지명

7. 교육

8. 음악 · 미술

1) 다산의 음악 저술 및 해제

2) 다산 음악학의 기본 개념과 용어

3) 관련 문헌

4) 다산의 서화 작품

5) 다산의 미술 관련 논설 해제

6) 미술 관련 작품

9. 과학(科學) · 의학(醫學)

1) 과학 관련 단편

2) 과학 관련 용어

3) 의학 관련 단편

4) 마과회통

5) 과학·의학 관련 문헌
10. 근현대 연구자 및 기관
1) 근현대 다산학 연구자
2) 다산학 관련 기관·기관지

이러한 분류체계로 보면 다산학이 얼마나 다양한 영역을 내포하고 있는지 한눈에 내다볼 수 있으며, 그 영역은 바로 다산학이 백과사전의 영역을 포괄하고 있음을 잘 보여주고 있다. 물론 경학, 문학, 경세학에 큰 비중이 부여되고 있는 것은 사실이나, 예술과 의학 및 과학에 까지 걸치는 다양한 영역의 활발한 논의는 우리 사상사에서 다산학이 유일한 경우라 할 수 있다.

물론 오늘의 지식체계에 따라 정치, 외교, 행정, 경제, 군사 등의 영역을 전통적 지식체계에 따라 경세학으로 묶어놓았고, 중요저술에 따라 항목을 설정하고 있는 것은 편집체계의 한계라 볼 수도 있다. 그러나 다산학의 지식체계를 분류하기 위한 현실적 합리성과 작업의 효율성을 위해 현재의 분류체계를 받아들이는 데 중론을 모을 수 있었다.

3) 편찬작업의 과제와 과정

(1) 편찬작업의 수행조직과 실행과제

**편찬작업의 수행조직:
다산학술문화재단은 한국연구재단의 지원을 받아 5개년의 사업을 수

행하기 위해 재단 이사장을 중심으로 편찬사업단을 조직하였으며 연구책임자를 중심으로 운영위원회와 편찬팀을 구성하였다. 여기서 '운영위원회'는 재단소속 연구원과 공동연구원이 연구책임자 및 전임연구원들과 연구의 원활한 수행을 위해 협조, 지원하는 일을 맡고 있다.

사전편찬팀은 〈기초작업팀〉과 〈후반작업팀〉으로 기능을 구분하고, 〈기초작업팀〉에서는 기존 사전을 검토 분석하여 사전편찬 시스템을 구축하고, 여유당전서 및 연구사를 검토하여 항목을 추출하고, 전문가에게 항목을 자문받으며, 원고집필 · 교정 · 교열 · 윤문의 원칙을 연구하며, 원고 집필 및 감수를 의뢰하는 일을 담당했다. 〈후반작업팀〉에서는 수집된 원고의 교정 · 교열 · 윤문을 하고, 사업단 내부 및 외부 전문가들의 집필 내용 감수를 받는 일을 담당했다. 또한 사전편찬팀의 구성 인력은 연구책임자 1명, 공동연구원(전문학자) 5~8명, 전임연구원(박사) 2명, 연구보조원은 박사 1~2명, 석사 3~4명, 행정보조원(학사) 1명으로 이루어졌다.

항목의 설정과 집필자의 선정에서도 외부전문가들을 초빙하여 '항목자문 위원단'을 구성하여, 몇 차례 항목선정회의를 열어 자문을 받았고, 원고 감수에서도 외부학자들로 원고감수 위원단을 구성하였으며, 여러 차례 회의와 워크샵을 통해 일을 추진함으로써, 결정의 신뢰도를 높이고, 안정감을 확보하는데 주의를 기울였다.

**편찬작업의 실행과제:

사전편찬팀의 임무에서 이미 밝혀진 일이지만, 『다산학사전』 편찬작업에서 중시하였던 실행과제로 시행순서에 따라 다음과 같이 세 가지 과제를 확인할 수 있다.

(a) 가장 먼저 기존 사전들을 광범하게 검토 분석하고, 장단점을 평가

하여, 『다산학사전』을 위한 바람직한 모델을 찾아내는 일과, 사전편찬 작업의 능률적 수행을 위해 사전편찬 시스템을 구축하는 일이 제시된다.

(b) 다음으로 『여유당전서』 및 다산학 연구사를 검토하여 다산학의 지식체계를 수립하고, 이에 따라 집필 항목을 추출하는 일이다. 『다산학사전』이 백과사전적 성격을 지니는 만큼 지식체계의 수립이 정교하고 균형이 잡혀야 비로소 사전의 초석을 놓았다고 할 수 있다. 항목선정도 이 지식체계에 따라 하위체계에서 항목이 드러나야 누락을 막을 수 있다. 항목의 선정에는 그 항목의 비중에 따른 크기가 결정되어야 하는 문제도 전문가의 판단을 요구하는 과제였다. 지식체계의 수립과 항목의 추출 과정에서는 몇 차례 회의를 통해 전문 학자들의 의견 수렴을 거쳐 적합성을 검토하고 보완해나가야 했다.

(c) 항목의 집필자를 선정하는 것도 회의를 통해 전문학자의 조언을 받아야 했다. 집필을 의뢰한 다음 원고를 수집하고, 수집된 원고를 교정·교열·윤문하는 과정에서 무척 번거로움을 알면서도 필자와 반복하여 협의를 하였다. 심지어 그 많은 항목의 집필에 대해 다른 전문가의 감수를 받는 과정을 통해 보다 완벽에 가까운 원고를 얻는 데 최선을 다했다. 그 결과로 총 1,796항목의 원고 21,650매가 최종적으로 이루어졌다.

(2) 편찬과정에서 발생하는 문제와 그 해결

**원고의 집필-교열-수정-재집필:
총 1,796항목에 걸쳐 21,650매의 원고를 교정·교열·윤문하고 감수하는 과정이 얼마나 번거롭고 온갖 난관에 부딪치는 일이라는 사실은 사전편찬과정을 지켜보면서 비로소 확인할 수 있었다. 원고의 마감날자를 한정없이 늦추어 애태우게 하는 일이나, 필자가 원고의 교열 내지 감수에 따른 수정을 받아들이지 않아서 어려움을 겪는 일도 허다했다.

원래 원고의 안정된 수준을 유지하기 위해, 집필자에게 〈다산학사전 원고집필 지침〉을 제공하고, 준거가 되는 예문까지 제시하였다. 집필 지침을 지키지 않은 원고는 수정의 기회를 주지만, 수정원고도 편집기준에 맞지 않은 경우는 원고를 폐기하고 다른 집필자를 찾아 재집필을 의뢰하지 않을 수 없었다. 또한 원고를 수집하고 검토하는 과정에서 집필을 필요로 하는 새로운 항목들이 나타나게 되어, 뒤늦게 집필의뢰를 함으로써, 사전의 완전한 모습을 찾아가기 위해 노력했다.

**사전편찬의 틀:

『다산학사전』의 완성된 모습을 결정하는 것은 매우 중요한 과제이다. 필자는 지식체계에 따른 분류사전이 『다산학사전』의 성격에 맞는다고 생각했지만, 회의에 참석한 대부분의 전문학자들은 가나다순 배열의 사전이 찾기 쉽다는 의견을 제시하여, 가나다순 배열 사전으로 결정이 되었다. 물론 분류사전에는 가나다순 항목이 색인에 들어 있어야 하고, 가나다순 배열에는 분류사전의 체계가 색인에 수록될 터이니, 두 기능을 함께 가지고 있음을 보여준다. 그러나 앞으로 언젠가 『다산학사전』이 '시문학', '경학', '예학', '경세학' 등의 분야에서 독립된 '분류소사전'으로 간행되는 것도 이용자에게 편리하고 도움이 될 수 있을 것이라 생각한다.

4) 『다산학사전』 편찬의 의의와 남은 과제

(1) 편찬의 의의

『다산학사전』은 국내에서 사상가의 사전으로 처음 이루어진 것이다. 그만큼 다산의 학문적 유산이 얼마나 방대하고 사상적 창의성이 얼마나 탁월하였는지 생생하게 직접 볼 수 있게 되었다고 하겠다. 사실 지난 60년 동안에 다산의 학문과 사상을 연구한 연구업적이 엄청나서 수레에 실으면 소가 땀을 흘리고, 바닥에 쌓아놓으면 들보까지 가득 찬다는 이른바 '한우충동'(汗牛充棟)을 실감할 수 있는 상태라 하겠다.

따라서 지금의 시기는 바로 다산학 연구의 충분한 축적을 기반으로 다산학 지식의 체계적 정리를 할 수 있는 여건을 갖추었다고 할 수 있으며, 또한 다산학을 체계적으로 정리해야할 시기를 맞이하였다고 할 수 있다. 『다산학사전』은 이러한 여건과 시기에서 출현하게 되었다고 할 수 있다.

『다산학사전』이 나오면, 우리 학계에 큰 충격을 주게 될 것이다. 한국학 연구의 여러 분야에서 정연하게 정리된 다산학의 지식체계에 깊은 충격을 받아, 자기분야의 연구에서 폭과 깊이를 스스로 점검해보게 되고, 각 분야의 연구를 활성화하는 계기를 얻을 것이다. 바로 이 점에서 앞으로 다산학 연구는 다른 여러 분야들과 더불어 협력하면서, 한국학 연구의 전면에서 이끌어가는 역할을 할 수 있을 것으로 본다.

(2) 남은 과제

사전편찬의 작업과정에서부터 사전제작을 '종이책'으로 만들 것인지, '전자책'으로 만들 것인지 논의가 있었다. '종이책'은 지식을 종횡무진으로 쉽게 접근할 수 있다는 장점이 있고, '전자책'은 언제든지 새로운 지식을 추가할 수 있고, 필요에 따라 수정할 수 있으니, 보다 올바른 지식을 제공할 수 있다는 장점이 있다. 그렇다면 '종이책'은 한번 간행되면 고정되니 '닫힌 사전'이라 하겠지만, 이에비해 '전자책'은 독자가 발견한 오자·탈자도 그 자리에서 고칠 수 있고, 끊임없이 새로운 지식을 찾아가며, 제공된 지식을 수정해 갈 터이니, '열린 사전'이라 할 수 있겠다. 그래서 '종이책'을 간행하면서, 동시에 '전차책'을 이용할 수 있도록 노력한다는 입장을 확정하였다.

『다산학사전』의 '종이책'은 진선진미(盡善盡美)를 이루기 어려워 차선(次善)을 선택하는 데 머물렀던 경우가 많았던 것은 사실이다. 그러나 '전자책'은 노력하는 데 따라 보다 나은 사전을 위해 계속 정진해야 할 것이고, 앞으로 그렇게 해 나갈 것이라 믿는다.

끝으로 『다산학사전』의 편찬은 교육과학기술부의 재원으로 한국연구재단의 '기초연구과제 지원 사업'으로서 2009년부터 5년간 총 11여억 원의 지원을 받아서 가능하였음을 밝혀둔다. 그러나 이 사전의 편찬 작업이 완성을 보는 데는 오랜 세월이 더 걸려애 했다. 1차 편찬작업으로 2009년 7월~2014년 6월 까지 5년 동안 사전편찬팀의 고된 노력을 쏟아 부었으나, 정교하게 다듬어 진 완성을 이루지는 못하였다. 그래서 2차편찬작업으로 2014년 7월 이후 2018년 5월까지 또다시 4년 동안을 다산학술문화재단의 지속적인 후원과 재단 내부 연구팀의 헌신적인 노력을 기울인 끝에, 비로소 출간의 햇빛을 보게 된 것이다. 이렇게 『다산학사전』

이 최종적 완성을 이룰 수 있는데는 그동안 다산학술문화재단 정해창 (丁海昌) 이사장님의 세심한 배려와 연구기획실장 이주행(李柱幸) 박사 의 노고에 머리 숙여 경의를 표하지 않을 수 없다. (2018.5.3. 다산학사전 연구책임자 금장태)

제4부

부록

1. 전통문화 속에서 말의 상징적 의미

1) 하늘과 하느님

하느님은 유교에서 '천'(天) 혹은 '상제'(上帝)라 일컬어진다. 조선초기 성리학자인 권근(陽村 權近)은 '하늘-천'(天)자를 해석하면서, '한-일'(一)자와 '큰-대'(大)의 두 글자가 결합한 것이라 하였다. 여기서 '일'(一)이란 이치에서 상대가 없는(無對) '절대'의 존재임을 가리키며, 운행에서 끊어짐이 없는(無息) '영속'의 존재임을 가리키는 것이라 한다. 또한 '대'(大)란 실체에서 한계가 없는(無外) '극대'의 존재임을 가리키며, 창조에서 한량이 없는(無窮) 무량한 존재임을 의미하는 것이라 하였다. 곧 '천'(天)은, '일'(一)과 '대'(大)의 두 요소를 지닌 존재로서, 절대성, 영속성, 극대성. 무량성의 네 가지 성격을 지닌 존재임을 제시하고 있다.

또한 권근은 하늘과 인간 사이에 천리(天理)와 인성(人性)의 일치를 중심으로 천인합일(天人合一)의 구조를 그림 곧 「천인합일지도」(天人合一之圖)로 보여주기도 하였다. 이에 비해 조선후기 실학자인 정약용

(茶山 丁若鏞)은 하늘(天)을 상제(上帝)가 계시는 장소를 가리키는 것임을 확인하고, 마치 우리나라에서 대통령을 가리키는 별칭으로 '청와대'라 일컫듯이, '천'은 '상제'를 가리키는 별칭일 뿐이라 하였다. 또한 '상제'는 신(神)으로서 인간의 삶을 내려와 감시(降監)하고 있으며, 상제를 인간이 두려워하고 섬겨야할 신앙적 대상으로 확인하고 있다.

유교전통에서는 '천'과 '상제'를 동일시하여, '천-상제'에게 제사드리는 제천(祭天)의례로서 '교'(郊)제사가 있었고, 삼국시대 이래 우리사회도 하늘에 제사드렸었다, 그러나 조선시대에는 하늘에 대한 제사는 중국의 황제만이 드릴 수 있다는 봉건적 의례질서를 받아들여, 국가의례로서 하늘에 제사하는 '제천'(祭天)의례가 폐지되었던 것이 사실이다, 비록 짧은 기간이었지만, 대한제국 시절에 고종(高宗)이 황제로 등극하면서, '제천'의례를 올리는 제단인 '원구단'(圓丘壇: 圜丘壇)을 세우고, 제천(祭天)의례를 드렸던 일이 있다.

대한제국이 멸망한 뒤, 일제(日帝)는 독립국가의 상징인 '원구단'을 헐어버리고 철도호텔을 세웠으며, 대한민국에서는 '철도호텔'을 허물고 더 크고 높게 '조선호텔'을 지었다. 이 점에서 대한민국이 대한제국의 계승자인지, 조선총독부의 계승자인지, 단지 중국에 망명한 독립지사들이 세운 임시정부의 계승자인지 심각하게 고민하지 않을 수 없다. '원구단'의 제천의례 때 신주(神主)를 모시는 건물인 '황궁우'(皇穹宇)는 현재도 조선호텔의 후원에 장식물처럼 남아 있는 형편이라 뜻있는 사람들의 마음을 아프게 한다.

도교신앙에서는 하늘에서 세상을 지배하는 최고신의 존재로서 원시천존(元始天尊) 내지 옥황상제(玉皇上帝)를 신봉해왔으며, 옥황상제는 인격신적 성격이 강하여 그림이나 소상(塑像)으로 나타내기도 하였다.

이 사실은 도교에서 '옥황상제'가 유교의 '상제'에 비해 인격신으로서의 성격이 훨씬 더 강하게 드러나고 있음을 선명하게 보여주는 대목이다.

일연(一然)의 『삼국유사』(三國遺事)에 수록된 단군신화에는 천신(天神)인 환인(桓因)을 불교의 제석천(帝釋天)에 해당하는 존재로 해석하고 있는 사실에서, 고대의 하느님개념이 불교의 천신(天神)개념과 일치시켜지기도 하였던 사실을 엿볼 수 있다. 경주 불국사(佛國寺)에서 청운교(靑雲橋)와 백운교(白雲橋)를 차례로 오르는 33계단은 불교의 하늘 위로 오르는 33천(天)을 상징한다면, 범영루(梵影樓)는 수미산(須彌山)을 상징하여 천상의 세계로서 바로 제석천(帝釋天)이 사는 곳을 상징한다.

단군이 '천신'인 환인의 손자라는 인식은 고구려의 시조 주몽(朱蒙)의 설화에도 이어지고 있다. 주몽이 동부여의 왕 금와(金蛙)의 아들들이 헤치려하자, 달아나 엄수(淹水)가에 이르러 길이 막히자, "나는 천제(天帝)의 아들이요 하백(河伯)의 손자이다."(我是天帝子河伯孫.〈『三國遺事』, 卷1, 紀異1, 高句麗〉)라고 밝히니, 물고기와 자라들이 다리가 되어주어 강을 건널 수 있었다는 설화가 있다. 이러한 천손(天孫)신앙은 왕권과 국가의 성립이 하늘로부터 인정받은 것이라는 신념을 보여주는 것이다.

동학은 우리민족의 뿌리 깊은 신앙인 '하늘님'(天主)을 최고의 신으로 받아들여, 동학의 창시자인 최제우(崔濟愚)는 '하늘님을 네 마음에 모시라'(侍天主)고 가르쳤으며, 2대교주 최시형(崔時亨)은 '사람 섬기기를 하늘님 섬기듯이 하라'(事人如天)고 가르치고, 그후 3대교주 손병희(孫秉熙) 때에는 '사람이 곧 하늘님이다'(人乃天)라 선언하여, 초월적 주재자로서 하늘님에 대한 신앙을 기초로 인간 속에 내재되어 있는 하늘님을 발견하는 인간존중의 사상으로 전개하고 있음을 볼 수 있다.

2) 네 방위(東·西·南·北)의 상징

(1) 동쪽과 서쪽

동양의 사유전통에서 '음'(陰)·'양'(陽)의 이분법으로 보면 '동쪽'과 '남쪽'은 '양'에 속한다. '서쪽'과 '북쪽'은 '음'에 속한다. 동쪽은 해뜨는 곳이요 태양과 연관된 생명력을 상징한다면, 서쪽은 해지는 곳이요 죽음을 상징한다. 따라서 사람이 임종을 당할 때가 되면 머리를 동쪽으로 향하게 하여 동쪽의 생기(生氣) 곧 생명력을 얻게 하였던 의례절차가 널리 지켜져 왔다. 따라서 동쪽 계단으로 올라가고 서쪽 계단으로 내려가는 것도 동쪽을 높이는 의미가 있다.

'음'보다 '양'을 높이기 때문에 서쪽보다 동쪽을 높였다. 따라서 조선시대의 조정(朝廷)에서 조회(朝會)가 열릴 때, 문관(文官)을 동쪽에 줄지어 서게 하고, 무관(武官)을 서쪽에 줄지어 서게 하였으니, 문관을 동반(東班)이라 일컫고 무관이 서반(西班)이라 일컬었으며, 줄지어 설 때는 언제나 동쪽에 지위가 높거나 나이가 많은 사람이 섰다.

또한 동쪽은 오행(五行)에서는 나무(木)요, 인간의 기본덕성에서는 '인'(仁)이며, 계절로는 봄[春]을 가리킨다. 이에 비해 서쪽은 오행에서 쇠(金)요, 덕성에서는 '의'(義)며, 계절로는 가을[秋]이다. 또한 다섯가지 도덕조목인 오륜(五倫: 仁·義·禮·智·信)도 네 방위와 연결되어 이해된다. 그래서 서울의 동대문은 흥인문(興仁門)이요, 서대문은 돈의문

(敦義門)이요, 남대문은 숭례문(崇禮門)이요, 북문은 홍지문(弘智門)이요, 중앙에 보신각(普信閣)이라 이름 지은 것도 유교적 방위의식이 도덕 개념과 연결되어 나타난 것이다.

순환의 순서에 따르면 동쪽은 덕목으로 '인'(仁)이나 계절로는 '봄'으로 생명이 싹트며 '시작한다'(元)는 것을 의미하며, 이 시작은 다음에 오게 되는 각 단계의 덕인 예(禮)·의(義)·지(智)의 싹을 내포하는 씨앗(仁)이라는 의미를 지니는 것으로 중시된다. 이에 비해 서쪽은 덕목으로 '의'(義)이나 계절로는 '가을'로 온갖 곡식을 '수확한다'(利)는 의미를 지니고 있다.

『주역』(周易)에서 동쪽에 해당하는 진괘(震卦)는 장남(長男)에 해당하며 만물이 발생하는 형상으로서, 그래서 우리나라를 가리켜 '진국"(震國)이라 일컫기도 한다. 서쪽에 해당하는 태괘(兌卦)는 소녀(少女)에 해당하며, 만물을 거두어들이는 기쁨(說)을 의미히가도 한다.

불교에서는 제예명왕(際穢明王)이 동쪽에 있어서 사람을 돌보고 법을 지킨다 하여, 절에서는 변소(解憂所)를 동쪽에다 두었으며, 그 때문에 우리나라 사원에서는 변소를 가리켜 동사(東司) 혹은 동정(東淨)이라 일컫기도 한다. 이에 비해 서쪽은 불교가 서천축(西天竺: 印度)에서 전래하여 '서쪽에서 왔다'(西來)고 하면 불교의 발생지에서 왔음을 의미한다. 특히 서방은 정토(淨土)라 하며, 내세를 주관하는 아미타불(阿彌陀佛)이 주재하는 내세(來世)를 의미한다.

(2) 남쪽과 북쪽

유교의 전통사상에서 다섯 가지 기본사물인 오행(五行)은 사방(四方)

이 연결되어 있는데, 남쪽은 불(火)이요 예법(禮)에 해당하며, 북쪽은 물(水)이요 지혜(智)를 가리키는 것으로 보고 있다. 이에 따라 남쪽은 생명의 왕성함을 상징하고, 북쪽은 죽음의 세계를 상징한다. 따라서 상례에서는 죽음이 확인되면, 바로 죽은 자의 머리가 북쪽을 향하도록 하며, 초혼(招魂)의례에서도 지붕위에 올라가 북쪽을 향하여 죽은 이의 호칭을 세번 부르며 돌아오라고 한다. 그것은 북쪽에 죽은 이의 세계가 있다고 생각했음을 보여준다.

중국 낙양(洛陽)의 북쪽에 북망산(北邙山)이 있는데, 이곳은 무덤이 집중되어 있는 곳으로, 역시 북쪽을 죽은 자의 세계로 보고 있는 것이요, 흔히 죽는다는 것을 "북망산천(北邙山川)에 간다."고 일컫고 있다. 남쪽은 여름이요, 북쪽은 겨울로 상징되는 사실도, 남쪽은 생명의 세계를, 북쪽은 죽음의 세계를 의미하는 것으로 이해되는 까닭이다.

또한 집을 지을 때 태양이 잘 비치는 남향으로 짓는 것이 기본이요, 북향집을 짓는 것을 꺼린다. 지구의 남반구에서는 반대방향이 될 수 있겠지만, 북반구에 위치한 동아시아 전통에서 방향의 기준은 북쪽을 등지고 남쪽을 바라보는 것을 중시한다. 곧 임금이 앉는 자리는 언제나 북쪽에서 남쪽을 바라보며 정치를 하는 만큼, 북쪽은 대궐이 있는 곳으로 삼아 대궐을 향해 북향재배(北向再拜)를 하기도 한다. 임금만 아니라 모든 지위가 높은 사람이나 어른이 앉는 자리는 북쪽을 등지고 남쪽을 바라보는 것을 원칙으로 삼고 있다.

모든 제사의례에서도 사당(祠堂)은 남쪽을 향하고, 신주도 남쪽을 향해 모시는 것이 기준이요, 제사를 드리는 사람들은 북쪽으로 바라보며 의례를 행하고 있다. 혹시 어떤 사정에 따라 건물을 동향이나 서향으로 짓더라도, 의례적 공간에서는 항상 신주가 바라보는 방향을 남쪽이라 하며, 의례의 참석자는 어떤 방향에서 제사를 드리든지 언제나 북쪽을 향하는 것이라 말한다. 따라서 북쪽은 사자(死者)의 세계를 상징하며, 동시에 지극히 높은 자리를 상징한다.

도교에서 북쪽에 대한 의미는 분명하지 않으나, 우리나라의 도교신앙에서는 남두육성(南斗六星)과 더불어 북두칠성(北斗七星: 北極星을 중심으로 한 七星)이 받들어져 제초(祭醮)가 드려졌다. 여기서 북두칠성은 임금과 모든 백성의 빈부(貧富).생사(生死).화복(禍福)을 지배하는 존재로서 남두육성보다 더욱 높여지고 있는 사실에서 북쪽을 위쪽으로 삼아 중시하고 있는 사실을 알 수 있다.

불교의 종파인 밀교(密敎)의 전통에서는 북두칠성을 존숭함으로써 재앙을 소멸시키고 수명을 연장시키기 위해 닦는 기도법인 북두존성왕법(北斗尊星王法) 곧 북두법(北斗法)이 있다. 이 기도법은 조선 숙종때 상월(霜月)선사에 의해 시행되었다고 한다. 이러한 사실에서 불교에서도 도교의 경우에 상응하는 것으로 북쪽에 대한 존중의식을 엿볼 수 있게 한다.

3) 왼쪽과 오른쪽의 의미

유교에서 오른쪽은 곁에서 돕는다는 뜻으로서 퇴계(退溪 李滉)는 고대 제도에서 왼쪽에 보(輔)가 있고 오른쪽에 필(弼)이 있어서, 임금을 좌우에서 도왔던 사실을 언급하였다. 이때는 좌우가 모두 중요한 요소임을 말한다.

그런데 왼쪽과 오른쪽의 문제는 동쪽인지 서쪽인지를 따질 때와 따지지 않을 때의 의미나 비중이 전혀 달라진다. 먼저 동쪽인지 서쪽인지를 따지지 않을 경우에는 대체로 오른쪽을 높이고 왼쪽은 오른쪽 보다 낮은 것으로 본다.

곧 오른쪽은 높인다는 뜻으로서, 학문을 높인다고 할 때는 '우문'(右文)이라 한다. 따라서 조선사회의 유교적 정치원리는 언제나 '우문정책'을 채택하여 왔었다. 또한 정통의 진리를 가리켜 '우도'(右道)라 하여, 유교를 가리키기는 명칭으로 삼았다. 이에 비해 왼쪽은 낮춘다거나 거부한다는 부정적 의미로 이해되어 왔던 것이 사실이다. 특히 유교의 입장에서는 불교나 도교 및 미신 등을 이단(異端)으로 지적하면서 '좌도'(左道)라 일컬었으며, 왼쪽은 그릇된 것을 가리키는 뜻으로 사용하여 왔다. 오늘날 사회주의자들을 '좌파'(左派)라 하고, 자유민주주의를 지키는 입장을 '우파'(右派)라 일컫는 것도 같은 맥락이다.

동쪽인지 서쪽인지를 살펴서 오른쪽과 왼쪽을 말할 때는 왼쪽이 높여지고 오른쪽이 상대적으로 낮은 것으로 인식하는 사실을 확인할 수 있다. 임금이나 수령이 북쪽을 등지고 남쪽을 향해 앉았을 때의 경우에는, 오른쪽이 서쪽에 해당하고 왼쪽이 동쪽에 해당하게 된다. 따라서 유교 전통에서는 조회(朝會)를 하는 자리나 의례를 행하는 자리에 참석하는 사람들은 동쪽에 해당하는 왼쪽을 서쪽에 해당하는 오른쪽 보다 높였던 사실을 볼 수 있다.

조선시대 관료제도에서도 좌의정(左議政)이 우의정(右議政) 보다 윗자리로 인정되었다. 그러나 의례의 대상이 되는 신위(神位)의 경우에서는 북쪽에서 남쪽으로 바라보게 되는데, 서쪽인 왼쪽이 동쪽인 오른쪽 보다 높여지고 있는 사실을 볼 수 있다.

북쪽에서 남쪽을 바라보는 자리에 있는 신주(神主)의 자리는 오른쪽에 해당하는 서쪽부터 높은 자리가 시작되어 왼쪽에 해당하는 동쪽으로 순서에 따라 배열된다. 이에 비해 제사나 조회에 참석하는 사람들의 경우 신주나 임금의 왼쪽에 해당하는 동쪽에 남자가 서거나 높은 지위의 인물이 서고, 오른쪽에 해당하는 서쪽에 여자가 서거나 낮은 지위의 인물이 서는 질서로 왼쪽에 해당하는 동쪽을 높이고 있는 사실을 보여준다.

신주나 제왕의 남면(南面)하는 자리는 왼쪽이 동쪽에 해당하고 양(陽)을 의미하기 때문에, 제사의례에서는 왼쪽을 높이는 것은 유교의례의 고전에 근거하여 한국유교전통에서도 시행되어 왔다. 종묘(宗廟)나 가묘(家廟)와 사당에서 신위(神位)를 배열하면서 가장 높은 어른이 중심에 자리 잡는 경우에도 신위는 왼쪽(동쪽)을 오른쪽(서쪽) 보다 높여서 '좌소우목'(左昭右穆)의 차례에 따라 배치하는 소목(昭穆)제도를 기준으로 삼는다.

4) 뿌리와 가지의 의미

유교에서 '뿌리'는 생명의 원천이고 현실의 토대를 상징한다. 따라서 뿌리를 튼튼히 해야만 생명이 왕성해지고, 현실에서 건강함을 확보할 수 있으며, 미래에는 더욱 발전할 수 있는 기초로 보고 있다. 뿌리[根]와 바탕[本]이 결합하여 '근본'(根本)이 확인되면, 이에 상대하여 가지[枝]와 말단[末]이 결합하는 '지말'(枝末)이 제시된다.

어떤 존재에서나 감추어진 '근원'과 밖으로 드러난 '결과'가 서로 떨어질 수 없는 필연적 연관성을 갖는 것처럼, 어떤 생명에서나 땅속의 뿌리인 '근본'(根本)과 뻗어나간 가지 끝인 '지말'(枝末)은 유기적으로 연결되어 어느 한 쪽도 소홀히 될 수 없지만, 현실에서는 언제나 뿌리 곧 근본을 중시하고 있는 사실을 확인할 수 있다.

퇴계(退溪 李滉)가, "근본은 먼저 해야 할 것이기 때문에 급하다."고 언급한 것처럼 조선시대 성리학자들은 근본 내지 근원을 지말 내지 현실 보다 앞세우는 '선본후말'(先本後末)의 이론을 지켜왔다, 이른바 '근본주의'를 내세우는 입장이라 할 수 있다. 이에 비해 조선후기 실학자들은 지말 내지 현실을 근본 내지 근원 보다 앞세우는 '선말후본'(先末後本)의 이론을 제시하였다. 이른바 '현실주의'를 주장하는 입장이라 할 수 있다.

뿌리가 튼튼해야 꽃이 화려하고 열매가 충실해진다는 것은 누구나 아는 상식이다. 여기서 뿌리부터 먼저 돌보아야 한다는 관점과 꽃과 열매의 상태를 잘 살펴야 한다는 관점이 갈라지고 있지만, 그렇다고 어느 한쪽이 옳고 다른 쪽이 그른 것은 아니다. 바로 상호보완적이고 상생적 관계임을 인정하지 않을 수 없다.

농사를 짓거나 과수를 재배하는 사람이라면, 뿌리와 가지의 어느 한쪽도 소홀히 할 수 없음을 잘 알지만, 현실세계의 문제는 그보다 너무 복잡하여 뿌리 쪽을 보는 사람에게는 가지가 잘 보이지 않을 수 있고, 가지쪽을 보는 사람에게는 뿌리가 잘 보이지 않을 수 있는 것은 사실이다. 한마디로 "뿌리없는 가지는 있을 수 없고, 가지 없는 뿌리는 아무 소용이 없다."고 해야 할 것이다.

원인과 결과의 인과(因果)를 특히 중시하는 불교에서 '뿌리'를 외면할까닭이 없다. 불교에서 '뿌리'란 온갖 착한 결과를 나오게 하는 마음으로서 '선근'(善根)을 말하는데, 이것은 탐냄(貪), 분노(瞋), 어리석음(痴)의

'삼독'(三毒)이 없는 것이다. 그만큼 '선근'의 공덕이 크다고 하겠다.

또한 불교에서 '오근'(五根)을 말하는 것은 안(眼), 이(耳), 비(鼻), 설(舌), 신(身)의 다섯가지 감각기관을 가리키며, '오근'에 의(意)까지 보탠 '육근'(六根)은 대상세계를 인식하는 우리의 인식주관인 '제6식'(第六識)으로서 유식학(唯識學)의 기본문제가 된다. 불교의 '육근'(六根)이라는 말은 도교에서도 그대로 수용되고 있다.

5) 동지(冬至)의 의미

동짓날은 가장 길어졌던 밤이 앞으로 점점 짧아지기 시작하는 날이 되고, 가장 짧아졌던 낮이 앞으로 점점 길어지기 시작하는 전환의 계기이다. 따라서 진정한 한 해의 시작은 동짓날이라 할 수 있다. 그래서 동짓날을 '작은 설'(亞歲)이라 일컬으며, 사람들이 서로 축하인사를 하였다고 한다. 또한 동짓날은 팥죽을 쑤어 먹는데 대문앞에 팥죽을 조금 내다 놓아, 악귀나 재난을 물리치려하는 풍속이 있다.

그리스도교에서 예수의 탄생일은 초대교회 시절에 봄으로 알려져 있었는데, 그후에 12월25일로 결정되었다고 한다. 그것은 12월22일의 동짓날은 태양이 가장 짧아지는 날이니, 생명이 소멸되는 죽음을 상징하고, 그날부터 사흘 만인 12월25일을 죽음에서 다시 살아나는 '부활'을 상징하는 것으로 탄생일로 정했다는 설이 있다.

『주역』의 열두가지 기본 괘(12辟卦)는 한 해 12개월의 순환질서를 상징하는데, 그 가운데 동짓달에 해당하는 괘가 '복괘'(地雷-復卦)이다. '복괘'의 '단사'(彖辭)에서는 "천지의 (만물을 살려내는) 마음을 볼 수 있겠구나."(復, 其見天地之心乎)라 하였다. 곧 우주의 순환질서에서 소멸의 끝에 다시 소생하기 시작하는 전환점으로서, 만물이 생명을 잃었다가 그날에 다시 살아난다는 '부활'(復活)을 상징한다고 하겠다.

조선말기 도학자인 이항로(華西 李恒老)와 그의 제자들의 집단인 화서학파(華西學派)에서는 동짓달과 더불어 '복괘'의 의미를 악(惡)이 극성을 부리다가 이 세상의 질서가 쇠퇴하여 극도로 침체하는 시기이지만, 한 가닥 선(善)이 다시 살아나 생명의 활력을 얻기 시작하는 회복의 시기를 형상하는 것으로 중시하였다.

따라서 '동지'를 사회의 도덕적 쇠퇴와 국가가 멸망의 위기에 이르렀다가, 새로운 활력으로 살아나는 회복의 계기임을 강조하여 주목하였다. 사실 19세기 후반인 당시는 서양과 일본의 제국주의적 침략을 받으면서 조선왕조가 몰락하는 역사적 위기의 상황이었다. 여기서 화서학파는 조선왕조가 외세의 침략으로 극심한 혼란과 침체에 빠져 있는 위기상황임을 진단하였으며, 나아가 이 극한적 침체의 국면에 이른 당시는 바로 반전하여 유교문명이 새로운 활력으로 다시 살아나는 전환의 계기로 중시했다. 이것은 순환적 역사변동에 따른 필연적 현실이라는 희망의 근거로 받아들였다. 그러므로 동짓달에 해당하는 '복괘'의 의미를 찾아서 드러내었다. 따라서 동짓달은 매우 신성시 되어 윤달을 두지 않았고, 책력의 시작과 같은 의미를 갖는 것이다.

6) 숫자의 상징

중국사상의 사유전통에서는 숫자의 상징적 의미를 매우 중시해왔다.

숫자와 연관된 풍부한 상징적 의미는 숫자를 신비화시켜주기도 한다.

'하나'(一)는 최고의 통합적 기준이요 우주의 전체인 태극(太極)으로 형상된다. 또한 하늘은 하나뿐인 존재이다. 따라서 하늘을 의미하는 '하느님'은 하나를 의미하는 '하나님'으로 일컬어지기도 한다.

'둘'(二)은 가장 기초적 구조로서, 세상의 모든 질서는 '상-하'(上下), '귀-천'(貴賤), '좌-우'(左右), '흑-백'(黑白), '선-악'(善惡) 등의 온갖 이원구조가 여기에 포함되고 있으며, '음-양'(陰陽)이 이원구조의 기본형식으로 역할을 한다.

'셋'(三)은 분리와 통합의 양면을 지닌 것으로 삼각형적 구조를 보여준다. 우주의 기본구성을 삼재(三才: 天-地-人)라하고, 셋으로 나누어지는 것으로 세발솥(三足鼎)은 안정감을 상징하며, 나라의 보배로 삼기도 하였다.

'넷'(四)은 '사방'(四方: 東-西-南-北)이나 '사시'(四時: 春-夏-秋-冬)의 처럼 자연질서의 기본구조로 받아들여진다. 또한 '사덕'(四德: 仁-義-禮-智)나 '사유'(四維: 禮-義-廉-恥)의 경우처럼 인간의 기본적 도덕성으로 받아들이기도 한다.

'다섯'(五)은 종류를 분류하는 기본형식이다. 사물을 구분할 때 '오행'(五行), 감각을 구분할 때 '오관'(五官), 맛을 구분할 때 '오미'(五味), 색깔을 구분할 때 '오색'(五色) 등 종류를 구분하는 가장 단순하고 핵심적의 구분을 의미하는 것이다.

'여섯'(六)은 우주론에서 수평적 기본형식인 '사방'(東-西-南-北)과 수직적 기본존재인 상하(上-下 곧 天-地)를 합친 수인 '육합'(六合)으로 공간적 우주의 전체를 의미한다. 『장자』(莊子) 응제왕(應帝王)편에서 말한 '육극'(六極)도 '육합'과 같은 의미이다. 또한 『주례』(周禮)의 '6

관'(六官)제도는 천지와 사시(四時)의 우주적 구조를 관료제도의 여섯 가지 기본체계로 응용한 것이며, 중국과 조선시대 관료제도는 전통적으로 이 '6관'제도에 기초하여 운영되었다.

특히 『주역』의 '6효'(爻)와 관련하여 '6'은 상하 두 단락으로 대응되는 '삼재'(三才. 天-地-人)가 서로 상응하는 현실세계의 변화를 상징한다. 인간의 장부(臟腑)도 혈기가 모이는 '오장'(五臟: 心-肝-脾-肺-腎)에 대해 진액이 모이는 육부(六腑: 胃-膽-三焦-膀胱-大腸-小腸)를 들고 있으며, 소리도 양성(陽聲)인 육률(六律: 黃鐘-太簇-姑洗-蕤賓-夷則-無射)과 음성(陰聲)인 육려(六呂: 夾鍾-仲呂-林鍾-南呂-應鍾-大呂)로 합하여 '12율(律)'이 이루어지고 있는 것은 우주론적인 6수(數)의 응용이라 할 수 있다.

공자는 원래 유교경전으로 6경(六經: 詩-書-易-禮-樂-春秋)을 편찬하였다 하며, 친족관계도 6친(六親: 父-子-兄-弟-夫-婦)이라 하고, 유교적 의례의 기본형식을 6례(六禮: 冠-婚-喪-祭-鄕-相見)라 하여 6은 갖추어진 전체를 상징하는 숫자라 할 수 있다.

불교에서는 인간의 감각과 의식을 6근(六根: 眼-耳-鼻-舌-身-意)이라 하고, 법계(法界)에 가득차서 만물을 생성하는 우주의 본체를 6대(六大: 地-水-火-風-空-識)라 하였으며, 중생이 선악(善惡)의 인과(因果)에 따라 윤회하는 양상으로서 6도(六道: 地獄-餓鬼-畜生-修羅-人間-天上)가 있고, 보살이 닦아야 할 수행으로서 6바라밀 곧 6도(六度: 布施-持戒-忍辱-精進-禪定-知慧) 등으로 나타나고 있으니, '여섯'은 시작에서 끝까지의 전체를 상징하고 있다.

7) 인체의 여러 부분

(1) 얼굴

얼굴에는 슬프고 기쁘거나 노엽고 사랑스러운 온갖 감정이 드러나기 마련이다. 그래서 '얼굴은 마음의 창문'이라 말하기도 한다. 사람을 대할 때 가장 먼저 그 사람의 얼굴표정을 살펴서 감정의 상태가 어떠한지, 인격의 덕스러움이 드러나고 있는지를 판단하게 된다. 그만큼 사람과 사람의 만남은 얼굴을 마주 대하는 것이며, 상대방에 대한 기억은 일치적으로 얼굴의 기억으로 이해된다.

유교전통에서 부모나 어른을 만나면 얼굴빛을 부드럽게 하고 공경하는 자세로 바꾸어야 하는 것이 도덕적 실천형식의 하나로 제시되고 있다. 마음의 상태에 따라 낯빛이 수시로 변하여 감정의 변화를 얼굴에 드러내는 것을 경계한다. 곧 낯빛을 엄숙하게 하도록 강조하는 것은 얼굴에 감정이 그대로 드러나는 것을 경계하는 말이다.

조선초기 유학자인 권근(陽村 權近)은 『예기』곡례(曲禮)편의 '근엄하기를 생각하듯이 한다'[儼若思]라는 말에 대해, "공경함이 밖으로 얼굴모습에 드러난 것은 마음속에 근본하는 것이다."라 하였다. 곧 얼굴모습에는 속마음이 드러나고 있음을 지적한 것이다. 또한 주자는「경재잠」(敬齋箴)에서 '경'(敬)의 수양방법은 '의복을 단정히 할뿐만 아니라 얼굴(바라보는 눈빛)을 엄숙하게 함'(整其衣冠, 尊其瞻視)으로서 마음가짐을 바르게 하는 방법으로 중요하게 제시한다.

공자는 "말을 교묘하게 하며 얼굴빛을 꾸미고서는 어진 사람이 드물구나."(巧言令色, 鮮矣仁.〈『논어』1-3〉)라 하여, 얼굴을 꾸며서 속마음과 다른 표정을 짓고 있는 것은 진실성을 잃어버린 위선적인 것으로 경계하기도 하였다. 이처럼 얼굴은 속마음을 드러내는 창문이면서, 때로는 속마음을 속이고 꾸며서 드러내기도 하는 사실을 엿볼 수 있다.

도교전통에서는 별[星辰]에 대한 숭배에 따른 성상가(星相家)들이 사람의 얼굴을 관찰하는 관상(觀相)으로 사람의 길흉(吉凶)을 판단하는 상술(相術)이 있었는데, 우리사회에서도 민간의 술법으로 '관상'이 널리 퍼져 있는 사실을 볼 수 있다. 그만큼 얼굴의 형상이 그 사람의 성격 뿐만 아니라 운명까지도 엿볼 수 있게 한다는 믿음을 드러내고 있다. 얼굴만 보고 한 사람의 운명을 헤아릴 수 있다는 것은 그만큼 얼굴이 인간의 감정과 성격과 인품까지 다양하게 드러내고 있음을 의미한다고 하겠다.

불교의 경우로 석굴암의 11면(面)관음 곧 대광보조관음(大光普照觀音)은 머리 위에 전후 좌우로 열개의 얼굴을 지닌 것은 보살이 수행하는 품계로서, 진실한 환회의 경지인 '환희지'(歡喜地), 온갖 더러움을 제거한 '이구지'(離垢地) 등 십지(十地)를 상징하며, 11면 관음상에서 맨 위의 얼굴은 최후에 번뇌를 끊고 부처가 된 불과(佛果)를 상징하는 것으로서 수도의 단계에 따른 덕이 얼굴에 나타나고 있음을 보여준다.

(2) 귀

귀는 소리나 말을 알아듣는 감각기관이다. 그런데 '귀가 밝다'는 말은 미약한 소리까지 잘 알아듣는다는 청력(聽力)의 뛰어남을 말하는 것이면서, 동시에 사람이 말하는 말의 깊은 뜻을 잘 이해한다는 이해력(理解力)의 높은 수준을 말하는 것이기도 하다. "벽에도 귀가 있다."는 말은 남몰래 엿듣는 사람이 있다는 말이다.

공자는 자신의 평생을 대체로 10년 단위로 그 인격적 성장과정을 제시하면서, 50세에는 하늘의 뜻 내지 하늘의 명령을 알게 되었다는 뜻으로 '지천명'(知天命)이라 하고, 60세에는 모든 말이 귀에 거슬리지 않고 들리게 되었다는 뜻으로 '이순'(耳順)이라 하였다. 그것은 천명(天命)을 아는 단계를 넘어서 도달한 '이순'(耳順)은 하늘과 인간에 두루 통할 수 있는 지극히 높은 단계임을 보여준다. 그렇다면 '안다'는 단계 보다 더 높은 경지에 '듣는다'는 단계가 있음을 말하는 것이다.

유교에서 귀는 남의 말을 잘 알아듣는 인격으로서 성인의 덕을 표상한다. '성'(聖)자는 '귀-이'(耳)의 부류에 속하는 글자인 만큼, 성인은 잘 듣는 귀를 가진 인격임을 알 수 있다. 또한 귀는 소리를 받아들이는 기능만 있는 것이 아니라, 소리를 듣고 거부하는 기능도 가진 것으로 말하기도 한다. 곧 간교한 말에 빠지지 않고 강압적인 말을 거부함으로써 우리 마음을 지키는 관문(關門)으로 비유되기도 한다.

『장자』(莊子) 소요유(逍遙游)편에는 요(堯)임금이 천하를 자기에게 사양한다는 말을 듣자, 허유(許由)는 속된 이야기를 들어 귀를 더럽혔다 하여, 기산(箕山)아래 영수(潁水) 가에서 귀를 씻었다 한다. 이처럼 저속한 말이 둘리면 귀는 그 소리를 거부하는 차원이 있다. 조선중기의 유학자 남명(南冥 曺植)은 「신명사도」(神明舍圖)에서 두 귀를 이관(耳關)이라 하여 해(日)와 달(月)에 해당시키고, 마음을 지키는 중요한 관문으로 표상하고 있다.

도교에서는 "눈은 몸의 거울이요, 귀는 몸의 창문"이라는 격언이 있다. 조선시대 도교에서도 눈과 귀를 너무 많이 써서 피로하지 않게 하는 것이 수도를 위한 기본방법으로 중시되었다. 신라말의 최치원(崔致遠)이 만년에 가야산에 들어가 선도(仙道)를 닦을 때 가야산 입구 홍류동(紅

流洞) 석벽에다 새겼던 시(詩)의 한 구절로, "시비의 소리 귀에 들릴까 항상 두려워/ 흐르는 물소리로 온 산을 귀먹게 했네."(常恐是非聲到耳, 故敎流水盡聾山)라 읊었다. 여기서도 선경(仙境)을 세속으로부터 차단시키는 방법의 하나로 귀를 먹게 한 것이다.

불교의 견해로 한국의 불교설화 속에서는 도를 닦아 부처가 되는(成佛) 경우에 얻을 수 있는 여섯 가지 신통력 가운데 하나로 어떠한 말이나 소리라도 모두 알아들을 수 있는 천이통(天耳通)을 들고 있다. 불상(佛像)의 큰 귀를 통해 부처의 탁월한 능력으로서 온갖 소리를 들을 수 있는 귀의 자재(自在)한 공덕이 중시되고 있음을 볼 수 있다.

(3) 심장(心)과 쓸개(膽)

심장은 유교의 오행론에서 보면 불[火]이요 열(熱)을 상징한다. 또한 심장은 생명의 원동력으로서 마음을 표상하며, 전체를 통제하는 중심의 의미를 지닌다. 정약용(丁若鏞)은 국가에서 정부를 심장으로 백성을 손발로 비유하여 심장이 중심이지만 손발이 없이는 아무 역할할 수 없는 것처럼 정부도 백성을 통해서 자신을 발휘할 수 있는 것이라 하여, 심장이 행정의 중심인 정부를 상징하는 것으로 제시하였다.

권근(權近)은 심장의 '심'(心)이 동시에 마음을 뜻하며, 마음으로서 '심'(心)이라는 한문글자의 모양이 심장이라는 그릇의 위와 좌우에 세 개의 점으로 이루어져 있다 한다. 곧 중앙의 위에 있는 점은 성품(性)이요, 왼쪽에 있는 점은 의지(意)요, 오른쪽에 있는 점은 감정(情)을 가리키는 세 요소를 담고 있는 구조를 형상화한 것이라 설명하고 있다.

곧 심장은 성품과 의지와 감정을 간직한 그릇으로 전체가 마음을 표상한다는 것이다. 마음을 방촌(方寸)이라 일컫는 것도 사방 한치 크기의 공간을 형상화한 것이요 심장과 관련이 있는 것으로 보인다. 정약용도 마음[心]이란 말은 심장[心]이란 말을 빌어다 쓰는 것이라 하면서, 심장의 피는 '기'(氣)가 지배하고 있고, '기'는 마음의 의지[志]가 지배한다 하여, 마음이 심장을 지배하는 것으로 설명하고 있다.

쓸개는 유교에서 6부(腑)의 하나로서 과감한 기운이 나오는 곳으로 믿어졌고, 용기를 상징한다. 또한 쓸개는 신체의 중앙에 있어서 마음의 결단이 나오는 곳으로 본다. 나아가 쓸개의 쓴 맛 때문에 고통을 의미하며, 월왕(越王) 구천(勾踐)이 설욕을 위해 항상 쓸개를 맛보며 굴욕의 고통을 되색이고 결심을 다졌다는 고사는 한국의 유교지식인에게 널리 인용되고 있는 격언이 되고 있다.

쓸개는 오행(五行)으로 보면 금(金)에 속한다. 5장(臟)의 하나인 쓸개는 간(肝)에 붙어 있기 때문에, 흔히 간과 더불어 '간담'(肝膽)으로 일컬어지며, 간과 쓸개는 가장 가까운 사이임을 의미한다. 때로는 충정을 상징하는 '간'과 용기를 상징하는 '쓸개'를 합쳐서 '간담'으로 일컬을때는 마음·혼(魂)·충성심을 가리킨다.

임진왜란때 의병장으로 금산(錦山)에서 700의병 들과 함께 순절한 조선중기 유학자 조헌(重峯 趙憲)의 무덤앞에 왜병들이 '조선의 충간의 담'(忠肝義膽)이라 푯말을 세웠었다 한다. 여기서도 '간'이 충성을 상징하는데 비해 '쓸개'는 의기(義氣)를 상징하는 것으로 확인되었던 사실을 알 수 있다.

2. 노자(老子)에서 '도'(道)와 '앎'(知)의 문제

1) 문제의식

어떤 고전적 사상에서나 그 사상의 근원적 진리 곧 '도'(道)의 문제와 인간이 그 '도'에 이르는 방법으로서 '앎'(知)의 문제는 철학적 핵심과제가 되고 있다. 특히 '앎'의 문제는 인간의 의식작용이나 일상생활에서 가장 중요한 문제의 하나라 할 수 있을 것이다. 철학은 그 발생에서 부터 자기 본질을 '앎을 사랑함'(愛知, philosophia)이라 규정하였다. 또한 불교도 인생의 궁극적 과제를 '깨달음'(覺)으로 제시하였으며, 공자도 "아침에 '도'를 알아듣는다면 저녁에 죽어도 좋다."(朝聞道, 夕死可矣.〈『논어』4-8)고 하였으니, 평생을 두고 추구하고 갈망하였던 과제가 바로 '도를 알아듣는다.'(聞道)는 것이었다.

이러한 사실에서 보면 고전적 사상은 끊임없이 변화하는 현실 속에 살아가면서, 온갖 변화와 혼돈을 넘어서 영원히 변함없는 진리를 찾으려 하였던 것이 사실이다. 여기서 근원적 '진리'(道)는 인간의 지각과 사유 활동을 통해 얻어지는 것이다. 또한 경험적인 지식을 넘어서서 도달할 수 있는 것으로 파악된다. 따라서 인간은 자신의 지각과 의지를 넘어서는 근원적 존재로 나아감으로써, 근원적인 '진리'(道)를 체득할 수 있는 것이다.

이러한 사실에서 보면 고전적 사상은 끊임없이 변화하는 현실 속에 살아가면서, 온갖 변화와 혼돈을 넘어서 영원히 변함없는 진리를 찾으려 하였던 것이 사실이다. 여기서 근원적 '진리'(道)는 인간의 지각과 사유 활동을 통해 얻어지는 것이다. 또한 경험적인 지식을 넘어서서 도달할 수 있는 것으로 파악된다. 따라서 인간은 자신의 지각과 의지를 넘어서는 근원적 존재로 나아감으로써, 근원적인 '진리'(道)를 체득할 수 있는 것이다.

노자(老子: 李耼)는 근본문제의 하나로서 '앎'(知)을 문제 삼음으로써, '앎'(知)이 지향하는 목표 즉 '도'(道)의 성격을 밝히고 있다. 곧 우리의 인식행위를 비판함으로써, '도' 자체를 드러내고자 하였던 것이다.

2) '도'(道)의 일반적 규정

노자는 우주의 근본원리를 '도'라 부르고 있으나, '도'가 가리키는 그것 자체는 도무지 이름지을(개념화 할) 수 없는 것이요, 언어로 표현할 수도 없는 형이상학적 존재임을 제시하였다. 곧 『노자』(老子: 道德經)는 그 첫머리에서 "'도'는 말로 표현할 수 있으면 진정한 '도'가 아니다"(道可道, 非常道.)라는 구절로 시작한다. 곧 '도'를 언어로 규정해 놓으면 그것은 '도'의 진정한 실상이 아님을 강조하고 있다. 그렇다면 우리가 일컫고 있는 '도'라는 말은 어떤 성격의 대상인가?

노자는 '도'의 기본 성격으로 가장 먼저 이름을 알 수도 없고, 이름 붙일 수도 없는 존재라는 사실을 강조한다. 곧 "나는 그 이름을 알지 못한다. 다만 친근하게 부르는 호칭(字)일 뿐이다. (또한 '도'의 어떤 특성을) 억지로 이름지어 '크다'(大)고 일컫는다."(吾 不知其名, 字之曰道, 强爲之名曰大.〈『노자』25장〉)고 하였다. 어떤 이름으로 불러도 '도'의 실상을 그대로 드러낼 수 없다는 언어의 한계를 절실하게 토로하고 있다. 친근하게 불러보거나, 억지로 이름을 붙여보거나, '도' 그 자체가 아니니, 그 이름을 모른다고 하는 것이 정직한 고백이라 하겠다.

나아가 노자는 '도'의 '이름 지을 수 없음'(無名)이라는 특성에서 '원바탕'(樸)이라는 특성을 이끌어낸다. "'도'는 감추어져 있어서 이름 지을 수 없다."(道隱無名.〈『노자』41장〉)고 하였다. '무명'(無名) 곧 '이름이 없다'는 것이나, '이름을 지을 수 없는 것'이 바로 '도'의 특성의 하나임을 밝히고 있다. 따라서 노자는 "'도'는 영원히 이름 지을 수 없는 것이요, '원바탕'(樸)이란 비록 작지만, 천하도 그것을 지배할 수 없다."(道常無名, 樸雖小, 天下莫能臣也.〈『노자』32장〉)고 하여, '도'를 '이름 지을 수 없다'(無名)는 특성과 '원바탕'(樸)이라는 특성으로 규정하고 있다.

또한 그는 이 두 가지 '도'의 특성을 결합시켜서, '도'를 '이름 지을 수 없는 원바탕'(無名之樸)이라 제시하여, "나는 '이름 지을 수 없는 원바탕'(無名之樸)으로 그것을 규정하려 한다."(吾將鎭之以無名之樸..〈『노자』37장〉)이라 밝히고 있다.

여기서 노자는 '도'의 '이름 지을 수 없다'(無名)는 특성은 천지만물의 '시원'(始)이라는 특성을 이끌어내기도 한다. 곧 "이름 지을 수 없음은 우주의 시원이다."(無名, 天地之始.〈『노자』1장〉)라 하여, '도'란 만물이 생성되어 나오는 근원으로서 '시원'(始)으로 규정하기도 한다. 이처럼 우리가 알고자 하는 '도'는 이미 인식의 대상을 벗어나는 것으로서, 구별할 수도 없고 이름 붙일 수도 없는 '원바탕'(樸)이요 '시원'(始)으로 이해하고 있다.

따라서 천지와 만물이 생성되어 나오는 시원인 '도'는 너무 멀어서 '가물가물하다'(玄)고 할 수도 있고, '아득하다'(玄)고도 표현될 수 있는 존재임을 확인하고 있다. 곧 "아득하고(玄)도 아득하여 모든 오묘함(妙)이 나오는 문이다."(玄之又玄, 衆妙之門.〈『노자』1장〉)라 하여, '도'는 어떤 개체로서의 존재가 아니라, 모든 현상의 근원으로 거슬러 올라가 세상 모든 존재의 근원으로서 신비로움이 드러나는 자리임을 제시한다.

> "혼연일체를 이룬 것이 있으니, 하늘과 땅 보다 먼저 생겨났으며, 소리도 없고 형체도 없지만, 홀로 서서 바뀌지 않으며, 두루 운행하지만 위태롭지 않으니 천지만물의 어머니가 될 수 있다."
>
> (有物混成, 先天地生, 寂兮寥兮, 獨立不改,
> 周行而不殆, 可以爲天下母.〈『노자』25장〉)

'도'의 상태는 어떤 분별도 성립하지 않는 분별 이전의 일체라는 사실과, 그 근원에서는 어떠한 생성 보다 앞서는 시원의 존재임을 보여준다. 이와 더불어 '도'는 감각에서 보면 들리는 소리도 없고, 보이는 형체도 없으니, 감각대상을 넘어섰다는 특성을 지적한다. 또한 다른 존재와의 관계에서 보면, 무엇에도 의지함이 없이 홀로 있는 독립한 존재요, 현상에서 보면 어떠한 변화도 없는 영구히 불변하는 존재임을 지적하였다.

나아가 그 작용에서 보면, 두루 순환하고 운행하지만 불안하거나 위태로움이 없음을 밝히면서, '도'의 이러한 여러 특성을 근거로 세상의 모든 존재를 생성하는 '천지만물의 어머니'(天下母) 곧 창조주가 된다하여, '도'를 여성적 성격으로 제시하고 있는 사실이 주목된다.

이러한 '도'의 본성은 모든 대상적 존대인 '있음'(有)의 근원이라는 점에서 '없음'(無)이며, 또한 어떤 개념적 인식도 불가능하다는 점에서 '없음'이라 할 수 있으니, '있음'을 넘어서고 근원으로서 초월한다는 의미에서 '도'를 '없음'(無)이라 일컬을 수 있다는 것이다. 여기서 '없음'(無)이란 노자가 어떠한 개념적 언어로 표현할 수 없는 근원적 존재인 '도' 자체는 인식능력으로부터 은폐되어 있음을 의미하는 것이지, 이를 '텅비고 아무것도 없다'(空無)는 허무주의적 대상을 가리키는 것은 아니라 하겠다.

3) '도'의 인식조건에 대한 비판

이제 우리는 이 현실적 세계 안에서 어떻게 '도'를 알 수 있는 것인지 검토해볼 필요가 있다. 언제나 감각하고 은유하며 비판하는 우리들의 온갖 의식활동은 '도'의 인식을 위하여 어떤 역할을 할 수 있는가? 몇 가지 세밀한 조목을 통해 검토해 볼 수 있을 것이다.

"온갖 현란한 색깔은 사람의 눈을 멀게 하고, 온갖 요란한 소리는 사람의 귀를 멀게 하며, 온갖 맛있는 음식은 사람의 입맛을 버리게 한다. 사냥감을 쫓는 것은 사람의 마음을 미치게 하며, 얻기 어려운 진귀한 재물

은 사람들로 하여 도둑질을 자행하게 한다. 이 때문에 '성인'은 배부른 것
(腹)을 구하지, 보기 좋은 것(目)을 구하지 않는다 그러므로 후자(目)를
구하지 않고 전자(腹)를 구한다."

(五色令人目盲, 五音令人耳聾, 五味令人口爽,

馳騁畋獵令人心發狂, 難得之貨令人行妨,

是以聖人爲腹不爲目, 故去彼取此.〈『노자』12장〉)

　　우리의 일생생활에서 시각적으로 아름다운 경치나 용모를 좋아하지
만, 이러한 시각적 아름다움에 빠지면 '도'를 알아보는 눈이 멀게 된다는
사실을 주목하고 있다. 또한 청각적으로 아름다운 소리나 음악을 좋아
하지만, 이러한 청각적 아름다움을 추구하다 보면 '도'를 알아듣는 귀가
멀게 된다고 한다. 마찬가지로 취미생활에서 사냥감을 쫓거나 낚시질을
하기 좋아하지만, 이러한 취미활동에 도취하면 '도'를 몸으로 느낄 수 없
게 된다. 또한 욕구에서 값비싸고 진귀한 재물을 탐내지만, 이러한 재물
의 진귀함에 추구하다보면 '도'를 얻으려는 의지는 사라지고 만다는 것
이다.

　　그렇다면 '도'를 얻고자 할 때는 시각이나 청각이나 취미나 욕구를 버
리고, 소박하게 배를 부르게 하여 모든 감각과 욕구를 버리고 편안한 마
음으로 '도'를 깨닫도록 가르치는 것이 성인의 가르침임을 받아들이도
록 충고하고 있다. 모든 감각이나 욕구를 버리고 평온한 마음을 가질 때
'도'가 드러난다는 말이다.

　　우리의 주위에 있는 온갖 감각과 욕구의 대상들은 부분적이고 개별적
인 것을 인식할 수 있게 할 뿐이니, 전체로서 내지 근원으로서 '도'를 은
폐하고 만다. 그러므로 성인은 감각과 욕구를 버리고 마음을 비운 평심

(平心)에서 '도'가 드러날 수 있음을 제시하였다. 이러한 '도' 자체는 결코 볼 수도 들을 수도 붙잡을 수도 없는 것이다. 그래서 노자는 "보아도 볼 수 없는 것을 '미세함'(夷)이라 하고, 들어도 들을 수 없는 것을 '흐릿함'(希)이라 하며, 잡아도 잡을 수 없는 것을 '미미함'(微)이라 한다. 이세가지는 자세히 규명할 수 없으나, 혼융하여 하나가 된다."(視之不見, 名曰夷, 聽之不聞, 名曰希, 搏之不得, 名曰微, 此三者不可致詰, 故混而爲一.⟨『노자』12장⟩)고 하였다.

여기서 시각적으로 보이지 않는 '미세함'(夷)이나 청각적으로 들리지 않는 '흐릿함'(希)이나, 촉각으로 붙잡히지 않는 '미미함'(微)은 모두 지극히 작은 것(極小)으로 감각기관으로 느끼기 어렵다는 뜻이지만, 동시에 그것은 감각할 수 없는 지극히 큰 것(極大)일 수도 있음을 말한다. 여기서 노자는 궁극적 진리로서 '도'가 갈라놓을 수 없는 일체의 근원적 존재로서 '하나'(一)임을 강조한다.

또한 '도'는 "함구하지만 이름 지을 수 없으니, '무물'(無物)로 돌아간다. 이것을 형태(形狀)로 드러나지 않는 형태(狀)라 하고, 물체로 드러나가 없는(無物) 형상(象)이라 한다. 이것을 '황홀하다'(恍惚)고 한다."(繩繩不可名, 復歸於無物. 是謂, 無狀之狀, 無物之象. 是謂, 惚恍.⟨『노자』12장⟩)고 하였다. 분명히 잠시도 중단되지 않고 끝없이 이어가는 실재(實在)로 드러나는데, 어떤 것으로도 규정지어 이름을 붙일 수 없으니, '무물'(無物)이란 아무 것도 없는 것(空無)이 아니라, 분명히 실재하지만 '무엇이라고도 규정지을 수 없는 존재'라 할 수 밖에 없다는 것이다.

어떤 사물로도 드러나지 않는 '무물'(無物)로서 '도'의 존재를 묘사하여, '형태로 드러나지 않는 형태'(形狀之狀)요 '드러나는 물체가 없는 형상'(無物之象)이라 한 것은 감각적 인식대상인 어떤 형태나 모습으로 드러내고 규정할 수는 없지만, 분명히 존재하는 사실을 확신하고 있음을 밝혀주고 있는 것이다. 이러한 '도'의 존재는 한마디로 '황홀하다'(恍惚)는 말로 표현한다. '도'의 실재는 어떤 물체로 규정할 수는 없지만, 언어로 표현할 수 있는 한계를 넘어선 신비스러움에 대한 토로가 바로 '황홀하다'(恍惚)는 말이다.

그렇다면 참된 '도'를 아는 길은 밖에 나가 찾아다니는 것이 아니다. "문밖을 나가지 않아도 온 세상 일(天下)을 알 수 있고, 창틈으로 엿보지 않아도 하늘이 운행하는 도수(天道)를 알 수 있다. 나가는 것이 멀어질수록 아는 것은 더욱 적어진다. 이점에서 '도'를 알아가는 길은 결코 경험을 쌓거나 넓힘으로써 얻어지는 것이 아니라, 고요히 관조하면서 얻어진다는 '정관(靜觀)의 방법이 중시되고 있음을 보여준다.

또한 우리가 사유를 통해 얻는 온갖 지식이나 지혜는 오히려 근원의 '도'를 알아가는데 방해가 되고 역효과를 불러 일으키는 것임을 지적하고 있다. 곧 "(통치자가) 총명함을 끊고 지혜로움을 버리면, 백성들의 이로움은 백배나 많아지고, 어진 덕(仁)을 끊고 의로움을 버리면 백성들이 효도하고 자애하는 데로 돌아가며, 기교(巧)를 끊고 이익을 버리면 도적이 없어질 것이다."(絶聖棄智, 民利百倍, 絶仁棄義, 民復孝慈, 絶巧棄利, 盜賊無有. 此三者以爲文不足.〈『노자』19장〉)

'총명함을 끊고 지혜로움을 버림'(絶聖棄智)과 '어진 덕(仁)을 끊고 의로움을 버림'(絶仁棄義)과 '기교를 끊고 이익을 버림'(絶巧棄利)이라는 세 가지는 세속적 가치를 극복하는 소극적 방법이므로, "겉으로 순수하고 속으로 질박하며, 사사로움을 적게하고 욕심을 줄이라."(見素抱樸, 少私寡欲〈『노자』19장)하여, 모든 감정과 생각을 비워가도록 요구하는 적극적 방법을 제시하고 있다. 그만큼 '도'는 사유작용이나 도덕규범의 실현을 통해서 알 수 있는 것이 아니라, 자신을 모두 비움으로써, 고요한 물에 비치듯이 '도'가 스스로 드러나게 해야 한다는 비움의 방법을 강조하였다.

따라서 학문이나 지식을 쌓아감으로써 '도'를 아는 것이 아니라, 지식을 제거하는 것이 '도'에 이르는 길임을 보여준다. 곧 "학문을 하는 일은 날로 증가시키는 것이요, '도'를 하는 일은 날로 감소시키는 것이다. 감소시키고 또 감소시키면 마침내 '함이 없음'(無爲)에 이르게 되는데, 비록 '함'(爲)이 없으나 하지 않음이 없다."(爲學日益, 爲道日損, 損之又損, 以至於無爲, 無爲而無不爲,〈『노자』48장〉)고 하였다.

유교가 학문을 함으로써 '도'를 알아가는 길을 제시한다면, 노자는 학문을 통해 얻는 지식과 지혜를 줄이고 줄여서 아무 것도 없게 하고 아무 것도 함이 없게 함을 요구한다. 그것은 인간의 사유와 이해를 통해 '도'에 접근하려는 유교의 태도와 정면으로 상반된 길이요, 학문을 포함하는 모든 인위적인 노력을 거부하여, '함이 없음'(無爲)의 경지에 도달하면, 그 비움의 바탕 위에서 '도'가 드러나고, 모든 일이 '도'에 의해서 실현된다는 입장을 확인하고 있다.

같은 맥락에서 노자는 "자기의 '무지'(無知)를 아는 것이 가장 좋고, 알지 못하면서 안다고 여기는 것은 병통이다. 이러한 병통을 병통으로 여길 수 있기 때문에, 병통에 걸리지 않는다."(知 不知, 上, 不知 知, 病, 夫唯病病, 是以不病,〈『노자』71장〉)고 하였다. '자신이 알지 못하면서 안다고 생각하는 것'(不知 知)은 사람들이 흔히 저지르는 병통이니, '도'에 대한 앎의 바른 것은 '자신이 모른다는 사실을 아는 데'(知, 不知) 있음을 지적한 것이다.

이 점에서 공자도, "아는 것을 안다 하고, 모르는 것을 모른다 하는 것

이 아는 것이다."(知之爲知之, 不知爲不知, 是知也,〈『논어』2-17〉)라 말
한 것도 올바른 앎의 방법을 제시하는 점에서 상통하는 것으로 보인다.
그러나 노자에 있어서 '도'를 안다는 것은 처음부터 불가능한 일임을 전
제로 하고 있으며, 알 수 없는(不可知) 대상에 대해 '알 수 없는 것임'을
알아야 한다는 사실을 명확히 인식하는데서 출발해야 함을 깨우쳐 주는
데 있는 것이라 하겠다. 그것은 '도'를 만나는 것이 인식의 문제가 아니
라, 비움을 통한 수양의 문제임을 밝힌 것이다.

　이처럼 근원적이고 절대적인 '도'를 알기 위해서는 모든 상대적 지식
과 판단을 떠나야한다. 따라서 비교를 통한 인식과 우월로 평가하는 가
치판단으로서는 결코 '도'를 알 수 있는 것이 아님을 밝히고 있다. 곧 "인
정과 거부는 차이가 얼마일까? 선(善)과 악(惡)은 차이가 얼마일까?"(唯
之與阿, 相去幾何, 善之與惡, 相去若何.〈『노자』20장〉)하여, 상대적 비교
와 분별에 따른 인식은 '도'를 이해하는데 아무런 비중이 없음을 분명하
게 보여준다.

　나아가 "세상 사람들은 모두 어떤 것이 아름다운지를 알지만, 이것은
바로 추함이 있기 때문이요, 모두 어떤 것이 선(善)한지를 알지만, 이것
은 바로 악(惡)이 있기 때문이다. 그러므로 있음과 없음(有無)은 서로 상
대하여 생겨나고, 쉽고 어려움(難易)은 서로 상대하여 이루어지며, 길고
짧음(長短)은 서로 견주어 드러난다.…"(天下皆知美之爲美, 斯惡已, 皆
知善之爲善, 斯不善已, 故有無相生, 難易相成, 長短相較…〈『노자』2장〉)
고 하여, 인간의 모든 인식과 평가는 상대적이 아님이 없음을 지적하였
다. 따라서 '상대적인 것을 넘어서는 절대적인 '도'는 인간의 인식능력으
로는 알 수 없는 것임을 보여준다.

　따라서, "성인(聖人)은 '함이 없는'(無爲) 일로 처리하고, '말하지 않

는'(不言) 것으로 가르친다."(是以聖人處無爲之事, 行不言之敎.,『노자』2장))고 하여, '도'를 따르는 성인의 모든 행위와 가르침은 인위적으로 일하거나 말함이 없는 자연을 따르는 것임을 말한다.

이처럼 '도'는 '이름지을 수 없다'(無名)는 언급에서 인식이 불가능한 것임을 보여주고 있다. 따라서 도덕적 판단에 따른 행위나 개념적 분별에 따른 언어를 벗어난 존재인 '도'를 안다는 것은 스스로 체득하는 '체인'(體認)이라 볼 수 밖에 없다. 그것은 불교에서 말하는 '깨침'(覺)에 가까운 것이요, 배움(學)을 통해 '도'에 이르기를 추구하는 유교의 입장과는 크게 다른 것이라 할 수 있다.

4) '도'의 개시(開示)와 체득(體得)

'도'를 앞에서 인간 사유의 한계를 확인함으로써, '도'의 근원성과 초월성을 확인하였다면, 그 다음 단계는 이 가물가물하여 보이지 않고 오묘하여 무엇이라 말 할 수 없는 현묘(玄妙)한 '도'가 그 깊은 은폐를 벗어나 어떻게 스스로 드러내는가를 살펴보는 것이 중요한 과제이다. 그것은 '도'가 '스스로 드러남'(開示)을 통해 '도'를 체득함으로써 '도'와 만나는 과정이다. '스스로 드러남'(開示)의 문제는 그리스도교에서 '신'(神)이 자신을 드러내는 '계시'(啓示, revelation)와 유사하지만, 유교에서 배움(學)을 통해 '도'를 찾아가는 방법과는 현저한 차이를 드러내고 있다.

노자가 말하는 현묘한 '도'는 결코 대상적 존재로 파악되지 않는다. 그러나 이 '도'는 불이 비쳐 나오고 꺼지듯이 순간순간에 개시(開示)되기도 하고 은폐되기도 한다. 이때 '도'에 대해 모든 형상이 부정되고 있지만, '상태로 드러나지 않는 상태'(形狀之狀)라거나, '물체로 드러나지 않는 형상'(無物之象)이라는 언급을 보면, '도' 나름의 특이한 '형태'(狀)나 '형상'(象)으로 생생하게 드러나는 '개시'를 체험할 수 있는 존재임을 제시하고 있다. 이처럼 '도'는 아득한 어둠 속에 은폐되어 있지만, 그 본질의 참됨이 있으니, 마음을 비우고 맑게 한 사람에게는 '도'가 생생하게 '열어 보여주는'(開示) 사실을 알 수 있다. 또한 '도'의 '열어 보여줌'을 경험하는 사람에게는 '도'를 '체득'(體得)할 수 있는 것이다.

'도'의 운행은 전체를 포함하는 온전한 존재이므로, 극과 극을 반복하는 순환적 전체의 운행으로 드러난다. 그래서 "돌이키는 것이 '도'의 운동이요, 유약함(柔弱)은 '도'의 효용이다."(反者, 道之動, 弱者道之用.《『노자』40장》)라 말하고 있다. 그것은 곧 '도'의 순환운동이요, 자신을 낮춤으로써 부드럽게 드러나는 '도'의 열어 보임을 체득한 사실을 보여주고 있다. 특히 '도'의 원대한 순환운동을 열어 보여, "크면 사라져가게 되고, 사라져서 아주 먼데 이르며, 아주 먼데 이르면 되돌아온다."(大曰逝, 逝曰遠, 遠曰反, 故道大.《『노자』25장》)라 하였다. 그것은 '도'가 드러나는 우주적 순환운동을 말하는 것이라 하겠다.

이러한 우주전체의 근원인 '도'의 드러남은 아무런 인위적인 작용도 사유도 없는 것이요, 따라서 저절로 이루어짐 곧 '자연'(自然)이라 한다. 그래서 노자는 "'도'는 '저절로 이루어짐'(自然)을 본받는다."(道法自然.《『노자』25장》)라 하였다. '저절로 이루어짐'이란 인위적인 것이 없음을 말하며, 동시에 모든 것이 생성조화되며 우주 전체가 운행되는 '자연' 자체를 말하는 것이기도 하다. '도'는 '자연'이기 때문에 "'도'는 항상 함이 없는 것이지만, 어떤 것도 그것이 한 것이 아님이 없다."(道常無爲而無不爲.《『노자』37장》)고 하였다. 따라서 '도'를 체득하려는 사람은 '도'의

'함이 없음'(無爲)을 본받아 모든 인위적인 판단이나 행위를 버리고 '자연'의 '함이 없음'(無爲)를 본받아 실현해야 하는 것이다.

"겉으로 순수하고 속으로 질박하며, 사사로움을 적게하고 욕심을 줄여라."(見素抱樸, 少私寡欲.〈『노자』19장〉)고 하는 말도, 아무런 조작이나 꾸밈이 없는 '도'의 '질박함'(樸)을 체득하려는 사람은 사사로움과 욕심을 줄이는 줄여야 한다는 사실을 지적하고 있다. 또한 '도'를 체득하려는 사람의 해야 할 일은 마치 낮은 데로 흘러가는 물처럼 겸허하고 부드럽고 유약함을 배워야 한다. "최고의 선은 물과 같다. 물은 만물을 이롭게 하지만 다투지 않고, 많은 사람들이 싫어하는 곳에 머문다. 때문에 '도'에 가장 가깝다."(上善若水, 水善利萬物而不爭, 處衆人之所惡, 故幾於道.〈『노자』8장〉)라 하였다. 이렇게 부드러움으로써 서로 다투지 않으면, '도'에 이르는 길이 열린다는 말이다. 곧 '도'를 체득하려는 마음의 자세를 보면, '도'가 어디까지나 '앎'의 인식행위가 아니라, 인간의 전인격적 수양을 통한 체득으로 접근될 수 있는 것임을 알 수 있다.

'도'의 질박함(樸)을 체험득하기 위해 갖추어야 할 마음의 순수한 상태로, 노자는 '어린아이'(嬰兒·赤子)의 순수함에서 찾을 수 있는 것으로 강조되고 있다. 곧 "갓난아이와 같은 단순한 상태로 돌아가야 한다."(復歸於復歸於嬰兒.〈『노자』28장〉)라 하고, 또 "'덕'을 품은 두터운 정도가 갓난아이와 같아야 한다."(含德之厚, 比於赤子.〈『노자』55장〉)고 하였다. '어린아이'는 아무 거짓됨도 간교함도 없으니, '도'를 체득하려는 사람이 간직해야 하는 마음가짐이라 하는 것이다.

'도'를 체득한 인격으로서 '성인'은 '도'의 '하나임'(一)을 간직하여 세상의 모든 일에 대처해야 한다. 그래서 "'성인'은 '하나됨'으로써 천하를 관찰하는 도구를 삼는다."(聖人抱一爲天下式.〈『노자』22장〉)라고 하였다. '하나됨'(一)이란 분별에 따른 어떤 이질성(異質性)도 없는 '도'의 근원적 일체성을 가리키는 것이면서, 또한 '도'를 따라 행하는 마음의 '한결같음'을 의미하기도 한다.

'도'를 체득하여 실현하려는 사람이라면, 천하를 관철하는 도구인 '하나됨'을 실현하여 최종의 단계에 이르는 길을 확인해야 한다. 따라서 "천하를 관찰하는 도구를 삼음으로써 항구하게 '덕'과 어긋나지 않으면, '최종의 진리'(無極)로 돌아간다."(爲天下式, 常德不忒, 復歸於無極〈『노자』28장〉)고 하였다. 곧 '도'를 체득한 성인이 '도'를 천하에 실현하는 도구(법식)로서 '하나됨'을 행하여 그 '덕'에 어긋남이 없으면, 마침내 '도'와 일체가 될 수 있음을 밝혔다. 여기서 '최종의 진리'(無極)라 함은 '도'를 체득하여 실현하는 수준에는 상당한 차이가 있음을 보여준다. 그것은 '도'의 수준에 차이가 있다는 말이 아니라, '도'를 체득하고 실행하는 수준에서 사람의 성취에 차이가 있다는 말이다.

'도'의 세계는 황홀하고 신비로운 세계이므로 '도'를 체득한 사람의 말이 보통사람의 상식에는 이해가 되지 않을 것이니, 때로는 터무니 없다고 비난이나 조소(嘲笑)를 당할 수 있다는 사실에도 노자는 세심하게 살피고 있다. 그래서, "하등의 선비가 '도'에 대해 듣고서 크게 비웃는다. 비웃지 않으면 '도'라 하기에 부족할 것이다."(下士聞道, 大笑之, 不笑不足以爲道〈『노자』41장〉)라 하였다. 그만큼 '도'는 상식과 통속으로부터 멀리 떨어진 드높은 차원임을 말하는 것이다.

3. Declining National Spirit with Torrent of Foreign Ideas,

1) Significance of the subject

The subject of the introduction of the Western culture and the reaction of the traditionally Confucian Korean society to it represents a moment of great significance in the continuity of the Korean thought in the modern history of Korea. The reason for this is that, the modern Korean history represents nothing other than the path the modern Korea took, as a consequence of the meeting of the Western culture and the traditional society, from the Sino-centric world to the global world. This process of the meeting of the Korean society of Confucian tradition and the Western culture of Christian background does not form in accordance with the world-historical course of events of the Western domination of the East a simple struggle history of the traditional society of the East in resistance to an ever increased Western dominance, nor does it form a history of fatality of the domination of the weaker Korean traditional society by the stronger West.

Although the cultural flow was in one direction, namely, from the West to the East, it is important to make note of the fact that there was ever present in the past of the Korean society not only a positive attitude to embrace but also a spirit of appraisal in face of the infiltration of the Western culture. In interpreting the phenomenon of Korea's reception of the Western culture throughout her modern history, it is, therefore appropriate not to take the viewpoint of a process in which the Korean traditional culture would be simply replaced by the Western pressure in which the Korean traditional culture would be simply replaced by the Western pressure, the Korean traditional culture finds itself, defines and also forms itself.

2) The Introduction of the Western culture and the Reaction of the Later Yi Dynasty.

Although there are found some traces of infiltration of the Western culture during the Imjin Japanese Riot towards the end of the 16th century, the mainstream of the beginning of the 17th century. And a direct exchange of culture with the West took place only toward the end of the 19th century. It was the Catholic missionaries of the Jesuit order who introduced the Western culture to China toward the end of the

Ming Dynasty. As Matteo Ricci and other Jesuits introduced the modern scientific knowledge and technology and along with it the Christian message, they used the method of adaption and preservation which sought to reconcile it with the Confucianism. Such a method wa swell-received by the Chinese intellectuals. It was thanks to such a method that the Jesuits were able to gather fruits of their missionary activities; and as a result, they were also able to introduce the Chinese culture to the 18th century thinkers of the Enlightenment and thus contributed to the cultural exchange of the East and the West.

The principles to be followed in interpreting and treating the Confucianism, however, varied according to the different religious orders. With the Vatican's proclamation of its decision to reject the Confucian ancestor worship ceremonies, the Christian missionary activities suffered a setback and began to deteriorate. It was only as late as in the second half of the 19th century that, as the Western military intervention opened the doors of China, the missionary activities and along with them the introduction of the Western culture resumed. The Korean society received the elements of the Western culture through its contacts with China, starting from the 17th century. It was at first mainly interested in the Western sciences, such as astronomy and calendar, etc., but gradually became also interested in the Christianity which served as the spiritual background for these sciences. In the latter half of the 18th century, during the reign of Gung-go, circles of Christians were formed. These Catholic circles were not formed as immediate results of the missionary activities, rather they were formed spontaneously as a result of accumulation of assimilated knowledge of the Western culture within the Korean society. This is a remarkable fact in the history of the Christian evangelization. A handful of intellectuals in the Korean society showed a lively interest in the Western though, as an expression of the need arising within that society, and thus embraced the Catholic Faith in response to that need. The option for the Christian Faith may well be considered symptomatic for the fact that the traditional Confucian society lacked the will and capacity to remedy successfully its own ills and conflicts of the time. The Christian faith meant especially for the alienated classes a possibility of a new world and a hope for the future and thus it spread out in the mass. The ruling classes were self-conduct and did show an eagerness to reach for genuine solutions to social ills. Pursuing its traditionalism, the traditional society looked on the Christianity as a potential threat to the social order, as a sort of an ideology of social disintegration, and consequently began to take sever measures of persecution against it. In the second half of the 19th century already the corruption of the ruling classes was complete and their oppression of the mass became nearly unbearable so that not only did the Christian message spread out rapidly but there arose sporadically also popular religious movements such as Dong-Hak throughout the society. In addition to this, the increase of military threats of the West and of Japan reached to the crisis of the society so that she found herself in a situation where the revival was hardly possible.

There appeared two opposite schools of thought regarding the solution to the problem of the social revival. One was the Chuk Sa We Geung Ron; the other, Kae Wha Ron. The former was the traditionalist school of the closed-door policy, which promoted a strict adherence to the tradition for resisting the infiltration of the Western culture and the invasion of Japan. The latter was the reformist school, which promoted an active assimilation of the cultural goods of the superior West for reviving and reforming the traditional social order. If such a conservative traditionalism or a progressive reformism had, each in its own way, a justifiable cause, it also carried within itself unsolved problems. The conservation traditionalist school the noble intention of safeguarding the cultural heritage and of promoting consciousness raising of spirit of independence against the foreign dominance but lacking a vision necessary for discerning the world historical trend and turn of events. The reformist school was well aware of effective power of the West and had thus progressiveness to the extent of embracing the Western culture for self-corroboration and self-advantage; but it overlooked the danger accompanying the dependence on the invasive power of the West and it lacked the ability to have such social reform in control.

As the two schools remained juxtaposed, there appeared a middle position, called Dong Do Suh Ki Ron. This school favored the reception of the superior technic and rationality of social order of the West but insisted on preserving the basic ideas and values of the traditional society. This school characterized with conformist tendencies, failed to develop a detailed, workable methodology for correlation the "internal" spirit of the traditional society and the "external" instrumentality and technology of the West, As a result, this school was not in position to reconcile the two opposite schools and ended up being another element of social confusion.

3) Reception of the Western Culture by the Shil Hak Pa (實學派: Shil School of Thought) and the Rejection Theory of Do Hak Pa (道學派: Do School of Thought).

The two opposed positions of the conservation traditionalist school and of the reformist school regarding the reception of the Western civilization form an important part of the heritage of Korean thought during 18th and 19th centuries. The position of a positive acceptance of the Western culture was held by the Shil School composed of Sung Ho School and Buk School. The representatives of the Shil School held in great esteem the Western science and technology in general and showed a positive interest especially in the Western astronomy, calendar and mathematics, etc. Sung Ho and Yi Yik, for example, held the divided position of positively accepting the Western calendar while, due to their Confucian background, rejecting the mystical doctrines of the Christian religion. The Western geography and world map was able to liberate the Korean thought from the Sino-centric mentality and opened up for it the horizon of the global world where there need not be a privileged center and where the natives could have relationships of equality with one another. Such a change of perspective helped to an extent the reawakening of the spirit of independence. Some scholars, placing in question the validity of the cosmological theory of positivity and negativity, upheld the position of a diversity of interpretations of the universe, including an empires-scientific interpretation. In his Da San Gung Yak-yong, the author introduced the Christian notions of God and the soul in interpreting the Confucian texts. In his critical analysis of the society of the Confucian tradition, Dasan adopted a Christian stand-point; he thus posited the free will as the fundamental basis of the human morality and proposed reform of the East system. The significance of the intellectual activities of the Shil scholars is to be seen in their efforts to adapt the Western culture to the tradition of the Confucian framework and thereby to bring about a self-reform of that tradition, while preserving its Confucian core. The critical and rejecting attitude of the Shil School with respect to the Westen culture is not to be considered as that of a simple negativity, deprived of any content, but rather as that of genuine practical concern and interest in further articulating and preserving the values immanent in the Confucianism. Throughout the Yi Dynasty, the scholars of Do School cultivated and promoted positively the idea of justice (Eui Ri) and condemned the idea of injustice (Bul Eui) along with any form of egoism. These scholars attempted to found the principle of good within the human mind and made a thorough research in the origin of the evil. They were able to formulate the norms of conduct following the principle of justice (Eui

Ri) in consideration of the concrete social reality and tradition and at the same time they promoted intellectual discussions in condemnation of the conducts following the principle of injustice (Bul Eui), It is not to deny that such a moral rigorism was met with opposition and discussions on the acceptance of such a rigorism brought about even wars of political parties and caused divisions in the society.

In the second half of the 19th century, the Confucian scholars of the Do School delivered an acute theoretical polemic against the Western culture. The notion of personal God of the Christianity, they argued, contradicts the nature of the ultimate Being in the general sense and the notion of the Creator equally contradicts the governorship of the divinity. At the same time, they made efforts to define more exactly the Confucian notion of the ultimate Being. They criticized the worship of God and the prayer for personal benefits, considering them to be none other than acts of flattery and cowardice; on the same token, they stressed the value of obeying the principle and way (Do Ri) of the Heavens (Chun), granted that they sanctioned the caste system to that extent they also attempted to justify the Confucianism, they, however, did not support any form of oppression of man by man arising from the existence of a privileged class.

Toward the end of Yi Dynasty, the Do School, while condemning as heresy the Western thought, promoted the cultivation of the Confucianism as "The true teaching". As a consequence of the intensive collective research effort of the Do School, the Sung Ree Hak, the metaphysics of the Shin Sung, received form of system of intricate and subtle knowledge, not witnessed even in the days of Toe Gye and Yul Gok.

4) The Modernization of Korea during the Japanese Occupation and the Post-Independence Period

The reformism of the Shil School and the conservative traditionalism of the Do school each with its unilaterally upheld causes and issues did not succeed in contributing positively to the social development nor to the preservation of the traditional value. In retrospect, they both have proved themselves to be unproductive.

As Japan abolished the Yi Dynasty and started the colonial rule, the Do school formed a popular army of resistance and made protests against the colonial socio-political reform; in so doing, however, this school distanced itself more from the social reality. The Reformist School promoted the conscientization of the strength of the people by popular education, Japanese colonial rule, as is known, consisted of measures of exploitation and Japanization for purposes of annexation. The Japanese colonial rule had as immediate objective the exploitation but it aimed more to destroy the cultural tradition for annexation. It is important to take note of the fact that the remnants of the Japanese colonization remained throughout the modern history of Korea even until the post-independence period and greatly hindered all along the development of the Korean culture. The Japanese rule reformed the education system, which is the important device of cultural tradition: it closed such traditional institutions as Sung Kyun Kwan, Hyang Kyo, Suh Won and Suh Dang and established new types of institutions in order to blot out the Korean cultural tradition. Prohibition of the Korean alphabet and language was to block the tradition of the Korean thought; the Japanization of names was aimed to obliterate family lineages. With the Korean independence, the use of Korean alphabet and language as well as the use of the names were restored; the traditional educational institutions, however, have not been entirely revived ever to this day. The greatest damage which the Japanese colonial rule inflicted on Korea is undoubtedly to paralyze the national spirit, the sense of tradition and the self-identity of the Koreans. The Korea as a nation by far has not recovered entirely from the effects of the damages.

Even after the Japanese rule had ended, due to a lack of continuity of tradition, it took Korea for a full generation to regain its sense of orientation, it is during such a state of disorientation that Korea had to face the great inflood of the Western culture. It was confronted with the difficult task of changing the source of cultural influence from Japan to the West. But during the Korean War and the period following it, the few remnants of the traditional culture which were tenaciously preserved even during the Japanese rule have disappeared. The traditional hat (Kat) and the women's hair pin (Bi Nyu), for example, have disappeared and the Western dress and hair styles began to be accepted universally. As independent nation, Korea found itself in a difficult situation to cultivate its own tradition even in the absence of an enemy nation to resist. Conscious of the facts that it is open to the internal world and that the West representing countries of development, and the East representing underdeveloped countries, Korea underwent the process of replacing elements of its own culture by those of the Western culture. At present, efforts are made even to westernize the traditional forms of inter-family marriage prohibition laws and laws concerning primogeniture. All this is not to be interpreted as indicating that the modern Korea did not have a definite value system to follow, but that it followed the simple value judgment that what is Western is superior to its own.

The Korean society has reached a remarkable level of maturity during the 40 years period after its independence. The Koreans preoccupied themselves with the answer to the question of their self-identity. They showed a lively interest in historical studies concerning ethnic origin and cultural past. As a consequence, there exists now a considerable accumulation of knowledge on these subjects. In the earlier times the Korean language alphabet was always overshadowed by the influence of the Chinese language and alphabets except during the brief period of reformism. Under the Japanese rule they were again suppressed as they became revived after the independence, they are again subject to the infiltration of the elements of the foreign languages.

5) The Traditional Korean Thought Today And Tomorrow

It is the task imposed on all of us to make inquiry on the essence of our traditional thought. It is namely our obligation to have a thorough knowledge of the essence of our primitive thought, of the essence of Confucianism and also to have a thorough knowledge of the characteristics which distinguish Confucianism, Buddhism and Taoism of our tradition from those of Chinese or Indian tradition. Our traditional thought consists of the content of what our ancestors thought and lived by. But today, it appears to us to be farther removed from us than alien thoughts. The reason for this lies in the fact that we were not taught at all our traditional thought is though we may not always be conscious of it nor may we be able to explain it adequately as it is a part of us, ever close to our being.

The present knowledge concerning our traditional thought is very partial and inadequate; with the increased and extensive education, our traditional thought cannot and also should not degenerate into a self-enclosed chauvinism. For, such a degeneration would only mean a refusal to acknowledge the present situation of our openness to the global world. In accepting the Western culture, we should be in position to internalize and assimilate it thoroughly and use it for our well-being. The assimilation of the Western culture to ours should contribute to our cultural creativity. One may not, however, overlook the fundamental difference existing between the Western culture and our traditional thought. By letting our culture be assimilated to that of the West, we may avoid the heavy responsibility of preserving and creating our own culture. But rather than choosing the irresponsibility of simple imitation, we should gladly take up the yoke of creating our own culture which means nothing other than our own self-creation.

The future of our tradition lies in the hands of the young. Where the young generation do not stop at imitation and submission but diligently search and experiment, there will be the bright future of cultural tradition. One witnesses in universities very intensive researches on our folklore and cultural tradition, starting from mask dance and Pan-So-Ri (Korean traditional narrative song) to the traditional philosophy, literature, music, etc.

Such an intensive research is being carried out in many sectors of the society and attempts at systematizing the knowledge of our cultural heritage are already underway. It is our task for the present and the future that, we should see to it that, the knowledge we possess of our traditional thought enriches itself through its dialogue with the Western thought, and a new culture is created as the light and meaning of our existence.

<The Argus(외대 영자신문), 1984.12.>

참/고/문/헌

- 『四書』, 『三經』
- 『老子』, 『荀子』, 『韓非子』

- 程頤, 『易傳』
- 朱熹, 『朱子語類』
- 王守仁, 『傳習錄』
- 吳澄, 「學統」

- 鄭道傳, 『三峯集』(佛氏雜辨)
- 權近, 『入學圖說』
- 李滉, 『退溪全書』
- 奇大升, 『高峯集』
- 宋時烈, 『宋子大全』
- 郭鍾錫, 『俛宇集』
- 劉秉德, 『晚松劉秉德先生遺稿』
- 河謙鎭, 『晦峯集』
- 尹鑴, 『讀書記』
- 朴世堂, 『思辨錄』
- 李恒老, 『華西集』
- 李睟光, 『芝峯類說』
- 柳馨遠, 『磻溪隧錄』

- 李瀷, 『星湖僿說』
- 安鼎福, 『雜同散異』
- 洪大容, 『湛軒書』(「毉山問答」)
- 朴趾源, 『燕巖集』
- 朴齊家, 『北學義』
- 丁若鏞, 『與猶堂全書』
- 崔漢綺, 『明南樓叢書』
- 李基慶, 『闢衛篇』
- 張志淵, 『朝鮮儒敎淵源』(1922)
- 朴殷植, 「儒敎求新論」
- 李炳憲, 『儒敎復原論』
- 李乙浩, 『茶山經學思想研究』(1966)
- 朴鍾鴻, 「崔漢綺의 經驗主義」(『아세아연구』20, 1965)
- 南基英, 「문화적 국가론」
- 權五榮, 『조선말기 실학자 최한기의 철학과 사상』
- 崔英辰 외, 『조선말기 실학자 최한기의 철학과 사상』(철학과 현실
  사, 2000)

- Matteo Ricci(利瑪竇), 『天主實義』
- Pantoja(판토하, 龐迪我), 『七克』
- Ch. Dallet(달레), Histoire des L'Eglise de Coree(『한국천주교회사』)
- 任繼愈編, 『儒敎問題爭論集』, 2000, 宗敎文化出版社(금장태·안유
  경 공역, 『유교는 종교인가(1)-유교종교론』/『유교는 종교인가(2)-
  유교비종교론 및 토론』, 2011, 지식과교양)

- 池田秀三(이케다 슈조), 『自然宗教의 힘--儒教를 중심으로』, 1998, 東京, 岩波.(김지현교수 번역원고 참조)
- 荻生徂徠(오규 소라이, 『中庸解』/『辨名』

찾/아/보/기

금 장 태

- 1943년 부산생
- 서울대 종교학과 졸업
- 성균관대 동양철학과 박사과정 수료(철학박사)
- 동덕여대 · 성균관대 한국철학과, 서울대 종교학과 교수 역임
- 현 서울대 종교학과 명예교수
- 저서 : 비판과 포용, 귀신과 제사, 퇴계평전, 율곡평전, 다산평전 외

한국유교의 빛과 그늘

초 판 인 쇄 | 2022년 3월 31일
초 판 발 행 | 2022년 3월 31일

지 은 이 금장태

책 임 편 집 윤수경

발   행   처 도서출판 지식과교양
등 록 번 호 제2010-19호
주   소 서울시 강북구 우이동108-13 힐파크103호
전   화 (02) 900-4520 (대표) / 편집부 (02) 996-0041
팩   스 (02) 996-0043
전 자 우 편 kncbook@hanmail.net

ISBN 978-89-6764-181-8 93100   정가 20,000원